网吧产业政府管制研究

魏巍 著

WANGBACHANYE
ZHENGFUGUANZHI
YANJIU

北京燕山出版社
BEIJING YANSHAN PRESS

图书在版编目（CIP）数据

网吧产业政府管制研究 / 魏巍著． -- 北京 ： 北京燕山出版社，2014.8
ISBN 978-7-5402-3634-2
Ⅰ．①网… Ⅱ．①魏… Ⅲ．①计算机网络－服务业－商业经营－政府管制－研究－中国 Ⅳ．①F719.5

中国版本图书馆CIP数据核字（2014）第172971号

书　　名：网吧产业政府管制研究
作　　者：魏　巍
责任编辑：金贝伦　陈赫男
出版发行：北京燕山出版社
社　　址：北京市西城区陶然亭路53号
邮　　编：100054
电　　话：010-65243837
经　　销：新华书店
印　　刷：北京兴星伟业印刷有限公司
开　　本：710毫米×1000毫米　1/16
字　　数：262千字
印　　张：17.5
版　　次：2014年9月第1版
印　　次：2014年9月第1次印刷
定　　价：35.00元

前　言

网吧是互联网上网服务营业性场所的简称。社会公众利用网吧内的计算机及上网接入设备等进行上网活动，网吧经营者通过收取使用费或提供其他增值服务获得收入。1994年，世界上第一家网吧——Cyberia，在英国伦敦西区诞生后，网吧在世界各地风靡开来。我国的网吧几乎与世界同步发展，走过了近二十年的发展历程。

网吧作为互联网的应用终端，成为社会公众的娱乐休闲、信息交流平台，直接影响了人们的行为和观念，对互联网技术的普及、网络文化的培育、消除城乡数字鸿沟的差别，对国家信息化的发展，都起了重要的推动作用，是经济文化领域里的独特产业。

2002年6月16日（星期日）凌晨2时40分许，在北京学院路20号无证经营的“蓝极速”网吧内，两名未成年人恶意纵火，导致多人受伤、25人死亡，造成了极其恶劣的影响。自此，我国的网吧产业进入了政府严管时期。这部书稿就是立足北京，以北京网吧政府管制为研究起点，观察我国的网吧政府管制过程。

《网吧产业政府管制研究》分为三篇。第一篇，北京网吧政府管制研究。主要介绍了北京市哲学社会科学规划办公室“十一五”规划课题“关于北京市网吧等互联网上网服务营业场所管理长效机制的研究”的研究成果。这一成果有如下要点：一是充实和完善网吧管理长效机制工作领导体制与运行机制；二是对全市网吧实行分级与动态管理；三是采取综合措施解决网吧接纳未成年人进入问题；四是采取综合措施打击黑网吧；五是采取综合措施扶持网吧产业发展；六是大力扶持网吧协会发展。

第二篇，网吧产业发展研究。以产业经济学的视角，分析了网吧产业对国家的社会经济贡献，产业地位的确定，发展网吧产业的意义。在微观领域内，网吧产业应走企业化经营和多元化经营之路的必要性。分析了网吧产业发展中的主要问题。发展高端网吧、连锁经营、产业升级和开发农村网吧等多条途径，振兴我国的网吧产业。

第三篇， 网吧产业政府管制研究。全面回顾了我国网吧的政府管制历程。对政府管制中的突出问题，黑网吧为什么屡禁不止做了深入分析。对政府管制中的专项治理成效有限性、政府部门合作中的问题做出了分析，提出要创新管理体制的观点、方法及主要内容。对政府管制的最主要的法规《互联网上网服务营业场所管理条例》（国务院第363号令，2002年9月29日颁布）的利弊做了全面的分析。最后一章，全面深入阐述了大力发展网吧协会的重要性，并认为这是政府创新管理体制的重要途径。

《网吧产业政府管制研究》从不同侧面论述了网吧产业政府管制的历程。这是笔者自2004年开始至2014年近十年对网吧领域问题研究成果的集成。笔者认识到公共政策是利益攸关者博弈后的产物。政府通过一系列程序包括确定问题，确定可供选择的解决方案，权衡每个备选方案，选择花费最少可能获得最大成果的方案，最后出台公共政策。任何国家都不可能有很多时间、金钱和智力资源去无止境地争论以达到制定最理想的政策的目的。因此，一个新的政策出台必然会伴随着一个或几个新的问题的产生。这就是政策发展的动力学。这就需要我们不断地评估政策的实施过程和结果，为下一个政策的制定提供更合理的依据。国家网吧政策的制定和执行过程，也是一个充满了争议的过程，也需要我们不断评估和完善。

无论谁都不能不承认，未成年人是国家的未来，他们的成长关系到国家的前途和民族的命运。禁止网吧接纳未成年人，绝对要保证网吧安全规范经营，这两条底线是任何人在何时、何地、何种情况下都不能逾越和突破的。

无论谁都不能不承认，经过政府相关部门十几年的努力，在全国近12万家正规的网吧里，几乎再没有或者说绝少再发生过恶性的、群发性的、几人以上包括未成年人在内的死人伤人事件。

无论谁都不能不承认，政府部门在为未成年人营造良好的网络文化环境这一巨大的系统工程中，收到了巨大的成效。正规网吧的经营秩序和经营规则更加规范；国家的网吧产业提升等一系列促进产业发展的计划的落实，为网吧产业的发展提供了更加广阔的空间和发展动力。

但是，我们也不能不承认，在网吧管理工作中，我们还有一些没有解决或者说亟待解决的问题。这些问题引发了一些人对政府管理者恶意的诋毁、无知的误解和善意的批评。诋毁需要抵挡，误解需要解释，善意的批评建议需要我们吸纳合理的成分以调整我们的政策。

林德布洛姆在《决策过程》中指出："我们将政策制定视为一个没有起始、结束且界线极为模糊的一个相当复杂的分析性及政治性的过程。"[1]政策调整，也是在政策监督和控制所获得的有关政策系统运行（尤其是政策执行的效果）的反馈信息的基础上，对政策方案、方案与目标之间的关系等进行不断修正、补充和完善，以便达成预期政策效果的一种政策行为。

在某种意义上说，政策调整是政策方案的重新制定和执行的过程，或更准确地说，是政策方案的局部修正、调整和完善的过程。随着我国市场经济体制的不断完善，政府文化主管部门一方面要按照党的相关政策实行政府职能的转换完成自身的改革，同时还要根据各地社会经济发展的状况以及互联网信息技术日新月异的发展变化，及时调整网吧管理政策。这有利于保障网吧政策的科学性、权威性、严肃性、稳定性和连贯性。

写作《网吧产业政府管制研究》这部书稿，笔者有一个深刻的体会，就是我们要实行刚柔相济的网吧管理政策。我们党是把坚持政策的原则性和实施策略的灵活性有效地结合起来的典范，可以说发挥到了淋漓尽致、炉火纯青的程度。刚中有柔、刚柔相济，才能保证政策得到有效贯彻不会呈递减效应。比如，网吧数量在全国是总量控制，但是在某一个地区或某几个地区可以有所突破，呈现出有增有减的动态平衡状态。还比如，我们

[1] 查尔斯·林德布洛姆. 决策过程[M]. 上海译文出版社，1988.

可以建立一个宽进严出的网吧进退市场的管理机制。宽进（相对禁止发放网吧牌照而言的宽，实际还是要有很严格的准入条件和资格的）是允许新网吧进入市场，严出是指两次甚至一次有违规经营行为，就立即取消该网吧的经营资格，请其退出网吧市场，像宁夏区所采取的行政措施一样。我们这样做有两个目的：一是有效地遏制黑网吧的出现，二是杜绝炒卖网吧牌照的现象。再比如，我们还可以探索多种网吧经营的模式：其一是从规模经营过渡到适度规模经营，其二是除连锁经营外，我们也支持网吧单体经营。就像是改革开放后农村实行了家庭联产承包责任制一样，在大城市郊区，在经济富裕的地区，我们依然坚持农村的集体经济，如江苏的华西村和河南的南街村，但在多数地区还是实行农民家庭个体经营。我们能尊重全国几亿农民的选择，我们也能够尊重也应该尊重网吧企业的自我选择。

《网吧产业政府管制研究》一定还有诸多不足，还请网吧业内各方专家学者和广大读者，不吝赐教，批评指正。

魏　巍

二〇一四年五月　于北京

目录

第一篇　北京网吧政府管制研究

第三篇　网吧产业政府管制研究

第一篇

北京网吧政府管制研究

第一章 绪 论

“网吧”是向社会公众开放的营业性的互联网上网服务场所的简称。社会公众可利用网吧内的计算机及上网接入设备等进行上网及其他活动，网吧经营者通过收取使用费或提供其他增值服务获得收入。

网吧作为互联网的应用终端，自20世纪90年代在我国诞生、发展和普及后，已经成为社会公众娱乐休闲、交流联络的重要场所，成为开放的信息和网络教育平台，成为文化产业的重要组成部分。网吧已经深入社会公众的日常生活，直接影响人们的观念和行为，成为我国经济文化领域里的独特产业。

第一节 研究背景

网吧是一把双刃剑，在推动互联网的应用和普及的同时，它的负面影响也是显著的。2002年6月16日，北京市两名未成年人纵火，导致海淀区的“蓝极速”网吧发生重大火灾，多人受伤、25人死亡。此事震惊全国。自此文化、公安、工商等行政管理部门在全国范围内拉开了整顿网吧的序幕。

针对黑网吧查禁不断、正规网吧违法接纳未成年人屡禁不止，以及网吧在未成年人中引发的认知、思想感情、行为方面导致的各种不良甚至是违法犯罪行为不断发生等一系列问题，自2004—2006年，包括北京市在内的全国各地对网吧开始了专项治理工作。

但是，运动式的网吧专项治理没有可持续发展和监控的动力机制。这种管理网吧的方式的长时间运行有明显的局限性，暴露出很多问题。众多政府部门的管理者和被管理者（网吧），在反复的运动式的检查和被检查中都疲惫不堪了。

2004年6月至2005年2月，由首都文明办主持，市社科院、市文化局、市公安局和市工商局等十几个部门参加的北京市重大研究课题——“当前互联网与网吧对北京市未成年人的影响及对策”完成。针对网吧专项治理反复性强的问题，“关于当前互联网与网吧对北京市未成年人的影响及对策”（课题研究报告，以下简称“对策”）。“对策”提出了“政府部门应建立网吧管理长效机制”的建议。

李长春同志在“对策”报告上批示：“至立并家正：关于网吧的整顿虽收到一定的效果，但反复性很强，如何建立长效机制，可重点抓几个大城市试点，收到经验后推广。”陈至立批示：“请网吧专项整治小组先研究如何落实长春同志批示精神，准备意见。”

“对策”提出的建立网吧管理长效机制的建议被中央采纳。自2005年7月始，文化部决定在北京、上海、天津、重庆、深圳和石家庄等9城市率先开展网吧管理长效机制试点工作。在这一背景下，在“对策”研究的基础上，笔者主持完成了北京市哲学社会科学规划办公室“十一五”规划课题——“关于北京市网吧等互联网上网服务营业场所管理长效机制的研究”的研究工作。第一篇，北京网吧政府管制研究，记述了课题的研究内容。

一、研究的主要问题

研究三个问题。第一，未成年人进入网吧的负面影响是什么。这里的内在逻辑是网吧经营者允许和纵容未成年人进入网吧，导致未成年人沉迷网吧及网络游戏中而不能自拔，引发了网瘾和荒废学业等一系列社会问题。

第二，政府实行网吧专项治理的效果为什么不理想。为防止未成年人进入网吧和打击黑网吧，政府实行了严格的网吧管制政策并采取了一系列的专项整治行动，但是政府管制失灵的情况是显著的。

第三，我们究竟要建立什么样的网吧管理长效机制。从网吧专项治理转变到建立长效管理机制，我们要在两难中做出选择：既要克服市场失灵又要解决管制失灵；既要为未成年人创造一个好的成长环境，又要鼓励网吧产业健康、有序和可持续发展下去；既要鼓励动漫产业的发展，利用好网吧这个平台，壮大文化产业的规模，又要解决未成年人上网成瘾的问题。要解决这一系列的问题和矛盾，需要我们准确把握北京市网吧产业发展存在的深层次矛盾，探究形成这些深层次矛盾的成因，提出切实可行的网吧管理的长效机制方案，并且提出利于网吧产业发展的政策建议。

二、研究方法和思路

研究方法。采用理论研究与实际部门工作相结合、静态分析与动态分析相结合、规范分析与实证分析相结合的研究方法。文献研究法是研究的方法之一，收集了中国期刊全文数据库、政府专题研究报告、中国文化部网、中国文化市场网、中国互联网信息中心和地方文化网站的材料为研究观点提供相关的资料和依据。比较研究是另一个研究方法，课题描述和对比、分析了其他网吧管理长效机制试点城市的有益做法，为北京市的网吧管理长效机制工作提供借鉴、思路和办法。

研究思路。本专著以国家网吧宏观管理政策为视角，研究运用公共政策分析理论，分析梳理政府网吧管理政策和措施，评估政策执行状况与问题，探寻问题的症结所在。政策问题有两方面的原因：一是政策是否合理和科学，是政策自身的原因；二是管理部门在执行方面的问题，遇到的困难、阻力和执行效果等。在准确把握问题的基础上，提出政策建议。

三、目的和意义

目的。

研究目的有三点。

第一，探索和总结北京市网吧管理工作如何实现由专项整治转入深化管理，构建分工负责与齐抓共管、条块结合与以块为主、日常巡查与技术监管、宏观调控与市场机制、行业自律与社会监督相结合和市场监管有机结合的网吧管理长效机制。

第二，比较分析总结北京市和其他几个网吧管理长效机制试点城市的成功经验，包括工作体制、各部门职责及合作形式、量化的工作目标。

第三，提出在市场经济机制下，扶持正规网吧有序、持续、健康发展，建设统一开放、竞争有序的网吧产业发展政策建议。

意义。

研究意义有三个。

第一，为未成年人营造一个健康成长的网络文化环境。网络是属于未成年人的。网络塑造了未成年人，未成年人更创造和丰富了网络文化，推动了互联网的飞速发展。未成年人是国家的未来，他们的成长关系到国家的前途和民族的命运。我们一定要为未成年人营造良好的网络文化氛围，为他们创造良好的成长环境，这是历史赋予我们的使命。

第二，网吧问题的解决有赖于建立一个与政府部门自身行政体制相适应的协调机制。网吧管理长效机制的建立，为北京市行政协调机制的建立与行政管理体制改革提供有益的借鉴。

第三，积极扶持网吧产业发展有利于文化创意产业的发展。“十一五”期间，北京市提出了推动文化创意产业加快发展的规划，使之成为首都经济的支柱产业，不断壮大动漫、网络传媒、网络游戏等新兴产业；逐步把北京建设成全国的动漫和网络游戏研发制作中心。网吧产业是我市文化创意产业的重要载体和组成部分，行业的持续、健康发展，不但促进动漫、网游等新兴产业的进步和发展，还有利于文化产业集群的发展和壮大，优化提升北京市文化产业的结构及质量。

第二节 研究概况

一、国外网吧概况

1994年9月1日，在英国伦敦大学学习的波兰姑娘爱娃·帕斯科，在伦敦西区开设了世界上第一家网吧——Cyberia。[1]从此网吧在全世界流行开来。

欧洲。网吧几乎都是大型连锁网吧，走大规模连锁经营和品牌化道路。以英国最有名的Easy Everything为例，它在英国各地开设了21家网吧，还在欧洲很多著名城市如巴塞罗那、马德里、柏林、巴黎、阿姆斯特丹等开设了20多家分店。[2]

---

[1] 刘创新.网吧管理学概论[M].南京出版社，2008.

[2] 邓莉，袁群华.网吧管理的国际经验借鉴与中国的选择[J].商场现代化，2004，(21)：17—18.

美国。美国电脑和网络普及率高，网吧主要作为互联网重要的上网补充渠道，为旅游者、商务人员外出提供便利，娱乐不是网吧的主要经营项目。美国没有专门的网吧管理法规。但是，美国政府对互联网的管理起步早，而且越来越严格和细化。自1997年以来，美国出台了多部反网络儿童色情的联邦法律。[1]

2000年2月，美国国会通过了《儿童网上保护法》，要求各学校和公共图书馆在2001年7月1日之前都要在公用电脑上安装过滤软件。美国联邦调查局专门为家长编发了《网上安全家长指南》，增强全社会对儿童网络安全的意识，预防网上针对儿童的犯罪行为。

美国的地方政府对网吧的管理及使用也有具体规定。网吧暴力发生较频繁的加登格罗夫市2001年便通过了暂行规定：网吧营业时间不得超过半夜12点，并决定网吧对青少年实行宵禁等。

德国。德国政府规定，只有年满16周岁者方可进入网吧上网，周一至周五的9：00—15：00之间的上课时间，中学生严禁出入网吧。为了保证各网吧能遵守规定，警察和青少年保护局的工作人员经常随机对网吧进行检查，如果哪家网吧违反此项规定，将受到罚款、没收设备，甚至吊销营业执照的处罚。网吧工作人员一般都要求顾客出示证件以验证年龄，除非凭外貌就能断定顾客为成年人。[2]

网吧要遵守其他相关法律如《著作权法》《公民私人数据保护法》等，不得使网吧成为侵犯著作权以及私人隐私的地方。网吧中不得出现浏览或下载非法网页的情况。“非法”主要是指煽动极端的言行，包括纳粹主义、恐怖主义、种族歧视、暴力以及黄色内容，尤其是儿童色情等。制作或者传播这些网页将受到严厉处罚。

韩国。至2005年年底，韩国网吧达2.3万家，呈现饱和状态，网吧向大型、高级和连锁化方向发展的趋势日益明显。韩国“文化观光部”有下属机构专门负责管理网吧，政府在网吧管理方面有一整套的规范法律和各种规定。[3]

网吧的开设地点划分为“绝对净化区域”，距学校50米之内不能开设网

[1]　文化部文化市场发展中心.全国互联网上网服务营业场所（网吧）行业调查报告[R].北京：文化市场发展中心报告，2007.

[2]　文化部文化市场发展中心.全国互联网上网服务营业场所（网吧）行业调查报告[R].北京：文化市场发展中心报告，2007.

[3]　文化部文化市场发展中心.全国互联网上网服务营业场所（网吧）行业调查报告[R].北京：文化市场发展中心报告，2007.

吧；“相对净化区域”，距学校200米内的网吧须受到一定的限制。法律规定，为了保护学生不受到网吧的影响，一座建筑物内如果有学生补习班、课外学习班及其他与学生有关的技能训练班，就不允许注册网吧。根据韩国总统令第32条第6款，韩国18岁以下的青少年从周一至周五的9：00—22：00不可以出入网吧。

日本。具有相当规模的网吧遍布各个地方。据日本网吧联合会（JCCA）统计数据，登记在JCCA下面的网吧营业收入预计到2010年会增加50%，到26亿美元。如果算上不计其数的小型夫妻店，网吧营业收入会更庞大。[1]

日本网吧的兴盛归于网吧运营者的奇思妙想。网吧提供从按摩到DVD影碟租赁，从热水淋浴、点心、漫画等几乎能想象到的所有服务。在总部位于东京的Aprecio网吧连锁店，其所能提供的娱乐服务“包罗万象”。在它的各个分店里，配有按摩椅的电脑随处可见，甚至连可以提供“锗浴”的浴室都有（日本人相信稀有矿物质锗可以帮助血液循环）。这些网吧还配备了拥有3万册漫画的图书馆、成堆的杂志、最新发布的DVD影碟，顾客可以通过电脑观看DVD，或者在一个小型放映室里用超大屏幕的平板电视来观看。

国外的网吧各具特色，但是，数量最多、最好、最大型的网吧主要在中国。国外也没有像我们国家的网吧一样发生了诸多的社会问题，因此，专题研究文献很少见到。

二、国内网吧研究状况

我们国家的网吧研究工作有三个层次：文化部的年度和专题研究工作；大专院校硕士论文专题研究工作，涉及行政管理、公共管理、宪法学、行政法学、社会学、工业工程、工商管理和教育管理等专业；社会科学领域的专家学者和咨询公司的研究工作。

1.　文化部研究工作

文化部的研究包括年度和专题研究报告。年度研究报告。近年来，文化部每年都要作文化市场发展报告。《2008年中国网吧市场发展报告》指出：“2008年，全国网吧市场总体情况平稳有序，网吧产业发展逐步规范和谐，人

[1]　刘玉珠.2008中国文化市场发展报告[M].北京：文化艺术出版社，2009：90－91.

民群众满意度有所提高。”报告指出：“目前，网吧经营涉及的部门有14个之多，一些地方不同程度地存在着重复管理、多头管理、行政不作为或行政乱作为的现象。网吧开展正常经营需要6项以上行政许可或准入程序，需要向各部门缴纳10项以上各类税费。因此，要切实转变管理职能，改善行政管理，做好公共服务。”[1]网吧多部门管理，综合协调困难是一个老大难的问题，一直得不到有效解决。《2011中国网吧市场年度报告》指出：“截至2011年，我国共有网吧14.6万家，终端台数1152万台，从业人员107万，各级网吧协会922个。网吧产业自产生以来，以市场的方式在缩小城乡差距、填补数字鸿沟、弥补信息服务中公共投入不足等方面发挥了积极的作用，它的出现为农民工等低收入群体解决了上网问题，成为老百姓普遍接受的较为廉价便捷的休闲娱乐场所。”[2]文化部的年度研究报告，密切观察网吧的发展趋势，为指导管理网吧产业发展提供政策管理的依据。

专题研究报告。2005年文化部第一次组织了全国性网吧的调查工作。这次调查历时6个月，涉及各省、自治区、直辖市文化厅（局）及全国3115个县级行政管理区域，出动调查人员35575人次，收集问卷108972份。调查全面反映了网吧产业的状况及相关产业链的情况，涉及的行业包括电信、硬件、软件、互联网、娱乐产品、产品渠道、音乐影视、饮食等，调查对象包括网吧经营者、网吧连锁管理公司、网吧用户、IT厂商、游戏运营商以及各种媒体。

调查反映问题有三个。一是网吧经营不规范问题。由于网吧经营者对网络内容不加规范管理，在网络安全方面欠缺维护，造成网吧内不良网络内容蔓延。二是同质化竞争问题。网吧产业竞争手段单一，绝大部分网吧主要从价格、规模、设备档次上进行竞争，网吧经营者间效仿单一不良的经营行为来扩大自身的市场竞争生存能力而导致的违规行为引发了一系列社会问题。三是青少年上网问题。60%以上的青少年去过网吧上网。部分青少年由于自我约束能力差，上网过于频繁，花费的时间太多，同时由于网络游戏内的争斗导致青少年在网吧内斗殴、游戏内容的不良导致青少年迷恋网络，再加上部分小型网吧存在的脏乱差状况等环境因素，网吧上网行为已经严重影响青少年的正常学习和身体发育。这三个问题实际是网吧发展多年来形成的难以克服的老大难问

[1]　刘玉珠.2008中国文化市场发展报告[M].北京：文化艺术出版社，2009：43－48.

[2]　文化部文化市场司.2011中国网吧市场年度报告[M].北京：人民出版社：2012：14—15.

题。

2007年3月至11月，文化部文化市场司、财政部教科文司委托华中师范大学等单位做了“中国网吧、网络游戏调查报告”[1]的研究工作。这一调查涉及东、中、西部18个省、市、自治区，发放问卷15万份，回收了14万份有效问卷，录入和校正数据1232万个，是迄今为止网络文化领域调查中样本量最大的一次。

调查报告指出，12万家网吧构成中国特色网吧产业，是我国互联网经济中新的增长点。新型网吧开始显示出市场竞争优势，但总体上网吧产业盈利模式比较单一，同质化竞争明显，网吧产业进入市场调整时期。尽管国家严厉禁止未成年人进入网吧，但仍有3.8%的小学生和13.7%的初中生有过在网吧玩网络游戏的经历。家长关于政府对网吧及网络游戏的监管效果的满意度调查显示，有55.6%的家长表示不满意。

调查报告指出，我国的网吧监管存在在监管主体上有多头管理、各自为政的问题；在监管措施上有以罚代管、缺少综合治理的问题；在社会影响上有网吧负面影响仍未消除、正面形象有待提升的问题。

调查报告提出，要加快发展我国网吧及网络游戏产业，须确立“产业效益”和“社会效益”平衡发展的管理原则，而不能“一味管制”；提出了明确网吧及网络游戏产业的国家目标和政策定位，完善文化产业政策法规体系；加快网吧及网络游戏产业公共管理和服务体系建设等政策建议。

调查报告的意义有三点：一是客观评价了我国网吧和网络游戏的影响，认为网络游戏对青少年的影响具有正负两个方面的影响，但总体上对绝大部分非成瘾青少年群体的身心影响不大，政府管理的目的是尽量缩小负面影响；二是对于未成年人网络游戏成瘾问题，确立政府主导、家庭社会参与的综合治理机制；三是提出了积极发展网吧及网络游戏产业政策的建议。

2.　大专院校的研究工作

自2006年至2013年，上海交通大学、中国邮电大学、中国政法大学、中山大学、华中师大、吉林大学和天津大学等高校全日制硕士研究生共计几十位，写出了几十篇关于网吧专题研究的硕士论文。其中有涉及政府监管的，涉及网吧连锁经营的，研究澳门网吧法规的，研究农村网吧的，涉及学校教育及如何解决大学生、中学生网络成瘾的，涉及网吧与网络游戏关系的等多个研究领

[1]　文化部，财政部.中国网吧、网络游戏调查报告[R].北京：研究课题报告，2008.

域。关于政府监管的6篇综述如下。

●赵鹏论文《中国网吧行业管制的法律问题研究》指出：网吧管制的起因，是随着色情、暴力游戏的泛滥，未成年人沉迷网吧和安全隐患突出等问题的出现，网吧引起了公众的强烈批评。在一系列恶性事件的诱发下，政府建立并强化了对网吧产业的管制。[1]

网吧管制的结果有两个。一个是管制膨胀。管制的内容越来越详尽，机构不断膨胀，管制的目的不断扩张，管制的措施从市场准入、营业管制，直至全行业连锁垄断经营，执法从前置审批到连续性的监督查处。每一次管制膨胀都是由于前面的管制解决不了问题或者出现了新的问题，导致管制一再管制的过程。一个是管制无效。黑网吧屡禁不止，违规经营仍大量存在，政府不得不在常规管制体系外一次次采取非法治化的专项治理。网吧治理无法摆脱“一抓就死，一放就乱”的恶性循环。

管制失败除了法律控制的缺失导致的管制膨胀异化之外，管制措施的选择也有诸多问题。原因有很多，比如，监管不到位是始终存在着经济学意义上的“信息不对称”问题，政府能力的局限性在于很难制定出一套科学合理并切实可行的管制措施来。

放松管制提供替代性的法律机制有三种途径：一是社区重建，通过改革居民委员会，推动社区自治，在社区与网吧业主之间建立协调妥协机制；二是通过诉讼进行管制，在权利救济有效、社区居民主张权利的意识强烈的前提下，通过大量的诉讼迫使网吧经营者改变经营策略，注意网吧的安全防范措施和限制未成年人上网；三是简化管制，在连锁经营特许权、市场准入、营业管制和专项治理等方面简化和放松管制。

论文描述了我国网吧政府管制的源起和发展过程，指出了实际效果是管制的迅速膨胀和管制无效，从宪法学和行政法的角度，分析了网吧管制权力的合法性问题，并分析了管制机关自我授权的成因和危害，对具体的管制措施的法律问题进行分析。提出了放松管制的三条途径。论文提出了网吧专项治理应向长效管理过渡的主张，但是没有具体展开。

●蔡鹏论文《合作网络取向下的网吧治理研究——以山西省F县为例》指

[1] 赵鹏.中国网吧行业管制的法律问题研究[D].北京：中国政法大学研究生院，2006.

出：治理理论有政府管理、公民社会和合作网络三种途径。合作网络途径（也称网络管理或网络治理）指的是为了实现与增进公共利益，政府部门和非政府部门(私营部门、第三部门或公民个人)等众多公共行动主体彼此合作，在相互依存的环境中分享公共权利，共同管理公共事务的过程。[1]

网吧治理政府的角色应当是网吧市场的宏观调控者、网吧管理决策和制度的供给者、网吧公共物品的提供者和网吧市场秩序的维护者。因此，政府的责任有：加强文化产业宏观调控、提高信息透明度、依法治网、提高效率、培育、支持和推动非政府主体的参与和决策与制度的供给。

论文以山西省F县政府治理网吧作为研究个案，揭示了当前网吧治理中所存在的多重困境：政策、法规落实难，社会监督难，绿色网吧生存难。这些困境导致了网吧治理的政府失灵现象出现：公共政策失效并产生新的外部性，官僚机构工作的低效率和浪费，寻租行为出现。原因是政府职能转变的滞后、信息的不对称性和政府对公共权力的垄断性。结论是市场失灵并不是把问题转交给政府去处理的充分条件，市场解决不好的问题，政府也未必能解决。因此，只有通过多中心主体共同合作的社会管理过程，才能实现公共利益的最大化。

论文从多中心治理的角度，讨论了三大非政府主体(非营利部门、私营部门和公民)在网吧治理中具有的不同功能和作用，选择了各类非政府主体中几个具有代表性的主体作为重点研究对象，分析了非政府主体在网吧治理中参与合作不足的原因。

论文提出网吧问题的出现并非只是网吧自身的问题，它还反映了政府失灵和非政府主体参与治理不足的问题。要解决网吧问题，政府部门和非政府主体就必须构建多中心的合作治理网络。通过构建合作网络中的制度框架，优化公共行动者的互动环境，协调各主体之间的权力、利益关系，改善网吧治理的合作互动方式等途径，来实现共同治理机制在合作与竞争、开放与封闭、原则性与灵活性之间保持动态的平衡和适当的张力，以期达到公共利益的最大化。

这篇论文提出的在合作网络途径下治理网吧是一个很好的思路，需要在政府和非政府部门之间构建一个合作的网络。就政府部门之间的合作的制度框架，论文提出了以下两点建议。

[1]　蔡鹏.合作网络取向下的网吧治理研究——以山西省F县为例[D].武汉：华中师范大学，2007.

一是完善权责制度的设想，即合理赋予各个部门以不同的行政职权，是避免各部门职能重叠、职能错位和职能缺位的前提条件。职权分配关系，既包括中央与地方之间的纵向权力关系，还包括政府各职能部门之间的横向权力关系。要建立健全行政职权配置制度，就要划清中央与地方、部门与部门之间的权力关系，减少因权力划分不明而在各部门之间产生的随意性和不稳定性。如何完善？论文提出应该以法律条文的形式表现出来，逐步实现规范化、制度化和法制化，使各级行政部门能各行其政，依法行政。各政府部门的协调配合关系，论文还是没有涉及进而深入论述。

二是完善责任追究制度。责任追究制度的健全，从行政权力的操作程序进行明确，并制定科学的绩效评估标准，使行政部门在违反行政程序、不合理地行使权力和不行使权力等行为上承担相应的行政责任或处罚，实现权责的辩证统一。

●生晓燕论文《网吧管制问题探究》指出：网吧产业受到复杂而严格的政府管制的两个原因：一是由于网吧固有的特殊属性，即网吧是提供互联网上网服务的公共场所，既有治安和刑事案件问题，又有不符合法律和道德标准的有害信息问题；二是网吧产业作为市场经济的组成部分存在外部不经济（负的外部经济效益）问题。归结为接纳未成年人，传播虚假信息、不良信息和非法内容，存在安全隐患等，从而增加社会负担，使社会公众为此付出成本。因此，要通过管制使其外部效应内部化。[1]

我国网吧管制发展分为无管制时期、管制的诞生及其强化三个阶段。管制存在的主要问题有如下几个。

第一，产业定位不明确，定位为娱乐服务业，征收20%的营业税，实际应定位为信息服务业，只征收5%的营业税。高赋税导致黑网吧产生。

第二，管制依据（法规）存在的问题。其一，执法部门自己为自己“立法”的做法导致浓厚的部门利益及自我授权的弊端。文化部既是执法者，又是立法者，所制定的行政法规和部门规章，起草者为监管部门设立了过多的管制权力，约束机制也非常薄弱；相反，对于被监管对象，则规定了太多义务，对于权利和利益受到损害，尤其是受到监管机构损害的个人和企业，没有提供良好有效的救济手段。部门立法的另一个重大弊端是，在实践中容易

[1] 生晓燕.网吧管制问题探究[D].苏州：苏州大学，2008.

成为攫取部门利益的一种手段。部门利益的法制化导致立法带有强烈的工具主义、功利主义和管理主义的色彩。其二，存在合理性问题。法学家和政治家论证政策的合理性的标准使制定的规则得到了普遍的实行，而得到普遍实行的规则本身就是良好的。而《条例》（国务院第363号令）值得商榷和推敲，有以下几点问题：限制了网吧经营者的经营自主权且增加了不合理的负担、剥夺了未成年人通过网络接受教育的权利、侵犯了成年人网民的上网自由权。

第三，管制机关存在的问题。从管理体制上说，现在网吧管理存在着“多头管理，难司其职”的现象，文化、公安、工商等部门各管一段，谁都在管，但实际上谁都管不好。多头管理模式弊端重重。其一，执法权和执法力量分离，有执法权的机构没有执法力量，有执法力量的机构没有执法的权力。其二，政出多门，业主无所适从。文化、工商、公安、消防、教育、税务、通信管理、技术监管等多个部门出台了各种政策性文件，但由于各部门之间缺乏沟通和协调，许多部门政策不一致，有时甚至相互冲突，包括新旧政策之间、宏观与微观政策之间等方面的冲突。其三，行政执法高耗低效。文化部门是主管部门，但是文化部门与其他协助部门并没有隶属关系，按照程序要在各种政策的落实中协调其他部门。部门越多，导致实际中政策越难落实。由于缺乏一个专门的、长期存在的综合执法部门对网吧进行管理，各部门之间职责分工不合理、管理权限分割设置，造成政出多门，朝令夕改，使得网吧产业的管理陷入了乱象之中。多头管理的结果是无头管理，最终导致黑网吧泛滥、违法违规经营现象屡禁不止。

第四，管制措施存在的问题。管制措施也由简单的市场准入制逐步扩展到包括市场准入、专项整治和连锁经营，政府权力对市场的介入程度越来越深。市场准入问题：程序烦琐，行政效率低下；重事前审批轻事后监管；鼓励了寻租活动；黑网吧潜滋暗长。专项整治问题：程序的正当性有待商榷；专项整治有悖信赖保护原则。连锁经营问题：网吧发展的产业政策是推进连锁化、集团化、规模化、专业化、品牌化，不断提升网吧服务水准和产业形象，而严峻的事实证明连锁网吧并没有把中国的网吧产业带入一个健康发展的轨道。

论文提出了完善我国网吧管制的构想。建议将网吧产业定位为信息文化传播产业，提出应放松对网吧产业的管制。管制目标定位：保护未成年人，防止不良信息的传播，保障公民获取信息自由的权利，规范网吧的经营行为以促进网吧产业健康有序发展。管制措施的选择：一是开放网吧市场。降低进入门槛；推行审批一元化，简化许可程序；进入标准制度化、公开化，以消灭寻租空间和暗箱操作。二是多种机制并存共赢，单体与连锁网吧并存发展。三是强化日常监管，要建立健全长效监管机制，促进网吧的监管工作日常化、规范化和制度化。法律和制度的完善：修改《条例》（国务院第363号令），建立网吧分级管制制度，合理化网吧监控制度。成立专门机构：可以在文化部下面设立一个独立、权威和高效的网吧专门管制机构。加强行业自律：倡导建立网吧产业协会。主要职能有两个：其一，协助政府监督网吧违规、违法行为；其二，帮助网吧管理经营盈利增收。

这篇论文对我国网吧管制的问题作了深入的分析，特别是对管制机关多头管理带来的执法权与执法力量分散、政出多门和执法成本过高进行了深入分析。但是，针对政出多门所提出的成立专门机构来应对的建议论述得很少，如何协调各行政部门的关系并没有展开研究。

●李明论文《论网吧行业政府管制》指出：政府管制的实质是对市场规则的修正。政府对市场进行管制的理由主要有两点：一是由于外部性尤其外部“负效应”的存在，需要政府进行管制；二是因为市场失灵，即信息的不对称和不完全导致的所谓“内部性”。目前我国政府网吧业管制的效果很不理想，出现了“管制失灵”的现象，原因体现在以下几点。[1]

第一，管制规则的失灵问题。一是管制规则的合法性问题。网吧业的行政许可都是管制机关通过行政立法或者行政规范性文件自我设立的，其中，除了《条例》（国务院第363号令）设立的许可有一定的法律依据，其他文件设定的网吧业许可都没有依据。二是管制规则合理性问题。对管制措施进行评价时，主要基于目的和措施之间的关系，从措施是否有助于实现目标，措施与目标之间的关联程度，措施是否必要以及措施所带来的负担是否可以忍受等角度进行分析。在网吧产业，管制的目标主要包括：青少年的保护；防止不健康或者危害国家安全的信息的传播；保障安全、维护社会秩序；保障网吧产业的良性发展。为了达到这些目标，制定了一系列的管制规则，包括许可证制度。政府通过复杂的行政许可建立起了严格的市场准入制度，并经历了从普通许可到

---

[1]　李明.论网吧行业政府管制[D].湘潭：湘潭大学法学院，2008.

特许的转变。

论文经过分析得出了网吧产业的普通许可无法达到相应的管制目标，反而带来巨大的经营成本，甚至其本身也未得到有效的执行，带来了许多未预料到的负面效应。从整体上，该项管制措施基本是失败的。网吧产业的特许由于无助于实现管制目标，再加上导致消费者福利的损失和投资者经营自由的限制，从而形成巨大的社会成本，是一项极不合理的管制措施。

第二，管制行为失灵。专项整顿的普遍开展，是风暴式的、运动式的执法，不是一个正常的、合理的执法，是不符合法治要求的。在部分地方的网吧整治活动中，往往是一刀切式地勒令所有网吧“停业”和“整顿”。合法经营的网吧，经过合法手续批准成立的，各种证件是齐全的，让它们一起停业整顿无疑是把非法者做错事的责任拿来让守法者共同承担，实质上是在没有证明合法获得网吧营业资格者存在任何过错的情况下，以国家行政力量单方面暂时中止了与合法获得网吧营业资格者之间的合约，属于政府单方面违约。

第三，管理权力配置失衡。多头管制和管理，成为市场混乱之源。我国市场监管的手段主要靠行政权力。在权力过大又缺少制衡和监督的前提下，权力的滥用和寻租不可避免。表现在监管的目标和手段选择上，不是严格依法行事，而是根据地方利益、部门利益，甚至管制者的个人利益而定。论文提出了放松网吧业政府管制的对策建议。

①建立政府管制的监督与约束机制。有两条途径：一是合理定位政府角色，建立一套与市场经济体制相适应的管制模式。政府要逐步退出市场，通过行政审批制度改革，逐步下放政府的审批权力，放松对市场准入的限制，为企业发展创造良好的外部制度环境。二是建立政府管制的实体、程序、救济相结合的控权机制，对管制者进行全方位有效而系统的监督和制约。通过实体控制，合理设定行政权。通过程序控权，确保行政权的公正行使。通过救济控权，保证行政决定的质量。

②建立政府管制成本效益分析机制。无论是制定网吧业的许可证管制、营业管制还是进行专项治理，如果管制收益大于管制成本，那么管制的存在是有意义的；如果管制成本大于管制收益，就有必要取消或者改革此项管制。如网吧市场的特许经营并不适合成本与效益原则，连锁经营特许权与管制目标的实现也没有直接的联系。在实践中，连锁经营特许的推广没有解决市场混乱的问

题，反而造成了垄断经营、市场分割的局面，导致经营成本的上升和消费者福利的下降。因此，网吧连锁经营特许权制度有取消的必要。

③建立与实体目标相适应的管制政策。以加强管制的方式解决管制引发的问题，结果通常适得其反。事实表明，持续地加强管制最终强化了提供网络服务的稀缺性，抬高了网吧产业的准入标准，进一步刺激了黑网吧的产生。因此，确立良好网吧政府管制的政策是健全一切管制措施的前提和基础。

④建立社会自我管理为基础的公共管理模式。任何形式的管理、监管、管制，从本质上说，最重要的都是发现平衡交易各方利益的规则。这样的规则应该能够最准确地表达各方的诉求，并在各种不同的往往是互相冲突的诉求之间，寻找一个微妙的平衡点。公共管理的模式之一是允许正常经营的网吧成立行业协会，通过协商，制定有关资质、安全等行规，进行行业自我治理。

论文提出了“市场失灵”情况下政府对网吧进行管制的必要性，进一步分析了管制措施不合理造成“管制失灵”的困境，结合行政法学及政府管制原理进行微观实证分析，作者提出的初步建议是：在放松管制的环境下，在政策层面上构筑管制体系，同时引入社会自我管理机制。对于多部门管制网吧的弊端，论文提出了“管理权利配置失衡”的概念，如何解决这种失衡，论文并没有具体的建议。

●韩伟论文《我国网吧监管研究——以青少年发展为视角》指出：我国网吧的问题主要分为“网吧”行业自身和“网吧”行业外部监管两类。行业自身存在的问题：营业证照不全或未亮证营业、营业场所配置未达标、安全技术管理人员缺乏、上网登记制度施行不到位、业主安全意识淡薄、网民违法上网严重和网吧产业自律性不足。行业外部监管的问题：管理监督认识不到位、管理职责权限交叉、管理制度不健全、执行力度不大、技术力量不足、非政府监督管理缺失。[1]

网吧监管的突出问题是未成年人进入网吧玩网络游戏。青少年去网吧玩网络游戏的调查显示，小学生占3.7%、初中生占13.7%、高中生占38.1%、大学生占44.8%。[2]虽然国家明文规定未成年人不得进入网吧，但从10省调查数据

[1]　韩伟.我国网吧监管研究——以青少年发展为视角[D].武汉：华中师范大学历史文化学院，2008.

[2]　傅才武.网吧、网络游戏及其对当代中国青少年的影响[R].北京：中国网吧、网络游戏调查报告（研究课题报告），2008.

显示，青少年学生在玩网络游戏时，都能够方便地进入网吧。网吧管理现状调查显示，网吧的管理方法主要有三种。

一种是“多罚少管”型。有的地方管理部门偏向对网吧的罚款惩罚，缺少对网吧的有效管制。而很少对网吧进行矫正、管理。一种是“严管重罚”型。有的地方管理部门更注重管理职责，通过严格执行《条例》规定，对网吧业主的执法检查过于频繁，行政罚款力度过大。一种是“严管重罚”和“矫正引导”结合型。有的地方政府较为重视网吧的管理措施，采取综合治理的方式，发挥网吧的经济效益与社会效益。专项整治与日常管理有机结合；同时，积极引导，注重网吧品牌建设。我国网吧监管体系的建立及完善，主要措施有以下这些。

第一，政府——强化监管措施，完善管理系统。一是完善网络游戏产业政策，建立网络游戏分级制度；二是推行网吧、网络游戏实名制，完善“防沉迷系统”；三是明确政府政策引导，推进网吧连锁化经营；四是增加公益性上网场所投入，满足青少年上网需求。

第二，社会——加强社会监督功能，完善行业监督体系。重视发挥社会监督的力量，建立和完善举报奖励制度，鼓励群众举报，举报奖励经费由地方财政解决。健全网吧社会监督员队伍，提高监督实效，定期向社会公示网吧市场的检查情况和查处结果。

第三，行业协会——强化协会协调功能，提升网吧产业形象。“少干预、重自律”是当前国际互联网管理的一个共同思路。各国越来越强调政府作为服务者的角色，承认政府管理的“有限性”，发挥政府的服务和协调职能。在国际上，在对互联网的监管方式问题上，采取以行业监管为主、政府强制为辅，实行政府与行业协会协同监管的原则。政府的职责主要集中在制定相关法规和政策上，具体的操作规范则由行业协会等组织来制定实施，这样可以减少政府对行业的干预，降低管理成本。在某种程度上，行业协会在促进行业发展方面起着重要的作用，甚至在管理成员企业上的作用超过了政府。

第四，家庭——转变青少年监护人观念，理性对待青少年进入网吧问题。家长作为未成年人监护“第一责任人”，应负起教管孩子的重要职责。政府的责任是借助学校教育平台，对家长进行网络技术培训和网络道德观念教育，确立与子女进行沟通的技术基础，变单向的灌输为双向的互动，开辟出一条正确引导的途径。

论文将网吧、网络游戏及青少年的发展联系起来，将网吧与网络游戏的开发商、运营商和玩家等相关联方都一一分析，不孤立地看网吧问题，认为不能把责任都归于网吧。所以，在对策建议中，提出了政府、社会、行业协会和家长都要根据各自的职责参与到网吧监管体系中的建议。但是，就政府多头管理、多部门管制的问题，这篇论文很少涉及。

●吴燕论文《我国网吧管理政策研究》指出：我国的网吧政策包括市场准入、营业限制和产业发展政策。政策缺陷有以下几点。一是政策缺乏稳定性、合理性。例如，政府在如何处理网吧接纳未成年人方面做了相当频繁的政策调整，不断加大处罚力度。这样朝令夕改、频繁变动导致政府成本增加和资源浪费，也导致政策执行达不到预期的效果。《条例》（国务院第363号令）规定：网吧每日营业时间限于8时至24时。从政策制定的角度来说，限定网吧营业时间这一政策本身缺乏合理性，是对合法经营户和消费者合法权益的不当剥夺。二是政策缺乏完整性、配套性。政府制定了一系列市场准入政策，对网吧总量进行宏观调控。包括：在2002年9月公布的《条例》（国务院第363号令）中对网吧设立条件、要求以及程序进行了详细的规定；2003年，文化部只对连锁网吧发放网吧经营牌照，而将单体网吧业主拒之门外；2004年开展全国专项整治，暂停网吧审批；2005年，明确审批权限下放给地方政府；2007年，全国网吧总量不再增加，各地均不得审批新的网吧。这些政策过于原则化，缺乏完整性和配套性，并没有达到预期的政策目标。三是政策缺乏高度的可行性。例如，网络实名制在我国缺乏法律依据并缺乏技术条件，关键是缺乏社会认同。[1]

政策缺陷的原因。一是社会经济状况的制约。二是制度体制条件的制约，体制上容纳的可能性决定了政策选择的结果。例如，公安、文化、税务、技术监督、消防等10余个部门纷纷投入到治理网吧的“战斗”中。机构设置过多、职责分工过细、部门利益错综复杂，协调配合不力，制约了政策方案的多样性和选择性。三是人文环境的制约。网吧政策制定缺乏广泛的群众基础、必要的实践经验和客观的舆论环境支持。

[1]　吴燕.我国网吧管理政策研究[D].上海：上海交通大学国际与公共事务学院，2008.

我国网吧管理政策的执行偏差。一是管理手段单一。频率高、力度大和周期长的专项整治代替了日常管理产生的弊端：导致违规经营者轻视治理行为，并使合法经营者感觉不公平；导致隐藏的寻租空间，使国家公信力下降；降低法律、规则与制度的权威，破坏程序正义。

二是管理机制缺乏。由文化、公安和工商等多部门管理形成的弊端：重复、交叉执法和执法空白；分工不合作，缺乏有效协调；行政执法成本高、效率低下。

三是管理技术落后。技术应用管理网吧工作中，由于技术不成熟等种种客观条件，没有收到好的效果，导致网吧管理政策在很大程度上缺乏必要的技术支持。

完善我国网吧管理政策的初步建议。一是根据网吧产业的特征，科学制定政策。政策要遵从准确的行业定位，网吧价值定位要在信息技术的扩散上，产业定位既要考虑其经济行为，也要考虑网吧是信息消费和文化消费行为，与传统服务行业的区别。政策要重视技术手段的应用。政策要符合市场经济的规律。

二是以常态和长效为目标，提高执行效率。健全网吧综合治理机制。成立网吧综合管理机构，发挥协调功能、监督功能和开展专业调研。促进网吧产业加强自律。提高政府公共服务能力。政府向网吧经营人员提供多方面的培训、教育服务，提高网吧经营人员素质。满足未成年人的网络需求，让未成年人有一个合理的上网时间和空间。

三是建立评估和监控系统，修正政策方向。加快政策评估系统的建立，完善我国网吧管理政策体系。建立科学的政策监控体系，加强政策监督和控制环节的建设，对政策制定、执行、评估和终结实施全面的监督。

论文论述了我国网吧政策产生缺陷的原因之一就是网吧多部门管理形成协调配合不力的矛盾。而专项治理的单一管理形式，又使得多部门管理的矛盾更加突出。虽然，论文提出了综合的解决对策；但是，针对多部门管理的矛盾，仅提出了建立网吧综合协调机构的建议，没有深入讨论解决的途径和有效办法。

●孟琪论文《公安机关对网吧上网实名制管理中存在问题的法律分析》指出：网吧上网实名制管理制度是在上网登记管理的管理现状上，依托于IC卡管理模式，借助功能强大的管理软件，有效沟通公安监控与网吧经营之间的实时联系，让登记资料处于最有效的监控状态，便于对非法访问者的追查以及对青少年上网进行控制的一种网吧管理模式，是实现公安机关网络监察与网吧经营管理之间的最佳平衡的有效方式。[1]

论文指出了网吧上网实行实名制的重要性。一是实行网吧上网实名制度是对公民个人基本权利的一种保护。这一制度保护了网民个人信息安全和基本权利，限制了别有用心者在匿名的网络空间中滥用权利，有秩序的自由才是真正的自由。二是网吧上网实名制对网络犯罪有预防功能。不仅能提高网吧网民的网络道德水平，最大限度地减少利用互联网实施的各种违法犯罪行为，而且能给公安机关的案件侦破提供重要线索，对在逃人员的追查起到积极的作用。三是网吧上网实名制对于保护未成年人的权益起到了重大作用。这一制度可以明显减少未成年人沉迷网络游戏和接触不良网站的几率。四是网吧上网实名制便于网吧管理和防止税收的流失。政府管理者可以对当地任何一家网吧使用监控设备实时监控网吧内计算机上网信息，对一些非法网址及内容进行过滤及限制访问。网吧（企业）管理者对于网吧快速完成上机登记、下机结账功能，减轻网吧管理人员工作量支持多服务台，多收费点实时、精确、公正地收费，杜绝计费漏洞及计费纠纷。这一系统也可以成为税务征收部门对网吧征税的征税额度的佐证，减少税收的流失。

论文指出了网吧上网实名制的法律依据。目前我国还没有一部有关网吧上网实名制的法律出台。立法层面只有行政法规、部门规章和规范性文件此三种位阶较低的立法来规制网吧上网实名制。行政法规有两件：《互联网信息服务管理办法》(国务院第292号令)及《条例》（国务院第363号令）这两部行政法规。部门规章仅有《网吧安全管理软件检测规范》（公安部，2006年起实施)。规范性文件包括由文化部会同国家工商行政管理总局、公安部等14部门印发的《关于进一步深化网吧专项整治工作的意见》等一系列文件。

论文描述了我国公安机关对网吧上网实名制管理的状况是——“名存实亡”。主要表现在以下几个方面。一是存在有人利用网吧对他人的个人隐私进行恶意公开、诋毁他人名誉与人格，致使受害人的正常工作生活受到严重影响

[1] 孟琪.公安机关对网吧上网实名制管理中存在问题的法律分析[D].呼和浩特：内蒙古大学，2009.

的现象。二是仍然存在着许多网络犯罪及黑客攻击问题。三是导致目前未成年人进入网吧的现象还很普遍。

论文指出了我们不能落实网吧上网实名制的原因。一是立法存在问题。二是执法存在问题。包括执法理念、执法方式、执法资源、技术手段都存在问题。论文还指出了各行政主体之间没有有效协调配合的问题。

论文提出了完善公安机关对网吧实行上网实名制管理的几点建议。一是完善相关立法。应对公安机关的执法手段、日常监察以及行政处罚的方式和力度做出更为详细的规范，让公安机关对网吧的上网实名制的管理切实落到实处，方法内容更具体化，制度更科学化，理念和手段更人性化。二是完善执法。实行网吧分级管理、落实有奖举报机制、建立联合执法机制、实行违规网吧媒体通报机制、实行诚信网吧评比机制。三是提高公安机关对网吧上网实名制管理的技术手段。包括采用证件识别专用设备、人脸比对技术等。

这篇论文抓住了网吧管理中的一个突出问题和关键环节，就是网吧采取实名制上网的管理问题。上网人员不能有效采取实名制，或执行实名制存在漏洞，都会给未成年人进入和网吧的治安带来严重问题和巨大的隐患。论文的可贵之处是以公安管理为视角谈实名制上网问题，也符合很多地方的实际情况。所提建议也有很强的针对性。但是，透过上网实名制不能落实的表面现象，本质上还是政府相关部门的协调存在着很多问题，特别是部门利益的协调难、难协调产生了管理上的漏洞。这一重大的问题就是另一个重要论题了。

●陈志荣论文《网吧治理中政府责任存在的问题及对策研究》指出，我国政府责任在网吧治理中存在的主要问题。①市场进入许可程序烦琐、行政效率低下，导致黑网吧滋生。②运动式治理替代常规式治理，突出的表现就是整治时期的效果较好，整治过后仍然存在各种各样的问题，难以建立长效机制。导致三个结果：一是违规经营者轻视治理行为，合法经营者觉得不公平；二是出现隐藏的寻租空间，国家公信力下降；三是降低法律、规则与制度的权威，破坏程序正义。③政府管理监督不规范。原因是行政执法权过于分散，日常治理便成为乌有；非政府主体缺乏独立的监督权和对政府行为的考核指标。④多头治理执法机关“缺位”。表现为重复、交叉执法和执法空白；分工不合作缺乏有效协调；行政执法成本高、效率低下。⑤网吧监管手段不到位，没有建立设置省、市、县三级电子监控系统。⑥政府角色对其他主体的功能替代。我国政府部门没有积极支持其他主体发挥作用，反而扮演一个全能型的角色，对网吧进行全面管理。[1]

论文提出了完善网吧治理中政府责任问题的对策。一是加强网络文化产业宏观调控职能。二是坚持依法治网。坚持有权必有责、用权受监督、执法必严、违法必究、侵权赔偿的原则。采取的措施包括完善网吧市场的法律法规、依法行政、从严治网（既要治“吧”又要治“网”）、完善日常监督。三是加强对黑网吧的打击力度。四是培养专业信息技术管理人员。五是加强部门间协调机制。网吧主管部委之间和各级主管部门之间建立有效的协调监管机制。这一机制是指政府职能部门中所有涉及网吧管理的人员相互熟悉、了解彼此开展的网吧治理所持立场及其理由。从而使所有相关方能够利用协作中获得的信息，在本部门网吧治理中做出科学的管理决策。六是引导非政府治理主体的参与。

这篇论文对我国政府管理网吧产生的问题概括得还是比较准确的。实际上政府在近一两年来的工作中，对这些问题已经在加以改进和不断完善之中。政府监管网吧的难点本质上还是在各部门的协调和配合上的问题。论文提到的表现形式是“重复、交叉执法和执法空白”，结果是分工不合作缺乏有效协调。行政执法成本高、效率低下。就这一难题的解决对策，论文提出的一点办法是各部门加强信息沟通，相互了解彼此的做法和理由。这一点是有些新意的。我了解其他部门的立场以改进我的工作。这也是一种政策的协调与配合。

●田野论文《沈阳地区农村网吧管理问题的研究》指出：农村地域网吧的经营，如沈阳地区农村网吧的特点主要体现为小型、简易、分散、隐蔽。规模很小，一般只有二三十台电脑；电脑一般是城市网吧淘汰下来的二手电脑，条件比较简陋，分布在沈阳市的各个农村乡镇乃至村庄，大多采取家庭化、作坊式的经营模式。网吧规模在150家，占沈阳地区10%左右。农村网吧上网价格为每小时1元，低廉的上网价格使得上网人群非常稳定，经营收入也相对稳定。[2]

农村网吧的突出问题。一是农村网吧分布隐蔽不易管理。农村地域广、居住分散、范围大，农村地区没有准确的街、路名称以及门牌号码，使得管理部门很难查找。二是农村网吧无证照经营的问题普遍存在。低运营成本和高回报的刺激使网吧业主铤而走险，私自在家中购买七八台电脑，不办理任何证

[1]　陈志荣. 网吧治理中政府责任存在的问题及对策研究[D]. 长沙：湖南师范大学，2009.

[2]　田野. 沈阳地区农村网吧管理问题的研究[D]. 长春：吉林大学，2009.

件，就开始营业，形成“家庭作坊式”经营的无证照网吧。三是网吧规模普遍较小、条件简陋，存在安全隐患。四是农村网吧未成年人上网问题严重。通过调查发现，许多农村地区的中小学生放学后就来到网吧，一玩就是几个小时。网吧老板受利益驱动，对这些中小学生不管不问，更有甚者还引诱学生进入网吧，教他们玩游戏。

网吧管理的主要问题。一是管理力度小，漏洞多。农村网吧位置偏僻，分散性较强，乡镇对网吧的管理基本处于空白状况，区县(市)主管网吧部门力量薄弱，经费缺乏，无力顾及偏远的农村地区。二是审批制度不健全，造成无照经营网吧大量存在。三是执法力量不足，管理出现死角。四是网吧管理部门过多。虽然文化部门是网吧的主管部门，但是，在具体的管理过程中，网吧的管理主体就多元化了。从网吧的审批到运营过程中，很多政府部门都扮演了管理者的角色。例如，审批的时候要通过文化、工商、公安、电信和消防部门的审批。而在运营过程中，网吧还要接受教育、广电、人大和政协部门的监督检查。我国的网吧管理主体是多元的，或者说是多头管理。

论文分析了我国网吧多头管理的原因是政府管理机构条块分割，职能交叉。我国文化市场管理方式的部门分割趋向，通常是由单纯行政分权和纵向多头管理来体现的，即所谓的“条条管理”。在这种场合，参与市场管理的行政部门就远不止行业行政主管和工商行政管理两条管理系统，几乎国务院下属的所有经济和非经济的主管部门都按照分管范围直接干预市场运作。若是职权分明、政策归口，又能协调统一，实行必要的行政管理无可非议。问题的关键在于，这些行政主管部门“级别相同、平起平坐、互不相属”。这种政出多门、各行其是、协调不利的管理方式，是农村网吧管理混乱的根源所在。

为解决农村网吧管理的诸多问题，论文提出了建立农村网吧超市的设想。网吧超市的主要内容：一是集中经营，解决好场地问题。由政府牵头解决集中经营场所。按照一定的规模标准将网吧纳入超市中管理，不符合条件的将被淘汰。凡在网吧超市经营之外经营的网吧肯定为无证照网吧，这使社会监督更加容易。二是管理部门可在网吧超市内安装监控摄像头，可在同一安装系统的情况下加装监控软件，公布举报电话、奖励制度等。三是强化网吧超市环境建设，促进农村网吧上档次上水平。

农村网吧是我国网吧管理的难点和薄弱环节。问题的根源也是政出多门。

论文就管理机构条块分割的状况作了细致的描述，提出了在农村地区打破条块分割局面的对策是建立网吧超市的设想。这是化零为整、集中管理的思路，与城市网吧连锁经营管理有异曲同工之妙。这一设想为农村网吧管理的方法提供了有益的借鉴。但是，政府部门如何协调管理、相互配合，这篇论文也没有进一步涉及。

3. 专家学者和咨询公司的研究工作

●沈望舒在《治理网吧业秩序，核心在于强化科学有效的专业力》一文中指出：文化部门只有管理合法网吧的权利，工商、公安部门对黑网吧虽然有处置权却因缺乏信息技术层面手段，捕捉线索和取证十分困难而常常难有作为；信息和金融部门有掌握非法提供上网服务行为，从事色情网站等非法服务收入信息的渠道手段，却因利益和职责等因素不积极作为；社区管理和行政、教育等单位能够给予的配合也因统筹协调力度的微弱处于几乎看不见的状况。因此，强化科学有效的专业力是治理互联网和网吧的关键。一是治理黑网吧，政府责任排序应是信息产业部，工商总局，公安部，文化部。由电信运营商首先提供黑网吧运营证据，工商和公安系统查实取缔处罚，文化和工商等根据以人为本的精神对愿意遵守法律法规、具备开办合法网吧条件的业主准许履行手续后开业。二是采取全过程的问责制，强化行政管理中专业化调节力度，用事后追究、行政问责的方式依律惩处。[1]

沈望舒提出的网吧治理采取政府力、专业力和科技力的综合措施是对的。在进一步阐述的专业力打击黑网吧及治理网吧问题时，针对多个政府部门无法相互配合和协调的问题，沈提出采取全过程的问责制的方法，是一条解决问题的途径。但是，各部门如何配合还是一个有待解决的问题。

●潘公侠在《网吧要健康发展，需解决本源性缺失问题》一文中指出：由于在网吧的“发展”摸索中，存在着巨大的本源性缺失，即基础理论研究的缺失，专业化思考的缺失，多样性基础工作的缺失，有序化发展能力的缺失。这些缺失将直接导致网吧的行业性资本结构调整能力缺乏，行业性持续发展及和谐发展能力缺乏，以及行业发展路径应对社会文明结构的协调能力缺乏。潘公

[1] 沈望舒. 治理网吧业秩序，核心在于强化科学有效的专业力[J]. 网吧经营，2004，(9).

侠认为由于本源性缺失导致网吧产业不能健康发展。[1]

●左春和在《冷风劲吹，让网吧自由选择》一文中指出：网吧属于典型的市场经济产物，市场经济的基本前提是投资者作为卖方，消费者作为买方，双方的交易完全是自愿的。亚当·斯密强调只要协作是完全自愿的，那么交易双方就能获益。在文化市场中网吧自然也受着市场这只“看不见的手”的调节，由于价格信号的传导会影响资本的继续或停止进入，从而使市场趋于帕累托最优。这便是市场经济中分散决策的结果，任何“看得见的手”的操控都会出现相反的结果。[2]政府的网吧产业政策，一是不再对网吧实行指标或总量控制，回到依法行政的轨道上来，并杜绝任何随意性的政策制定；二是把网吧纳入各地文化产业发展规划；三是让网吧享有应有的法律权利和市场权利。在金融危机时，让网吧享有充分的市场选择自由，使产业正常地健康成长。

左春和认为政府对网吧企业管制太多是网吧产业产生诸多问题和不能正常发展的重要原因。他主张政府应该放松对网吧过多的限制和管制。

●鲁岩在《网吧管制：政府与市场如何跳好双人舞？》一文中指出：文化部门负责管理有合法手续的正规网吧，网吧容留未成年人、超时经营的问题也属于文化部门管。而没有办理任何手续的黑网吧则归工商管，网吧安全问题则由公安、消防部门管。正因如此，没有一个专门的、长期存在的综合执法部门对网吧进行管理，各部门职责分工不合理、管理权限分割设置，使得网吧产业的管理陷入了混乱之中。文化部门对无证经营的黑网吧无权查处，只能通知工商部门。网吧通宵营业和允许未成年人入内工商部门却没有管辖权，如果去查处，属于违法行政，只能通知文化部门，而文化部门工商部门从人力、物力上都不可能管好网吧。现在不少网吧开设在居民楼内，只有公安部门才有权利进入居民楼内，而现在公安部门的任务也很重，不能随叫随到。[3]以上的情况导致不少地方更加依赖阶段性的专项治理行为。

如何看待对网吧产业的行政管制，依照经济学的观点，市场机制不是万能和完美的，我们需要政府对市场机制的缺陷肩负起许多任务。简要地分析政府在弥补市场失灵中的职能有：提高效率、防止不完全竞争、干预经济活动的外

[1]　潘公侠.网吧要健康发展，需解决本源性缺失问题[R].Http：//.www.wgjz.com.中国网管家族.

[2]　左春和.冷风劲吹，让网吧自由选择[J].网吧经营，2009，（2）.

[3]　鲁岩.网吧管制：政府与市场如何跳好双人舞？[J].法制与社会，2007，（5）.

部性和提供公共产品。笔者提出的初步建议是：降低网吧准入门槛，使黑网吧自动“漂白”，纳入政府监管体系。同时，明确网吧管制的主管机关权限，建立以工商行政管理为主，文化部门和公安机关为辅的监管体系。过于迷信政府的作用，无论是我们自己还是世界各国的教训都以无可争辩的事实揭示出，政府过多地干预，常常扼杀民间非凡的创造力，使得经济没有效率和活力。学会在实际的经济生活中在保证市场的公平、有序运作的同时恰当地发挥政府的作用，通过政府和市场这双看不见和看得见的手的巧妙结合，创造繁荣的经济、富裕的生活和公正的社会，将是未来十几年内我们面临的艰难命题。

论文指出了政府多部门管制网吧产生的问题和弊端，但是如何协调解决政府之间的行政关系，鲁岩提出了以工商部门为主，公安、文化部门为辅的监管建议。

●张新建在《有文化的网络、有明天的网吧》一文中指出：作为网络文化的重要载体，网吧的发展至关重要。网吧是我国普及互联网知识、计算机知识和信息传播的重要阵地，尤其是在国内互联网建设与普及日趋完善的今天，人们对网络无所不在的知识和信息需求越来越大，更是客观上为网吧的存在提供了极大的生存空间，网吧产业的健康发展关乎整个国家的信息化建设和经济发展，也是构建社会主义和谐社会的一个重要组成部分。迄今为止，社会对网吧产业的服务价值，还未能达成共识，网吧对社会的综合意义也尚未得到充分的认知和肯定。因此，网吧发展的生态环境建设任重道远，许多基本的、基础的工作还需要进一步展开和有效加强。张新建一方面，充分肯定了网吧产业的地位，另一方面，也坦然承认网吧的生存环境建设还有很多工作要做，任重道远。[1]

●庹祖海在《网络文化综论》一书中的“当前网吧管理的政府思路和对未来行业发展的探讨”一节指出：网吧管理主要问题是什么？对未成年人的伤害引起社会反响非常强烈，造成这个问题的原因有网吧的问题，有未成年人的问题，也有网络游戏造成的问题。在网吧是开还是停，是发展还是不发展的问题上，从中央到地方，近几年都有很多不同的意见。有人主张全部取缔，我们不同意，认为还是要趋利避害，加强管理。这几年网吧管理给我们提出问题，即政府怎样满足人民的需求，而不是遏制合理的需求。你说上网这个需求是否合

[1] 张新建.有文化的网络、有明天的网吧[N].中国文化报，2007-9-28.

理？笔者认为合理，因为人民群众需要。当然孩子们进去就不好了。笔者认为那是另外一个问题，是管理的问题。我想在文化市场上我们要正确处理好供给和需求的问题，将满足需求作为我们决策的出发点。[1]

庹祖海指出了网吧的主要问题是对未成年人的伤害问题，政府既要解决不允许未成年人进入网吧的问题（趋利弊害），又要坚持网吧产业发展的立场。但是，网吧如何解决好政府管理的问题，这依然是一个难点。

●咨询公司的研究工作。在网吧产业内部及一些大型咨询公司，也相继开展了网吧产业的研究工作。研究工作主要是分析网吧产业经营状况，产业发展面临的一些问题、市场环境和产业发展前景分析，预测包括游戏运营商、电信运营商和IT厂商等相关产业的发展机会。就政府部门的网吧管理政策的协调问题没有做深入研究。比较突出的咨询公司有上海艾瑞市场咨询公司作的《中国网吧研究报告》，环球咨询公司作的《中国网吧产业分析研究报告》。

4. 概括总结

革命导师列宁有一著名论断："没有革命的理论，就没有革命的运动。"这说出了理论研究的重要性。我国网吧产业发展近二十年来充满了艰辛与困难，专家学者、莘莘学子们面对这诸多的困难和矛盾，在网吧理论研究方面做出了可贵的探索。他们研究网吧产业的发展规律，以推动产业不断创新和发展。研究结论有如下几点。①理论共识。一是网吧产业在推动我国信息现代化建设上有着不可替代的作用，这一产业应该得到发展。二是网吧存在对未成年人有负面影响的问题、黑网吧问题和网吧违规经营问题。三是政府的管制问题值得商榷，或者是放松管制，或者是采取综合的管理办法。综合的办法可以概括为政府部门、社会各界（包括学校、未成年人家长）和产业协会按照各自的身份参与对网吧和未成年人的管理。

②政府多部门管理网吧的弊端分析与解决对策。弊端分析包括网吧发展的特点、行政管理体制、社会环境等方面，解决对策有三点：一是建立网吧综合管理机构；二是建立网吧管理长效机制，三是建立行政责任追究制。这些分析都有一定的道理，对策也是可行的，但是我们还要系统、深入地研究这些问题发生的内在原因和主要问题。

③需要深入研究的主要问题。一是未成年人进入网吧的负面影响是什么？

[1] 庹祖海.网络文化综论[J].网吧经营，2009，（3）.

这里的内在逻辑是网吧经营者允许和纵容未成年人进入网吧，导致未成年人沉迷网吧及网络游戏中而不能自拔，引发了网瘾和荒废学业等一系列社会问题。二是政府实行网吧专项治理的效果为什么不理想？为防止未成年人进入网吧和打击黑网吧，政府实行了严格的网吧管制政策并采取了一系列的专项整治行动，但是政府管制失灵的情况是显著的。三是我们究竟建立什么样的网吧管理长效机制？从网吧专项治理转变到建立长效管理机制，我们要在两难中作出选择：既要克服市场失灵又要解决管制失灵的矛盾；既要为未成年人创造一个好的成长环境，又要鼓励网吧产业健康、有序和可持续发展下去；既要鼓励网游产业的发展，利用好网吧这个平台，壮大文化产业的规模，又要解决未成年人上网成瘾的矛盾。要解决这一系列的问题和矛盾，需要我们准确把握网吧产业发展存在的深层次矛盾，探究形成这些深层次矛盾的原因；提出切实可行的网吧管理的长效机制方案和政策建议。

第二章　网吧产业发展概况

北京是我国的政治文化中心，网络覆盖面和影响力全国领先，网络文化产业发展基础良好。作为互联网的应用终端和网络文化产业的一部分，网吧产业在北京市发展日益规范。但是，网吧仍然存在着允许未成年人进入、经营不规范和黑网吧存在的问题，值得深入研究。

第一节　发展概况

一、发展时期

北京是全国网吧的发源地之一，网吧产业与全国同步发展。经历了高速增长、调整和有序发展三个发展时期，近几年来进入到有序发展阶段。

第一个时期（1996—2002年5月），高速增长期。1996年秋，北京大学南门附近的地下室，“奋高”开办了北京第一个网络咖啡屋，打出了“网吧”的牌子，自此，拉开了北京网吧产业发展的序幕。1996年，网吧发展初期人们上网的地点少，网吧是上网服务和获取网络信息资源的重要场所。最初的网吧规模小，上网机时价格高，每小时20元。1998年，随着互联网的日益发展，网吧快速发展起来。以青少年为主的网吧网民日益增多，他们青睐的是单机游戏，网吧的游戏娱乐功能逐渐增强。随着客源的增加和网吧之间的竞争加剧，上网机时价格降到每小时10－15元。网吧规模达到了20台电脑。2000年，网吧规模迅速增长，网吧已经形成了一个产业。产业内的竞争开始出现，上网机时价格降到5元左右。随着市场竞争日趋激烈，网吧采取了通宵上机优惠和包时限优的竞争手段。2000—2002年，网络游戏进入我国并开始流行。网吧网民成了网络游戏的主要消费群体。

第二个时期（2002年6月—2004年），调整时期。这是网吧社会问题集中爆发的时期。网吧专项治理，政府实行网吧严格管制政策。2002年6月，北京“蓝极速”事件发生，网吧产业问题总爆发，国务院颁布《条例》（国务院第363号令），政府开始了网吧的治理整顿。一大批非法网吧被关、停、并、转。这一时期，电脑硬件技术更加成熟和先进，设备价格不断降低，网络游戏日益流行并飞速发展，网吧产业的设备更新加快，网吧价格趋于理性。

第三个时期（2005年至今），有序发展时期。在政府网吧产业政策指引下，网吧产业向连锁经营方向发展，连锁网吧的发展提高了网吧产业的谈判地位，使得电信运营商、IT厂商、游戏运营商、网络媒体和餐饮业意识到与网吧产业合作的重要性。网吧产业出现了正规化、品牌化和规模化的发展趋势。政府倡导的文化创意产业得到发展，网络文化产业中的动漫产业出现并加速发展，导致了网络游戏飞速发展。这使得网吧网民群体大量出现，为网吧产业的发展提供了动力和客源的支撑。网吧产业自身在经营形式上也在探索多元化的增值经营方式，以走出单靠上网服务收费这种单一的收入的困境和困惑。

二、发展数量

按照北京市文化局提供的统计数据（注：本节以下网吧数据来源相同），截至2009年1月底，北京市的网吧有1546家，网吧数量分布，如图1所示。

从图1可知，从网吧的数量看：海淀区第一，占19%；朝阳区第二，占18%；丰台区第三，占9%；朝海丰三区合计占总量的46%。从地域分布看：在4个城区中，西城排在第一，占总量的4%；东城和宣武并列第二，各占总量的3%；崇文最后，占总量的2%。四城区的网吧数量占总量的12%；4城区加上朝海丰的数量占总量的58%。在远郊区县中，通州、大兴和昌平区各占总量的8%，三者合计占总量的24%。

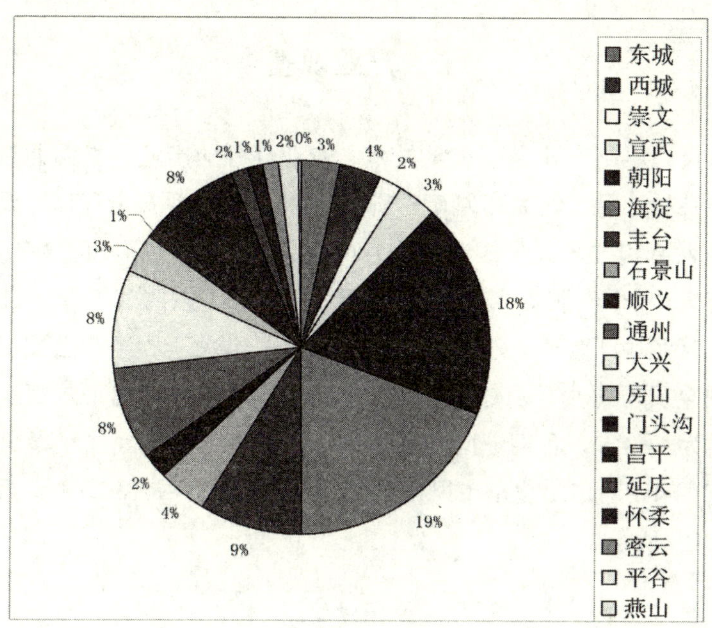

图 1　北京市网吧数量地区分布图

从图1中可以得出三点结论：一是北京市的网吧区域分布主要集中在城近郊区；二是郊区主要集中在与城近郊区接壤的通州、大兴和昌平区；三是网吧数量区域分布不均衡，远郊区少、城近郊区多。

北京市的网吧数量近4年来稳步发展。由2005年的942家，发展到2009年的1546家，平均每年增加151家，年均增长率9.8%，这一增长速度是比较快的，北京市网吧发展状况，如表1所示。

表 1　北京市网吧发展状况表

年份	2005年	2006年	2007年	2008年	2009年
网吧数量（家）	942[1]	1075[2]	1195[3]	1338[4]	1546

[1]　刘宝华. 北京网吧行业经营与管理状况[R]. 北京市网吧行业协会报告，2006.

[2]　刘宝华. 北京网吧行业经营与管理状况[R]. 北京市网吧行业协会报告，2006.

[3]　北京市网吧协会. 北京市网吧行业的调查与分析研究报告[R]. 北京市网吧行业协会报告，2008.

[4]　北京市网吧协会. 北京市网吧行业的调查与分析研究报告[R]. 北京市网吧行业协会报告，2008.

三、产业规模

从业人员。网吧产业是一个重技术、专业性强的产业。按照北京市网吧协会的调查结果看，目前北京市网吧产业管理人员（包括安全管理、经营管理人员）、服务人员和技术人员的比值为1.02/2.58/1。平均到每家网吧的人员构成是：管理人员2个、服务人员5个、技术人员2个。按照2002年《北京市互联网上网服务营业场所管理办法》（京政办发52号）关于“经市公安机关培训的信息网络安全员不得少于3人”的规定来看，目前北京网吧平均每家拥有信息网络安全员为3—4人，各网吧同样符合这一行业规定。

截至2009年1月底，北京市网吧的直接从业人员共计8975人。网吧从业人员分布，如图2所示。

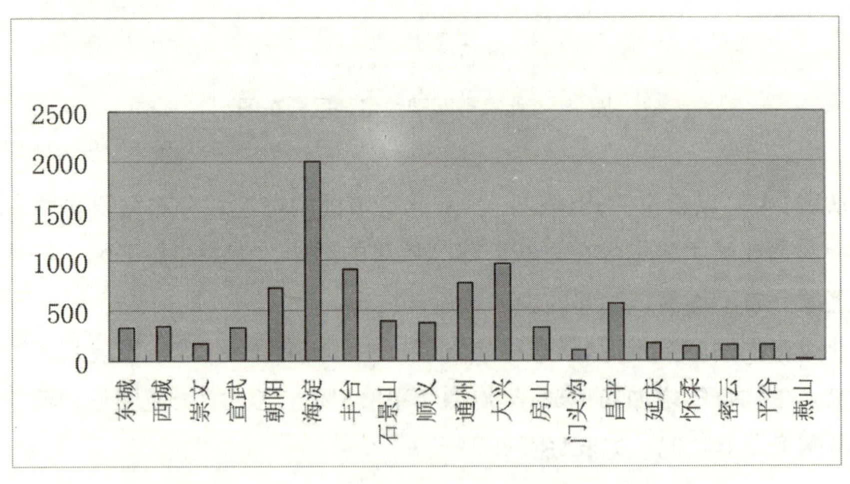

图 2　北京市网吧从业人员数量区域分布图

从图2的统计数据库资料看出，从业人数排在前三位的是海淀1996人、大兴970人和丰台917人。三区从业人员占总数的43%。四城区从业人员总数为1181人，占总数的13%。朝阳、海淀和丰台区的从业人员总数为3645人，占总数量的41%。减去城区和朝海丰的人数，郊区县的从业人员达到了4149人，占总数量的46%。

注册资金规模。北京市网吧注册资金总量达到了9.1亿元。注册资金区域分布，如图3所示。

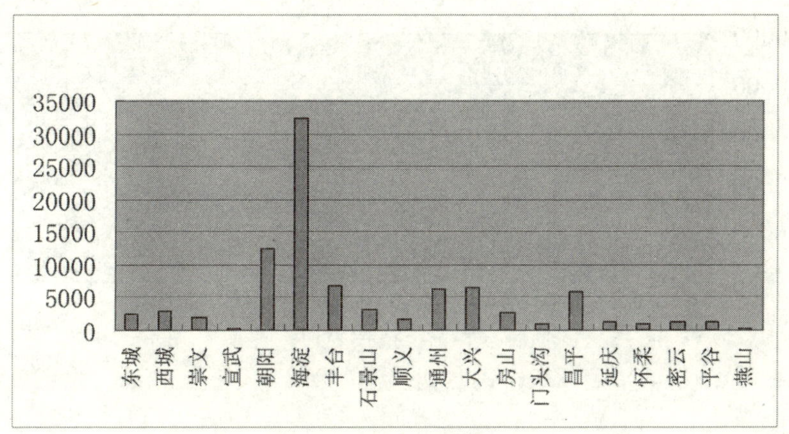

图 3　北京市网吧注册资金地区分布图

从图3的统计数据库资料看出，北京市网吧的注册资金数量排在前三位的是海淀32280万元、朝阳12453万元和丰台6900万元。三区合计51633万元，占注册资金总量的57%。其次是通州6300万元、大兴6500万元和昌平5900万元，占注册资金总量的21%。目前北京市每家网吧的注册资本（金）主要集中在50万元，也有一些在80万元～100万元之间。

计算机终端数量。2008年年底北京市计算机终端数量达到了212609台。2005－2008年计算机终端数量发展状况，如表2所示。

表 2　北京市网吧计算机终端数量发展状况表

年份	2005	2006	2007	2008	2009年1月
终端数量（台）	108100	137500	166897	192800	212609
网吧数量（家）	942	1075	1195	1338	1546
平均（台/家）	115	128	140	144	138

从表2中可以看出，北京市网吧计算机终端数量稳步发展，从2005年的10.8万台，发展到了2009年的21.3万台。平均每家网吧的终端台数由2005年的115台／家，增加到了2009年的138台／家。说明了北京市的网吧规模正在扩大。2009年计算机终端数量分布，如图4所示。

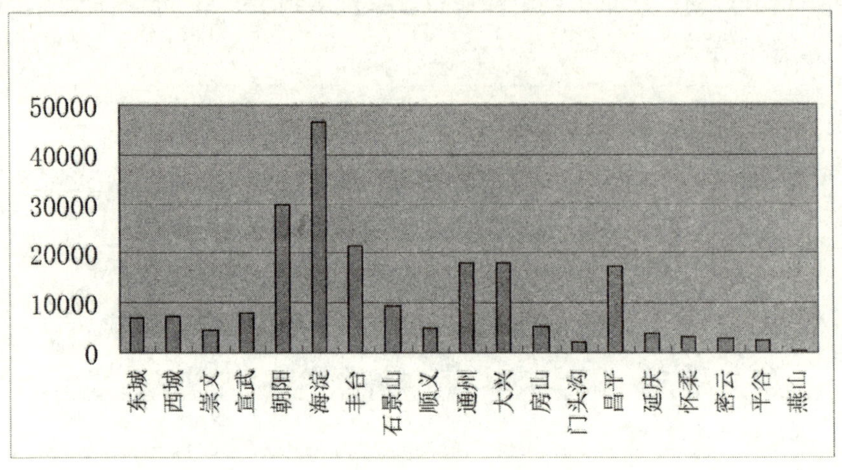

图 4　北京市网吧计算机终端数量地区分布图

从图4的统计数据库资料看出，北京市计算机终端数量排在前三位的是海淀46446台、朝阳29749台和丰台21657台，三区合计占总量的46%。其次是通州18167台、大兴18105台和昌平17410台，三区合计占总量的25%。

网吧规模构成。北京市网吧规模构成分为大、中、小三类。大型网吧计算机终端数量在201台以上，中型网吧计算机终端数量在101—200台之间，小型网吧在100台以下。北京市网吧规模，如图5所示。

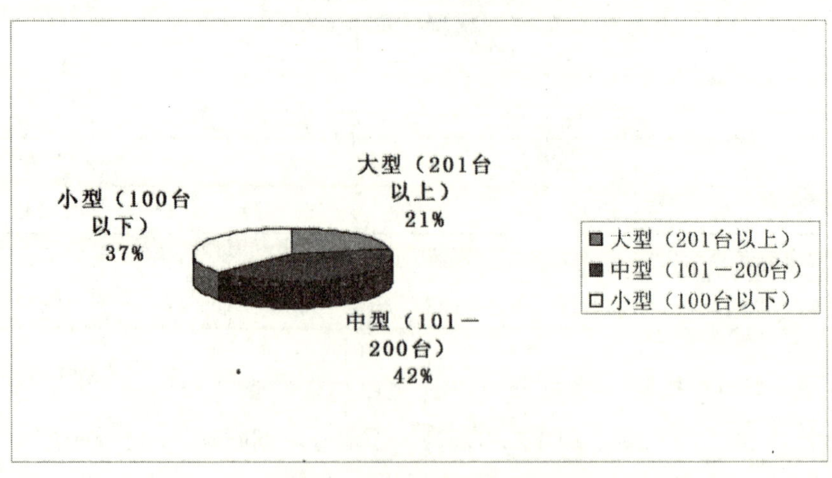

图 5　北京市网吧规模构成图

从图5的统计数据库资料看出，北京市网吧规模基本呈正态分布。中型网吧占多数。大型网吧虽然比例低于小型网吧，但是，中型和大型网吧相加达到了63%，这说明北京市的网吧有向大型化发展的趋势。北京市大型网吧的地域分布，如图6所示。

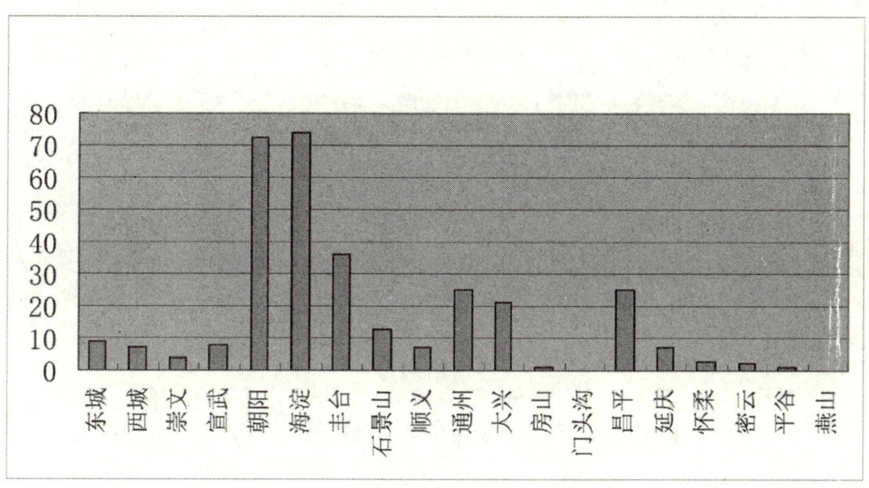

图 6　北京市大型网吧地区分布图

从图6的统计数据库资料可以看出，大型网吧主要集中在朝阳72家、海淀74家和丰台36家。其次是通州25家、大兴21家、昌平25家。其他远郊区顺义、延庆各有7家，怀柔3家、密云2家、房山1家。门头沟和燕山没有大型网吧。北京市中型网吧的地域分布，如图7所示。

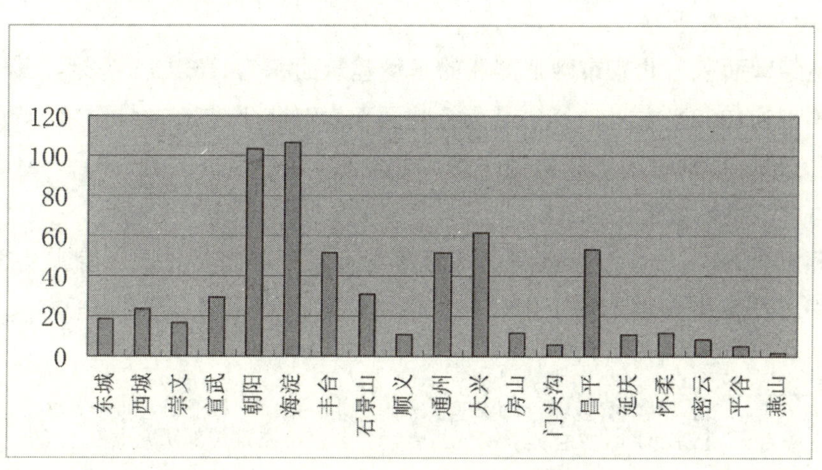

图 7　北京市中型网吧地区分布图

从图7的统计数据库资料可以看出，北京市中型网吧数量最大的集中在朝阳103家、海淀107家和丰台52家。数量较大的通州52家、大兴62家、昌平53家、东城18家、西城23、崇文17家、宣武29家。远郊区的中型网吧数量较少。北京市小型网吧的地域分布，如图8所示。

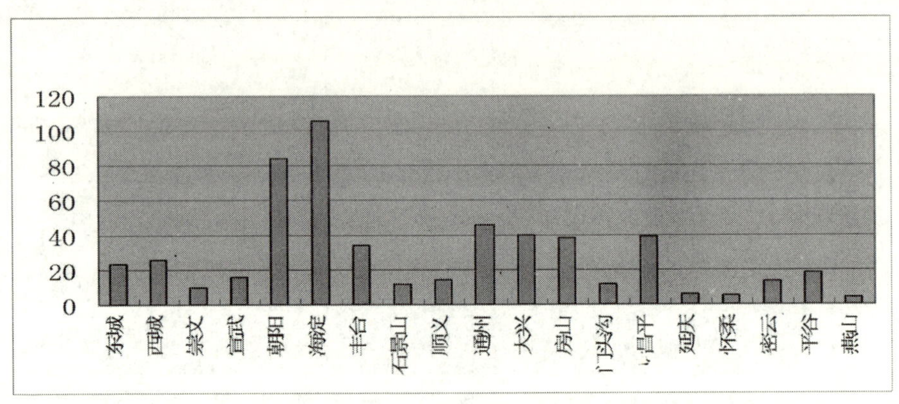

图 8　北京市小型网吧地区分布图

从图8的统计数据库资料可以看出，北京市的小型网吧主要集中在海淀287家、朝阳259家，其次是通州123家、大兴123家、房山51家和昌平117家。全市各区县都有小型网吧。

北京市网吧的具体位置主要集中分布在大中专院校周边以及人口密集的社区附近。特别是在高校、职业技术学校的周边网吧数量多、规模大（机位多）、密度高、上座率高。位于四个城区的网吧一般内部环境好、管理规范、违法违规经营情况非常少。

网吧经营面积。北京市网吧产业的平均建筑面积为446.15平方米，其中最大建筑面积为4000平方米；其中最大经营面积为2146平方米；[1]平均经营面积为405平方米。[2]网吧内电脑数量平均为138台，其中最多的为700台。经营平均面积与电脑平均数量比为2.81∶1。

按照2002年《北京市互联网上网服务营业场所管理办法》（京政办发52号）关于“计算机终端不得少于80台，单机使用面积不得少于2.5平方米”以

[1]　刘宝华.北京网吧行业经营与管理状况[R].北京市网吧行业协会报告，2006.
[2]　蔡赴朝.北京市网络文化建设研究报告[R].北京市委宣传部研究报告，2005.

及“注册资本（金）或出资不少于50万元人民币”的规定来看，目前北京市网吧产业符合这一规定。

四、经营形式

北京市的网吧有单体和连锁经营两种形式。2003年，文化部印发了《关于互联网上网服务营业场所连锁经营管理的通知》（文市发[2003]15号），提出了发展连锁网吧的概念，随后的6年里提出了一系列以连锁经营为主的产业发展政策后，北京市的网吧发展以连锁发展为主，按照“六统一”标准连锁：统一经营方针、统一服务规范、统一形象标识、统一上网首页、统一计算机远程管理、统一营业厅场所风格。

2006年7月，北京市有连锁网吧366家，占网吧总数1171家的31.25%；截至2009年1月的统计数据，北京市共有连锁网吧766家。占网吧总数1546家的49.5%。从形式上看，基本上达到了连锁和单体各占半壁江山的局面。网吧产业开始改变分散、“小作坊”式的经营方式，连锁经营、规模经营成为网吧经营的主要方式，如表3所示。

表 3 北京市网吧连锁经营情况表

单位：家

	千龙网都	瑞得在线	零度聚阵	天地网联
连锁企业数量	391	198	148	29
占连锁企业总数（%）	51	26	19	4
特许加盟店	53	8	14	13
占本企业总数（%）	14	4	9	45

从表3可以看出，北京市网吧主要连锁企业是千龙网都391家，占连锁企业总数的51%；其次是瑞得在线198家，占连锁企业的26%；零度聚阵148家，占

连锁企业总数的19%；天地网联（原网通宽带）29家，占连锁企业的4%。

从理论上和国内外的实践看连锁企业的连锁形式主要有自由连锁、特许加盟连锁和直营连锁三种形式。按照文化部2003年的连锁经营政策规定，网吧企业连锁主要有特许加盟连锁和直营连锁两种。从表3可以看出，北京市的特许加盟总量是88家，占连锁总量的11%，不是很高。虽然天地网联的加盟比例高达45%，但是基数不大，总量也只有13家。

五、收入状况

北京市的网吧收入以上网服务计时收费为主，兼有一小部分增值服务收费。因为网吧统计数据尚未纳入北京市统计工作之列，我们只能采用调查数据估算北京市近3年来的网吧收入状况。计算方法是将北京调查数据和全国调查数据加权平均计算。即2006年采用北京市网吧协会的调查统计数据，[1]2007年采用北京市2006年的调查数据值和文化部统计的2008年全国平均数据值的加权平均值计算，2008年采用文化部的全国平均收入统计数据推算，[2]如表4所示。

表 4　北京市网吧收入状况（加权平均计算法）

	2006年	2007年	2008年
网吧总量（家）	1075	1195	1338
营业收入（万元/家）	24.29	32.85	41.4
年利润（万元/家）	2.97	3.94	5.0
总收入（万元）	26112	39256	55393
总利润（万元）	3193	4708	6690

从表4中可以看出，在网吧数量持续增长的基础上，从2006年到2008年的3年时间里，北京市网吧的总收入由2006年的2.6亿元增加到2008年的5.5亿元。总利润由2006年的3193万元增加到2008年的6690万元。网吧总收入和总利润都有较大幅度的增长。

[1] 刘宝华.北京网吧行业经营与管理状况[R].北京市网吧行业协会报告，2006.
[2] 文化部，财政部.中国网吧、网络游戏调查报告[R].北京：研究课题报告，2008.

在总利润指标中，为扣除各种成本增长的因素，我们按照2006年的利润率12.2%计算2007年和2008年的利润额，特别是2008年的5.0万元／家，低于全国平均7.8万元的均值，所以数据没有高估应是真实的。

测算依据。按照《北京市网吧调查报告》的调查数据，全市网吧的上座率基本在70%以上。即使是规模小、条件较差的网吧上座率也在50%以上。每天的15：00—24：00是经营高峰期，上座率基本可达到100%，22：00至次日的8：00上座率仍可达到60%—70%。周五晚上到周六、周日，上座率是平时的1.5倍，基本上是全天满员，通常会出现排队、一机多人的现象。依据这种上座率的情况，我们计算的每个网吧的年收入量，按照比历年平均网吧规模还要小的小型网吧规模、按照各指标的低限计算，计算方法如下：

（1）每天每家网吧收入：

=平均上机时间×电脑台数×上网费／每小时（元）

=10小时×100台×2元

=2000元×70％（扣除不可预见的不能收入的部分）

=1400元

（2）每月每家网吧收入：

=1400元×30天

=42000元

（3）全年每家网吧收入：

=42000元×10个月

=42万元

注：①在网吧收入公式中，平均上机时间，考虑各类网吧区位不同、大小不同、经营水平不同，上机时间不同，我们仅按调查数据计算的上座率17小时的近60％的水平10小时计算。

②在网吧收入公式中，每家网吧的电脑台数我们取小型网吧的平均值100台的规模计算。这一数据低于全市平均数据2006年的127台／家，2007年的139台／家，2008年的137台／家。

③在网吧收入公式中，上网费一项，我们不考虑其他因素，仅按夜间上网时优惠时段2元／小时收费计算。

④在网吧收入公式中，每天收入扣除不可预见的不能收入的部分按70％计

算收入。

⑤全年每家网吧收入按经营10个月计算，扣除不可预见的不能收入的因素。

六、发展综述

自2005年以来北京市的网吧产业发展与全国的网吧产业发展一样，进入到了有序发展阶段。北京市的网吧数量由2005年的942家增长到2009年的1546家，计算机终端由10.8万台增加到21.3万台。总收入由2006年的2.6亿元，增加到2008年的5.5亿元；净利润由3193万元增加到6690万元。解决了近1万人的就业岗位。网吧规模由小、散、乱向中大型化发展；经营形式由单体网吧向单体和连锁网吧并行发展；千龙网都、瑞得在线、零度聚阵和天地网联4家大型连锁网吧企业几乎占据了网吧的半壁江山；从统计数据看，网吧产业出现了专业化、品牌化和规模化的发展趋势。北京市的网吧特别是大中型网吧集中在朝阳、海淀和丰台区。中型网吧在通州、大兴和昌平区也占有相当的比例，一定数量的小型网吧在远郊区县分布。

目前网吧的经营模式较为单一，主要提供以网络游戏、视频聊天、电影等为内容的上网服务，此外还有少量增值服务。在大多数网吧中，上网服务为其盈利的主要来源，平均占到总收入的85%以上。

北京文化创意产业是今后首都产业发展的战略重点，网络文化产业建设是重中之重。网吧产业作为网络文化产业的重要业态，其稳定有序发展不但扩大了网络文化产业的规模，而且完善了网络文化产业链条，拉动了相关的网络游戏、网络教育、电子商务业的发展，对文化创意产业的发展起了重要的促进作用。

第二节　社会影响及主要问题

网吧产业对社会经济的发展有积极的促进作用，由于未成年人的进入也产生了一系列的社会问题。我们一方面正确客观公正地分析和评价网吧产业发挥的积极作用，另一方面分析网吧产生的社会问题根源，目的是趋利避害、抑恶扬善，既要解决网吧业中的问题又要促进产业的发展。

一、网吧网民数量庞大

截至2009年6月，中国互联网信息中心（CNNIC）发布了第24次《中国互联网络发展状况统计报告》（以下简称《报告》），从2008年1月第21次—2009年7月第24次《报告》的统计数据显示，从2007—2009年连续3年的时间里，网吧成为网民上网的第二大场所。《报告》指出：我国网民3.38亿人，在网吧上网的比例超过1/3（35.5%），网吧网民达到了1.20亿人。网吧超过工作单位成为网民上网的第二大场所，如图9所示。[1]

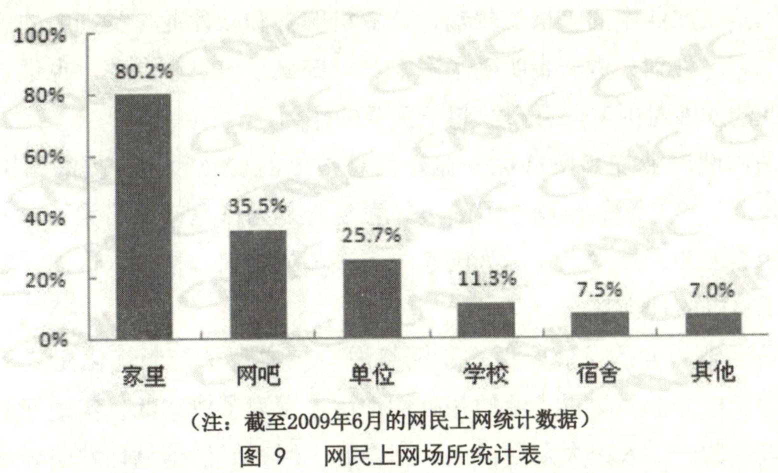

（注：截至2009年6月的网民上网统计数据）

图 9　网民上网场所统计表

北京市的网吧网民数量发展与全国同步，一个较为突出的表现为数量庞大。2008年1月，第21次《报告》指出：北京市网民达到了737万人，这时按照全国平均计算网吧网民上网比例是33.9%，北京市有网吧网民约为250万人。[2]如果我们假定北京市民不去网吧上网，仅计算流动人口去网吧上网的话，据北京市统计局统计，截至2009年12月，北京市有常住外来流动人口509.2万人；按照全国平均数据33.9%计算，北京市有网吧网民173万人。[3]我们取北京市网吧网民和常住外来流动人口网吧网民的中位数计算北京市的网吧网民为212万人。

[1]　中国互联网信息中心（CNNIC）.中国互联网络发展状况统计报告[R].WWW.CNNIC，2009.06.

[2]　中国互联网信息中心（CNNIC）.中国互联网络发展状况统计报告[R].WWW.CNNIC，2008.01.

[3]　龙露.北京常住人口1755万人[N].北京晚报，2010-01-21.

二、促进信息产业发展

加快信息化进程是世界各国的共同选择。我们国家高度重视信息产业的发展，并将其列入了国家支柱产业，把信息化提高到国家经济发展战略的高度，做出了以信息化带动工业化，以工业化促进信息化，走新型工业化道路的战略部署[1]。

网吧是信息产业的应用终端，在推动信息产业现代化方面发挥着独特和巨大的作用，具体表现一是国家正式承认了网吧产业归属于信息产业。2003年，国家统计局在《三次产业划分规定》（国统字[2003]14号）的通知中，将网吧产业归入第三产业中的“信息传输、计算机服务和软件业”类别中的“计算机服务业”。这种划分进一步明确了网吧产业归属于信息产业中，也进一步说明了网吧业的发展对国家信息产业起了重要的作用。

二是网吧产业在“坚持优先抓好信息技术的普及教育，提高国民信息技术应用技能”[2]方面的推动作用的具体表现，是为信息产业培养了一大批懂电脑、懂网络的初级技术人才，为国家电子政务的培训、推广、认知、参与和使用打下了良好的社会基础。

三是网吧产业的发展，促进了网络融合，实现了资源优化配置和信息共享。发挥了市场机制配置资源的基础性作用，探索了成本低、实效好的信息化发展模式。营造了人民大众用得上、用得起、用得好的信息化发展环境。傅才武指出：“网吧具有连接个人与社会、传统与现代的超凡能力，在现代信息传播、资讯普及方面具有传统媒体无法比拟的优势。”[3]这一论述说明了网吧在信息现代化中发挥的重要作用。

三、带动相关产业繁荣

网吧产业是信息产业的应用终端，兼具有网络产业和传统产业的特点。在

[1] 中共中央办公厅，国务院办公厅. 2006—2020年国家信息化发展战略（中办发[2006] 11号）[R]. 中国信息产业网，HTTP//. WWW. CNII. COM. CN.

[2] 中共中央办公厅，国务院办公厅. 2006—2020年国家信息化发展战略（中办发[2006] 11号）[R]. 中国信息产业网，HTTP//. WWW. CNII. COM. CN.

[3] 傅才武. 网吧作为网络文化载体的形态、特征和功能[J]. 华中师范大学学报（人文社会科学版），2007，（1）.

网吧产业链的上游方是网络产业的电信运营商、软硬件厂商，下游方是传统产业中的房地产、能源和餐饮业等，如图10所示。

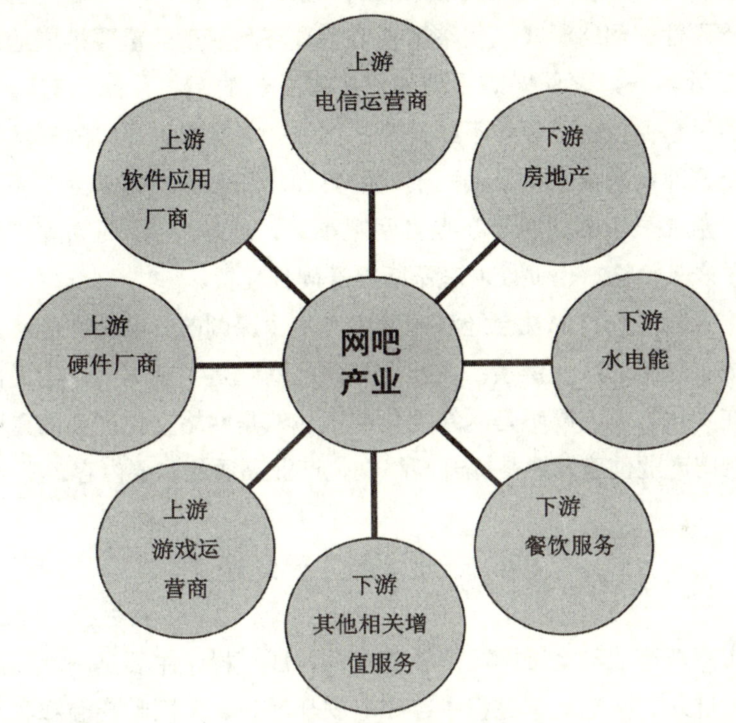

图 10　网吧产业的相关产业

我们按照国家统计局估算的1：7的比例计算周边产业贡献的统计方法，计算北京的网吧产业对相关产业的贡献，如表5所示。

表 5　北京网吧产业对相关产业的贡献统计表

单位：亿元

统计指标	2006年	2007年	2008年
网吧总量（家）	1075	1195	1338
总收入（亿元）	2.6	3.9	5.5
对相关产业贡献	18.2	27.3	38.5

从表5可以看出，北京的网吧产业对相关的产业贡献逐年递增，2008年达到了38.5亿元。网吧是互联网产业的终端用户，它的出现使得互联网产业构成了完整的链条，网吧成为企业关注的重点领域。对IT厂商和互联网企业来说，网吧是电脑硬件、网络游戏、网络影视等各项产品活动的重要推广地。特别值得一提的是近年来，硬件采购呈现出“高端化”的趋势，原因有两个。一是网络游戏的兴起促使网吧硬件不断升级。例如：《魔兽世界》的3D网络游戏对电脑硬件配置的要求很高，推动网吧硬件更加“高端化”。“全双核网吧”、“全19英寸液晶显示器网吧”在很多网吧推广。二是IT 厂商高度重视大规模采购降低了产品价格，也促使网吧不断提升硬件配置。

网吧产业对北京市的社会经济的发展产生了深刻的影响。在经济方面，网吧已经形成了完整的产业链条；在社会方面，网吧是了解舆情、沟通民意的重要载体；在文化方面，网吧是网络文化的载体，是网络文化产业的重要组成部分。促进网吧产业健康发展是提升网络文化产业品质的重要内容。

四、产业发展主要问题

北京市网吧产业与全国网吧产业存在的问题一样，主要是网吧违法违规接纳未成年人进入、网吧运营过程中存在着安全隐患、黑网吧泛滥和利用网吧等互联网上网服务营业场所制作、传播淫秽色情信息等违法行为。这些问题关系到未成年人的成长、精神文明建设和社会秩序的稳定等重大的社会发展问题。

1. 违规接纳未成年人

网吧违规接纳未成年人是网吧产业最常见、最突出和最大的问题。违规接纳未成年人的形式多样，或者逃避技术手段监管，或者冒名顶替，总之，就是在经营手段单一、产业内部同质化竞争加剧的形势下，不想断掉未成年人的上网收入来源。

未成年人进入网吧有很大的负面影响。他们自我防护意识和自我控制能力都相对薄弱，他们容易被色情信息、暴力游戏等不良网络内容吸引，过分沉迷网络形成网瘾，不仅影响了自身正常的学习、生活、人际交往，而且给社会带来巨大危害。在国家明令未成年人不得进入网吧前，网吧是未成年人上网的主要场所之一，他们在网吧内犯罪和受侵害、在网吧内玩网络游戏导致网络成瘾。网吧对未成年人的负面影响可以概括为如下几个方面。

未成年人在网吧内犯罪。最典型的案件是“蓝极速”事件。2002年6月16日，北京学院路20号的“蓝极速”网吧，凌晨2：40分燃起了熊熊大火。这场大火导致12人受伤、25人死亡（死者中大部分是大学生），造成了极其惨重和恶劣的影响。火灾的原因是两名未满14岁的中学生，经常去网吧玩，两周前在“蓝极速”网吧与服务员发生纠纷，于是起意报复，购买汽油纵火导致了惨案发生。

丁青指出：北京市检察系统2003年起诉未成年人犯罪案件1642人，占总起诉人数的9%；其中案情涉及网络的43人，占未成年人犯罪总数的3%。值得注意的是，在43名涉网犯罪的未成年人中，案情涉及网吧的有32人，占未成年人涉网犯罪总数的74%。在涉网犯罪的43名未成年人中，从身份上看，无业人员25人，占未成年人涉网犯罪总数的58%；在校学生17人，占未成年人涉网犯罪总数的40%。涉网犯罪的罪名有：抢劫罪26人，盗窃罪6人，寻衅滋事罪5人，故意杀人罪3人，走私、贩卖、运输、制造毒品罪2人，故意伤害罪1人。[1]

2003年是《条例》（国务院第363号令）第二十一条规定“互联网上网服务营业场所经营单位不得接纳未成年人进入营业场所”执行的第二年。期间，北京市和全国都加大力度专项治理未成年人进入网吧的问题，未成年人在网吧犯罪还不能杜绝，北京尚且如此，更遑论全国的情况了。

未成年人在网吧内玩网络游戏导致患“网络成瘾症”。网吧最初发展的几年来，未成年人泡网吧成风，他们沉湎于网络游戏和虚拟世界里，无心学习，成绩直线下滑，一些人患了“网络成瘾症”导致学业荒废，网吧已成为危害未成年人身心健康的“问题场所”。“网络成瘾症”[2]（internet addiction disorder，简称 IAD）指在无成瘾物质作用下的上网行为冲动失控，表现为由于过度使用互联网而导致个体明显的社会、心理功能损害。未成年人上网玩网络游戏成瘾的主要特征如下[3]：

●对网络游戏有不可遏制的渴望

●对网络游戏有强烈的情绪依赖

●对网络游戏的耐受性增强

[1] 丁青．从未成年人犯罪情况分析网络对青少年的影响[R]．北京市人民检察院研究报告，2004.

[2] 中国青少年网络协会．中国青少年网瘾数据报告(2005)[R]．人民网.

[3] 文化部，财政部．中国网吧、网络游戏调查报告[R]．北京：研究课题报告，2008.

●矛盾心理

●网络游戏戒断的反复性

●生理上的症状

北京军区总医院[1]医学成瘾科将“网络成瘾症”分为网络游戏成瘾、网络色情成瘾、网络关系成瘾、网络信息成瘾、网络交易成瘾5类，其中以网络游戏成瘾居多，占82%。[2]网络成瘾的标准是指非工作和学习用途之外，每天上网超过6小时，持续3个月以上。原因是每年暑假两个月，加上开学的第一个月，在这3个月内疯狂地玩，持续每天上网。

自2005年3月，北京军区总医院开展了青少年网络成瘾的集中住院治疗，并于2006年3月创办了国内第一家网络成瘾诊疗基地——“北京军区总医院青少年心理成长基地”。经过几年的临床实践及研究，这个基地在来自全国的3000多例网络成瘾患者的临床资料中，抽取1300余例具有代表性的样本进行临床跟踪研究，制定了《网络成瘾临床诊断标准》。这个标准虽说是一家之言，但却是对患网瘾综合征未成年人戒除治疗中得出的实践经验的总结。

《中国青少年网瘾数据报告》[3]指出：我国青少年网瘾比例约13.2%。其中13～17岁的未成年人网民中网瘾比例（17.10%）最高，随着年龄的增长，上网成瘾的比例逐渐降低，30～35岁的青年网民中网瘾比例（12%）最低，如图11所示。

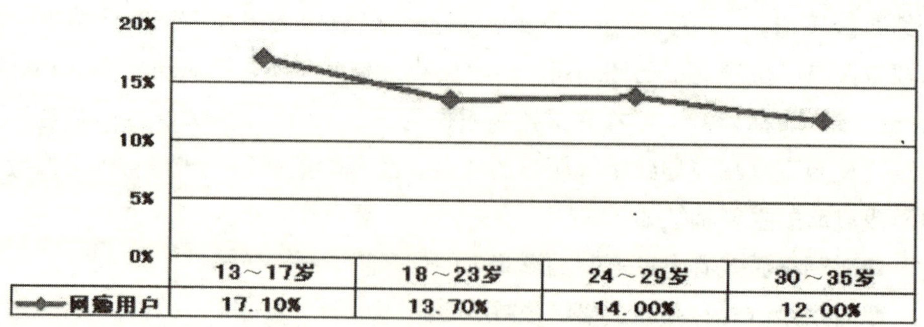

图 11　网瘾在不同年龄段的分布

[1]　北京军区总医院已经有对网瘾的诊断标准. 人民网，2009.

[2]　何春中.我国首个网络成瘾临床诊断标准通过专家论证[N].中国青年报，2008-11-10.

[3]　中国青少年网络协会.中国青少年网瘾数据报告(2005)[R].人民网.

在13～17岁的未成年人网瘾群体中，尤其是中学生网民当中的网瘾比例是最高的。这一调查结果与一些学者的研究结果在一定程度上相似，“处于13—18岁年龄段的中学生是网络成瘾的重灾区”。该报告指出：中学生身处不利的环境导致易上网成瘾的客观原因具体表现在：目前网吧遍布大街小巷，尽管有关部门出台了一系列禁止未成年人进入网吧的条例，但在实践中对网吧尚缺乏有效的管理措施。富有互动娱乐性的网络游戏和网上聊天室对中学生有着强大诱惑，促使他们将网吧当作乐土。

《网络游戏产业发展战略》一书把开发中国市场作为其网络游戏产品出口的全球战略中的重要的组成部分。《战略》指出：中国市场的特点是网络游戏的据点——网吧。网吧是网络游戏玩家的主要场所，这一比例高达44.2%。因此，韩国游戏采取通过中国运营商进入中国市场；游戏流通方式主要是采用网络下载方式，附加采用通过网吧离线流通方式，产品包以免费方式送给网吧。从韩国的游戏推销策略我们可以清楚地看出网吧是网络游戏的主要运营场所。[1]

《北京市中小学生上网现状的调查报告》指出：学生上网行为选择，总体以玩游戏为主。小、初、高学生上网目的存在极显著差异，具有鲜明的年龄特点。总体看平均比例最高的是“玩游戏”，可以说不分年龄大小都上网玩游戏，分别列小学、初中的第一位，高中的第二位。[2]

《报告》指出：男、女生上网的目的总体排列顺序一致，不同性别的学生在使用网络时有差异，但差异不大，所有项目排列顺序基本一致。男、女生排列第一位的都是玩游戏。[3]

上述的数据和论据说明，无论男生、女生，无论小学、初中和高中学生，未成年人上网的第一目的是玩网络游戏。在国家严禁未成年人进入网吧的政策实施之前和实施两年之后（至2004年，国家实施网吧专项治理行动之前），未成年人主要还是到网吧玩网络游戏。

《中国网吧、网络游戏调查报告》指出：青少年是网络游戏成瘾的易发、高发群体，网络游戏是网络成瘾的一个重要原因。2007年的网瘾调查包括北京市未成年人在内的全国10个省、直辖市的近10万青少年。青少年网络游戏成瘾

[1]　魏晶泫[韩].网络游戏产业发展战略[M].清华大学出版社，2008.

[2]　北京市中小学校网络德育研究课题组.北京市中小学生上网现状的调查报告[R].北京市教委报告，2004.

[3]　北京市中小学校网络德育研究课题组.北京市中小学生上网现状的调查报告[R].北京市教委报告，2004.

的总筛查率为3.9%。其中小学生中网络游戏成瘾的比例（1.9%）最低，初中生和高中生中网络游戏成瘾的比例（分别为3.7%和2.6%）居中，大学生中网络游戏成瘾的比例（3.7%）最高。[1]

这次调查青少年群体中网络游戏成瘾的比例在4%左右，较已有的调查结果要低。原因是取样差异，既往的调查研究是从经常上网的青少年当中选取的。但是，我国未成年人基数大，4%的比例也是一个数量惊人的群体。截至2007年，我国网民2.1亿人，未成年人网民是4001万人，按这次调查结果计算我国有“网络游戏成瘾症”未成年人160万人。

《中国青少年网瘾数据报告(2005)》指出：2005年，“网瘾”现象的严重程度，北京在全国排名第二，有“网瘾”的未成年人占北京未成年人总量的23.5%。[2]

《关于加强网吧管理，为青少年健康成长，建设优良的社会文化环境的调研报告》指出：北京市中学生网络成瘾调查报告中指出，北京市青少年网络成瘾者为13万多人，占总量的14.8%。[3]

2008年1月，第21次《报告》指出：北京市网民达到了737万人，这时按照全国平均计算未成年人网民的比例是19.1%，北京市有未成年网民141万人。[4]我们即使按照《中国网吧、网络游戏调查报告》未成年人3.9%的“网络游戏成瘾症”的比例计算，北京市未成年人“上网成瘾症”也有5.5万人。

2008年1月，北京市统计局对外公布，截至2007年年底，北京市常住人口为1633万人[5]（户籍人口为1213.3万人，外来人口为419.7万人）。2005年，北京市1%抽样人口调查，推算出18周岁以下常住人口的比例为14.02%，我们以此数据为依据，推算出北京市2007年的常住人口未成年人为229万人。按照3.9%的比例计算，北京市未成年人有“网络游戏成瘾症”者为8.9万人。

我们无论按照5.5万人的低限，还是按照8.9万人的高限说，这是一组庞大的“网络游戏成瘾症”人群。数据后面有着无数悲欢离合的故事。封堵未成

[1] 文化部，财政部.中国网吧、网络游戏调查报告[R].北京：研究课题报告，2008.

[2] 中国青少年网络协会. 中国青少年网瘾数据报告(2005)[R].人民网.

[3] 民盟北京市委. 关于加强网吧管理，为青少年健康成长，建设优良的社会文化环境的调研报告[R].2002，民盟北京市委网站.

[4] 中国互联网信息中心（CNNIC）.中国互联网络发展状况统计报告[R].WWW.CNNIC，2008.01

[5] 于秀琴.北京市常住人口达到1633万人[R].新华网，2008-01-21.

年人去网吧上网应该是无可争议的事情。因为网吧允许未成年人进入有上述这些显著的弊端，所以国家有关法律法规明令严禁网吧接纳未成年人进入，主要的法规有如下几项：第一项，2002年9月29日，国务院颁布的《条例》（国务院第363号令）第九条规定："中学、小学校园周围200米范围内和居民住宅楼（院）内不得设立互联网上网服务营业场所。"第二十一条规定："互联网上网服务营业场所经营单位不得接纳未成年人进入营业场所。"

第二项。2004年《中共中央国务院关于进一步加强和改进未成年人思想道德建设的若干意见》第二十五项指出：严格执行《互联网上网服务营业场所管理条例》，要按照取缔非法、控制总量、加强监管、完善自律、创新体制的要求，加强对网吧的整治和管理。认真落实未成年人不得进入营业性网吧的规定，落实在网吧终端设备上安装封堵色情等不健康内容的过滤软件，有效打击违法行为。

第三项。2006年全国人大通过了新修订的《中华人民共和国未成年人保护法》第三十六条规定："中小学校园周边不得设置营业性歌舞娱乐场所、互联网上网服务营业场所等不适宜未成年人活动的场所。营业性歌舞娱乐场所、互联网上网服务营业场所等不适宜未成年人活动的场所，不得允许未成年人进入，经营者应当在显著位置设置未成年人禁入标志；对难以判明是否已成年的，应当要求其出示身份证件。"

2. 黑网吧的危害

什么是黑网吧。2004年7月29日，北京市最高人民法院发布的《关于整治网吧等案件的若干意见(试行)》指出：擅自从事互联网上网服务经营活动有以下情形之一的，属于擅自从事互联网上网服务经营活动的违法行为：①未依法取得《网络文化经营许可证》和营业执照，擅自从事互联网上网服务经营活动的；②已经取得《网络文化经营许可证》，但未依法取得营业执照，擅自从事互联网上网服务经营活动的；③被吊销《网络文化经营许可证》，尚未到工商行政管理部门办理变更登记或者注销登记，擅自继续从事互联网上网服务经营活动的；④已经办理注销登记或者被吊销营业执照，以及营业执照有效期届满后未按照规定重新办理登记手续，擅自继续从事互联网上网服务经营活动的；⑤超出核准登记的经营范围，擅自从事互联网上网服务经营活动的；⑥其他擅自从事互联网上网服务经营活动的。简单说没有办理《网络文化经营许可证》

的网吧就是黑网吧，主要危害有如下一些。

一是大肆接纳未成年人，对他们的健康成长造成了极大伤害。他们在黑网吧无所顾忌地玩网络游戏，导致情感冷漠和道德行为失范；进一步沉溺网游中导致心理障碍。

二是黑网吧黄源泛滥，毒害未成年人。黑网吧根本不安装公安部门统一要求安装的网络过滤软件和网络安全监管软件。服务器中储存了大量的色情淫秽视频内容。未成年人沉溺在黄色网站中，侵蚀他们的健康心理，抑制他们健全人格的形成。特别是自我约束能力弱的未成年人，一旦滑入其中就不能自拔，诱发了他们的违法犯罪行为。

三是黑网吧存在着安全隐患，消防安全无保障。黑网吧经营场所隐蔽，一般都不设任何招牌，不贴任何标志。为躲避追查一般都设在偏僻的街巷中，混杂在居民区中楼底地下室、车库，甚至废旧仓库内经营。大多数黑网吧经营场地狭窄，往往仅开一扇小门，仅有一条通道，甚至只能容一人出入；为防备执法检查，有的甚至在顾客达到一定数量后采取反锁、拉下卷闸等方式进行经营，存在严重的安全问题。大量的网线、电线交织在一起，超负荷运转，又没有消防设备，存在着重大的安全隐患和火险危害。一旦失火在网吧中很难逃生。

四是黑网吧扰乱了正常的网吧市场的经营秩序。黑网吧经营者的成本大大低于合法经营者，因此黑网吧的存在对有证照经营者造成了冲击，严重扰乱市场经济秩序，侵害了合法经营者权益，造成市场的无序和不公平竞争。

2007年5月22日，国家工商总局印发《关于开展查处取缔黑网吧专项行动的通知》（工商个字[2007]105号），认定黑网吧及危害如下： 黑网吧是指违反《条例》（国务院第363号令）的规定，擅自设立的互联网上网服务营业场所。黑网吧大量接纳未成年人进入，使许多中小学生迷恋网络，逃学旷课，贻误学业；黑网吧大量传播有害信息，败坏社会风气，影响社会稳定和社会主义精神文明建设，影响未成年人的身心健康；一些未成年人为获取上网资金从事盗窃、抢劫等违法犯罪行为；黑网吧大多经营场地狭窄，电线杂乱，闭锁门窗，存在严重的人身及消防安全隐患。黑网吧的存在，严重影响了网吧正常经营秩序，已经成为社会公害。

3. *侵犯知识产权*

第一，网吧下载电影供网民观看导致侵权。《高法、高检关于办理侵犯知识产权刑事案件具体应用法律若干问题的解释》第五条：以营利为目的，实施刑法第二百一十七条所列侵犯著作权行为之一，违法所得数额在3万元以上的，属于“违法所得数额较大”；具有下列情形之一的，属于“有其他严重情节”，应当以侵犯著作权罪判处3年以下有期徒刑或者拘役，并处或者单处罚金：①非法经营数额在五万元以上的；②未经著作权人许可，复制发行其文字作品、音乐、电影、电视、录像作品、计算机软件及其他作品，复制品数量合计在一千张（份）以上的。按照《解释》，定罪量刑的标准定在1000份。对于下载提供方，如果累计有1000人次以上进行下载；下载超过1000首曲目或者1000部电影，就可能被追究刑事责任。[1]

第二，网吧经营者疏于管理，网吧网民利用网吧制作、下载、复制、发布、传播淫秽色情等违法有害信息的行为。网吧虽然是互联网的应用终端，但是网吧网民利用网吧的计算机终端，从事传播淫秽色情等违法有害信息的行为，就需要网吧经营者出面制止。往往有的网吧管理者疏于对网民的行为进行管理。

五、家长反对孩子去网吧[2]

2004年8月，北京市妇联联合“友邦顾问”调查公司，对北京市西城、海淀、崇文、昌平、通州的1500个家庭采用入户访问的方式，针对“互联网对未成年人的影响”问题从4个方面进行了调查，关于网吧问题，家长有两个看法：一是网吧最不良的影响是浪费时间，影响学习。①家长认为孩子沉湎于网吧之中出现了明显的网络病症，严重影响身心健康。②家长认为网吧人员太复杂，易交友不慎。③一些渲染色情、暴力、邪教的网站，已影响了一批青少年，让家长“谈网色变”，网吧在管理上有隐患，易出事故。

二是多数家长认为应严惩接纳未成年人进入网吧的网吧业主。从家长的角度看，绝大多数家长认为政府部门应当严惩接纳未成年人进入网吧的网吧业主，轻者处以罚款，重者吊销许可证。少部分家长认为这种行为并不至于严重

[1]　高法、高检关于办理侵犯知识产权刑事案件具体应用法律若干问题的解释.（2004年11月2日最高人民法院审判委员会第1331次会议、2004年11月11日最高人民检察院第十届检察委员会第28次会议通过，自2004年12月22日起施行）.

[2]　北京市妇女联合会，市家教会，智诚友邦信息咨询有限公司.从家庭看互联网对未成年人的影响调查报告[R].北京市妇联报告，2004.

到如此地步，只要限期整改，进行一般教育即可。

北京市网吧产业在为社会经济发展做出了积极贡献的同时，也存在着上述的各种问题。特别是多数未成年人家长反对自己的孩子进入网吧。网吧问题有网吧产业自身和政府管制不当两方面的原因，需要从管理体制、监管政策、产业的发展环境、产生问题的根源等几个方面入手加以分析。

第三章 北京网吧政府管制研究

第一节 专项治理

网吧最初是一个自发性发展的产业，投资回收期短、回报率高，吸引了大量社会资金投入到这个产业来。但是，市场机制的自发性、盲目性和局限性，以牺牲未成年人身心健康为代价产生了负的外部效益，必然导致政府对网吧实行严格的产业监管。这种监管是以专项治理的形式展开的。北京市的网吧专项治理工作是在国家的宏观专项治理政策要求和规定下开展的，既按照国家的部署，又结合了北京市的实际情况。

一、政府管制政策

一般学者认为政府管制（政府监管），指具有法律地位的、相对独立的政府管制者（机构），依照一定的法规对管制对象所采取的一系列行政管理与监督行为。政府管制一般包括经济管制和社会管制两个方面的内容。经济管制是政府通过行政立法、行政裁决和行政监察手段对市场微观经济运行的干预；社会管制是以保障消费者的安全、健康，防止灾害为目的，对企业的服务质量以及伴随着其提供的各种服务活动进行管制。简言之，政府管制就是指政府相关部门根据法律法规采取的管理与监督措施，干预经济活动与社会生活的行为。

1. 非严格监管时期的网吧管理政策

网吧产业政府管制经历了从非严格管制到严格管制两个时期。非严格时期的政府监管工作，如表6所示。

表 6　非严格监管时期的我国网吧产业政府管制文件与主要内容表

（1998年—2002年5月 ）

发文时间	文件名称	发文部门	主要内容
（1）1998年（12月25日）	《关于规范“网吧”经营行为加强安全管理的通知》	公安部、信息产业部、文化部、国家工商总局	信息部核准、备案和管理，安全运营
（2）2001年（4月3日）	《互联网上网服务营业场所管理办法》（已废止）	信息产业部、公安部、文化部、国家工商总局	信息主管、公安负责场所网络安全，文化管理内容，工商管理无照及超范围经营
（3）2001年（4月3日）	《国务院办公厅关于进一步加强互联网上网服务营业场所管理的通知》（国办发［2001］21号）	国务院办公厅	重申三部一局管理办法，整顿网吧过多过滥，管理混乱、经营无序，含有色情、赌博、暴力、愚昧迷信等内容
（4）2002年（5月10日）	《关于加强网络文化市场管理的通知》（文市发［2002］10号）	文化部	直辖市、省城、单列市的每一网吧设备总数不得少于60台，每台占地面积不得少于2平方米；三市以下的地区，每一网吧设备总数不得少于30台，每台占地面积不得少于2平方米。16岁未成年人假日可以进入
（5）2002年（5月11日）	《贯彻落实国务院办公厅关于进一步加强互联网上网服务营业场所管理通知的意见》	文化部	整治“网吧”数量过多过滥、非节假日准许未成年人进入、经营含有不健康内容的电脑游戏活动、利用“网吧”从事违法犯罪活动

非严格管制期（1996年11月—2002年5月）。在这一时期，“要想发、开网吧”，各类的民营资本看中了网吧产业，投资回报率高、回收期短是这一时期网吧产业的发展特点，民营资本纷纷投入网吧产业，显示出民营经济的巨大活力和创造力。在这一时期网吧开得“多、小、散、乱”，无序发展，特别是安全问题日益突出，政府意识到需要对网吧采取监管措施。

1998年12月25日，公安部、信息产业部、文化部、国家工商总局，印发了《关于规范“网吧”经营行为加强安全管理的通知》。主要内容是网吧开办要由信息部核准、备案和管理，安全运营。

这是我国第一个管理网吧的政府规章，此时网吧的主管部门还是信息产业部，政府产业监管的内容也仅是安全问题。但这个规定是网吧产业开始有政府监管的标志性文件，所以意义重大。

自1998年至2002年5月，国务院办公厅、信息产业部、公安部、文化部、国家工商总局，单独或者联合发文，就网吧安全、无序经营、管理混乱、网络含黄赌暴内容问题发布了4个文件要求治理。

2002年5月10日，文化部印发了《关于加强网络文化市场管理的通知》（文市发[2002]10号）的文件。这一文件标志着网吧的主管部门由信息产业部转到文化部。在这一文件中，政府部门首次给产业设置了市场准入门槛并允许未成年人在节假日进入网吧。由于蓝极速网吧事件还未爆发，政府对网吧的管理处于探索和非严格管制阶段。

2. 严格监管时期专项治理阶段的网吧管理政策

严格管制期（2002年6月至今）。可以分为专项治理和长效管理两个阶段。专项治理阶段（2002年6月—2004年）。长效管理阶段（2005年至今）。专项治理阶段的监管政策，如表7所示。

表 7　严格监管时期专项治理阶段的我国网吧产业政府管制文件与主要内容表（2002年6月—2004年）

发文时间	文件名称	发文部门	主要内容
（1）2002年（6月29日）	《关于开展“网吧”等互联网上网服务营业场所专项治理的通知》	文化部、公安部、信息产业部、国家工商总局	开展专项治理工作，取缔非法、严查违规经营“网吧”，并重新审核登记，消防安全检查，严究审批和监管工作中的违法违纪行为
（2）2002年（9月29日）	《互联网上网服务营业场所管理条例》（国务院第363号令）	国务院	文化部主管审批、监管网吧，公安负责信息网络安全、治安及消防安全，工商负责登记注册、营业执照的管理和黑网吧查处；设置产业进入门槛，企业经营规则；18岁以下未成年人不得进入；实施零点断网政策

续表

发文时间	文件名称	发文部门	主要内容
（3）2002年（10月11日）	《关于贯彻互联网上网服务营业场所管理条例》的通知（文市发［2002］46号）	文化部	抵制、打击违法违规经营，“网吧、连续三次接纳未成年人上网，责令停业整顿直至吊销《网络文化经营许可证》，从严审批、控制总量、合理布局、优化结构，加强宏观管理和调控力度
（4）2003年（4月22日）	《关于加强互联网上网服务营业场所连锁经营管理的通知》（文市发［2003］15号）	文化部	促网吧连锁经营，力争规模化、连锁化、主题化、品牌化，全国连锁企业10家，各省3家，停止审批非连锁经营的网吧
（5）2004年（2月13日）	《关于开展网吧等互联网上网服务营业场所专项整治的意见》	文化部、国家工商总局、公安部、信息产业部、教育部、财政部、国务院法制办公室、中央文明办、共青团中央	网吧专项治理，严厉查处接纳未成年人进入行为，打击黑网吧，打击利用网吧传播淫秽色情信息，消防安全专项治理

续表

发文时间	文件名称	发文部门	主要内容
（6）2004年（2月17日）	《国务院办公厅转发文化部等部门关于开展网吧等互联网上网服务营业场所专项整治意见的通知》（国办发[2004]19号）	国务院办公厅	要求全国各地对网吧违法违规经营和黑网吧现象实行专项治理
（7）2004年（10月18日）	《关于进一步深化网吧专项整治工作的意见》（文市发[2004]38号）	文化部、国家工商总局、公安部、信息产业部、教育部、财政部、国务院法制办公室、中央文明办、共青团中央	继续贯彻[2004]19号文，专项治理工作到2004年年底，加大执法力度，严厉查处网吧接纳未成年人进入行为、取缔黑网吧和打击网上传播有害文化信息。量化处罚接纳未成人年进入标准

2002年6月16日蓝极速网吧恶性事件爆发后，政府在全国范围内拉开了严管网吧的序幕，我国的网吧产业进入了严格管制期。严管时期网吧专项治理阶段的重要政策如下。

第一项，《条例》（国务院第363号令）。2002年9月29日，国务院颁布了《条例》（国务院第363号令），2002年11月15日施行。这是专项治理阶段国家出台的最重要的网吧监管政策文件。随着我国网吧产业的发展，这项文件还有一些待改进之处；但是，从网吧市场准入、营业管制、市场退出和政府监管4个方面《条例》都做出了重要的规定，要点如下。

市场准入。①国家对设立网吧实行许可制度。②主管是文化部。③中学、小学校园周围200米范围内和居民住宅楼（院）内不得设立网吧。④网吧要以企业组织形式经营，对营业场所面积有严格要求。⑤设立网吧要取得“信息网络安全证”、“消防安全审核证”、“网络文化经营许可证”、“工商营业执照”，审批环节至少要45个工作日。

营业管制。①网吧不得接纳不满18周岁的未成年人进入。②营业时间限制在8：00—24：00。③经营者和消费者不得利用网吧制作、下载、复制、查阅、发布、传播黄、赌和暴力信息。④不得经营非网络游戏。⑤上网消费者的身份证等有效证件登记、核对和保留60天的记录。

市场退出。对网吧经营者违规接纳未成年人进入和违反《条例》（国务院第363号令）严重行为的最高行政处罚是吊销《网络文化经营许可证》，令其退出网吧产业。

政府监管。①县级以上文化部门负责网吧的设立审批及经营活动的监管。②公安机关负责信息网络安全、治安及消防安全的监管。③工商部门负责登记注册和营业执照的管理，并依法查处无照经营活动。④电信部门负责互联网接入管理。

《条例》（国务院第363号令）的颁布，使得我国网吧产业的政府监管确立了一个中央政府主导、以文化部门为主体、其他相关部门协同监管的网吧监管体系。

第二项，网吧实行专项治理的监管政策。自《条例》（国务院第363号令）实施近两年来，全国各地未成年人到网吧上网导致上网成瘾、学业耽误和家庭破裂的事例不断出现，再有未成年人因网吧犯罪伤人和被伤致死的恶性案例不断发生，使网吧问题凸现出来，引起了广大未成年人家长的强烈不满，形成了重大的社会问题。

专项治理的重点。坚决取缔无证照或证照不全的黑网吧，整治以电脑学校、劳动职业技术培训班、电子阅览室、计算机房等名义变相经营网吧的行为；严厉查处网吧违法接纳未成年人进入的行为；打击网上传播有害文化信息行为，净化和规范网络文化经营活动。

针对网吧违规接纳未成年人进入、黑网吧泛滥和网上传播有害文化信息三个问题，2004年2月13日，文化部、国家工商总局等9部委印发《关于开展网吧等互联网上网服务营业场所专项整治的意见》（以下简称《专项整治意见》），要求严厉查处网吧接纳未成年人进入行为，打击黑网吧。

2004年2月17日，《国务院办公厅转发文化部等部门关于开展网吧等互联网上网服务营业场所专项整治意见的通知》(国办发[2004]19号)， 国务院要求全国各地对网吧违法违规经营和黑网吧现象实行专项整治。

政府部门分工。文化行政部门负责严厉查处接纳未成年人进入行为。对中学、小学校校园周围200米范围内的网吧，对大专院校校园周边的网吧严格管理。工商行政管理部门或由工商行政管理部门会同公安机关取缔、查封黑网吧场所，扣押专用工具、设备。公安机关负责查处利用网吧制作、传播淫秽色情信息等违法行为；指导、监督网吧用户上网登记和上网信息记录，保证信息网络安全技术措施在线运行；以及消防安全专项治理。电信管理机构对黑网吧及违规网吧终止或暂停互联网接入服务。

政府部门合作。一是文化部门与工商、公安部门之间的合作。文化行政部门一旦发现黑网吧，要及时书面通报工商部门，由工商或工商部门会同公安机关予以取缔，并将结果抄送文化行政部门和公安机关。

二是电信部门与文化、公安、工商部门之间的合作。电信管理机构要根据文化、工商、公安部门提供的擅自设立的网吧及其互联网接入服务提供者名单，被吊销《网络文化经营许可证》或责令停业整顿的网吧及其互联网接入服务提供者名单，通知并监督互联网接入服务提供者立即终止或暂停接入服务，对逾期未终止或暂停接入服务的，由电信管理机构依据有关法律法规进行处罚。

对接纳未成年人进入行为的处罚。文化行政部门对累计两次接纳未成年人进入的网吧等互联网上网服务营业场所，要责令其停业整顿；对累计3次接纳未成年人进入的，要吊销其《网络文化经营许可证》；对在规定营业时间以外接纳未成年人进入的，一经发现，立即吊销其《网络文化经营许可证》。

第三项，继续进行专项治理。网吧专项整治工作到2004年10月份取得了成效；但是，没有达到预期目标。2004年10月18日，文化部和国家工商总局等9部门再次印发《关于进一步深化网吧专项整治工作的意见》(文市发[2004]38号，以下简称《进一步整治意见》)，2004年10月18日—2004年12月31日，继续进行专项治理，文件指出：网吧专项整治工作取得明显成效，但必须清醒地看到，对这一成果不能估计过高，一些工作还没有完全落到基层、落到实处，尤其是在中小城市和农村地区有些问题还比较突出。经国务院领导同志同意，决定将网吧专项整治工作延长到2004年12月31日。

《进一步整治意见》指出：要继续突出严厉查处网吧接纳未成年人进入行为、取缔黑网吧和打击网上传播有害文化信息三个重点开展工作。要针对前一阶段工作中暴露的问题，突出重点时段、重点场所，加强巡查，建立巡查记录，严肃查处违法经营行为，有针对性地开展工作。

加大对接纳未成年人进入行为的处罚力度。《进一步整治意见》指出：对累计两次接纳未成年人进入和一次接纳3名以上（含3名）未成年人的网吧，要责令停业整顿，时间不得少于15天；对累计3次接纳未成年人进入、一次接纳8名以上（含8名）未成年人或在规定营业时间以外接纳未成年人的，要坚决吊销其《网络文化经营许可证》，切断其互联网接入服务。

以专项治理为手段的政府网吧监管工作，关闭了大量小乱差和非法经营的网吧。促进了网吧产业从自发性、盲目性的高速发展，进入到了有章可循的调整发展的时期。更重要的是通过网吧专项治理工作的开展，初步建立和形成了政府部门分工与合作监管网吧的政府监管体系。

二、专项治理概况

北京市深受蓝极速网吧之累并深受其害，整顿治理网吧的力度在全国是最大的。按照中央和文化部等部门的部署，北京市的专项治理分两个阶段进行。

第一阶段，自2002年6月至2003年底。主要是查处取缔黑网吧和维护网吧安全工作。2002年6月，北京市成立了以主管副市长为组长，各有关部门主管领导为成员的网吧专项整治工作领导小组，负责领导全市的网吧管理和专项整治工作。蓝极速事件后，全市网吧停业整顿，拉网排查安全隐患。2003年2月，市网吧专项整治工作领导小组改为网吧管理联席会议，领导和协调全市的网吧管理工作。2002年和2003年，全市查封取缔2000多家黑网吧。

第二阶段，自2004年2月至2004年12月底。按照国务院、文化部等中央有关部委的部署，北京市在巩固专项治理成果、防止反弹的基础上开展了新一轮对网吧的专项整治工作。2004年2月，北京市将网吧管理联席会议再次改为网吧专项整治工作协调小组，孙安民副市长任组长，文化、工商、公安、通信、教委、财政、法制办、文明办、团市委等9部门为小组成员，全面领导网吧专项治理工作。为贯彻国务院电视电话会议精神和市领导的指示，北京市文化局起草了《关于我市开展网吧等互联网上网服务营业场所专项整治的实施意见》（以下简称《意见》），并征求了市工商局、市公安局、市通信管理局、市教委、市财政局、市政府法制办、市文明办、团市委等部门意见，管理联席会议（即专项整治工作协调小组），对该《意见》进行了进一步的讨论和修改，形成一致意见，并确定由市政府办公厅转发该《意见》。按照《意见》，北京市采取的主要措施有以下一些。

一是坚决取缔黑网吧，特别是郊区反弹的黑网吧。全市工商行政管理部门在各有关部门的密切配合下，按照专项整治工作的要求，分层、分级、分段把取缔黑网吧的责任落实到每个基层工商所和个人。[1]

二是切实解决网吧接纳未成年人进入问题。文化行政部门加大了对网吧违规接纳未成年人行为的打击力度，对累计两次违规接纳未成年人的网吧责令停业整顿。各区、县建立了对网吧巡查的制度，保证了对接纳未成年人等违规经营行为的及时查处。

三是严格实行上网登记制度。对解决未成年人进入问题起到了良好的作用。

四是加强互联网有害信息清理。全市各级公安部门组织专门力量，结合全国色情网站清理专项行动，重点打击利用网吧制作、复制、查阅、发布和传播淫秽色情有害信息等各类违法犯罪活动，使网吧安全管理得以规范。

五是初步建立了齐抓共管、形成合力的政府监管体系。各成员单位认真落实中央要求，明确职责，协调配合。市区文化、公安、工商局通过单独和联合执法加大了对网吧的监管和处罚力度；市通信管理局在专项整治中加强对网吧等营业场所接入服务的监管，加大对违法提供接入服务者的查处力度；市教委要求各级各类学校加大对未成年人不得进入网吧的宣传教育和管理力度，并将此项内容写进新修订的《中小学学生守则》，严格校纪校规；市、区财政局认真落实网吧监控系统建设经费及专项整治、举报奖励经费等；首都文明办加强对网吧等互联网专项整治及有关法律法规的舆论宣传工作，形成良好的舆论

[1] 2004年7月29日，北京市高级人民法院依据《条例》（国务院第363号令）制定了《关于整治网吧等案件的若干意见(试行)》，指出： 对于设立互联网上网服务营业场所应依法取得《网络文化经营许可证》和营业执照，未依法取得《网络文化经营许可证》和营业执照或者证照不全的互联网上网服务营业场所属于黑网吧.

氛围；团市委大力开展青少年网络文明行动，引导未成年人及其监护人自觉遵守《条例》（国务院第363号令）；市高级人民法院依据《条例》（国务院第363号令）制定了《关于整治网吧等案件的若干意见(试行)》，对本市法院审理此类案件提供了有力依据；各区县政府坚持守土有责，制定方案，建立组织，完善制度，不断加大对网吧的管理查处力度，积极配合有关部门开展专项整治工作。

市网吧专项整治工作协调小组以听汇报、座谈、查阅管理档案材料、现场抽查等方式对各区专项整治工作进行检查验收，同时开展了持续不断的清理整治工作。市、区（县）文化、公安、工商局通过单独和联合执法加大了对网吧的监管和处罚力度。共出动执法人员51646人次，检查经营场所22545家次，处罚违法违规网吧400家次，坚决取缔无证照或证照不全的黑网吧180余家，停业整顿110家，罚款180.8万元。市公安局专门设立了65249006举报电话和110指挥中心，共同受理群众对黑网吧的举报投诉，排除信息网络安全隐患2109件次。这些行动有力地打击了网吧接纳未成年人进入的违法违规经营活动，有效地保障了正规网吧的经营。

通过网吧专项整治，一批黑网吧被发现并取缔，违规接纳未成年人和超时经营问题得到较好解决，网上传播色情、暴力、赌博和愚昧迷信等有害信息的问题得到有效治理，网吧等互联网上网服务营业场所经营秩序有了明显好转，全社会初步形成了浓厚的监督和自觉抵制网吧违法违规经营行为氛围。

三、专项治理问题

北京市日趋严厉的网吧管制政策的实施收到了成效，再也没有发生过恶性的、群发性的、几人以上包括未成年人在内的死人伤人事件。网吧经营更加规范，为产业有序发展奠定了基础。但是，专项治理成效有限，仍存在以下两个问题。

一是黑网吧屡禁不止。黑网吧向未成年人传播淫秽、色情、赌博、暴力、凶杀、封建迷信、伪科学等不良信息，向未成年人销售走私、盗版和充斥暴力色情内容的各类商品，使未成年人深受其害，成为诱发未成年人犯罪的“高发地带”，这一问题有从城区向城乡接合部及乡镇农村蔓延的趋势。尽管采取了一系列查处措施，但由于经营者受利益驱动，申办合法网吧手续太难和相关管理部门的监管力度不够，黑网吧仍屡禁不止，监管部门只能是露头便打，处于被动局面。

二是网吧违规接纳未成年人进入的问题依然存在。2004年11月上旬，北京市统计局信息咨询中心作的“北京市未成年人上网吧情况调查报告”[1]指出：在全市18个郊区县调查了上网的未成年人1056名，其中近一个月内有去网吧上网经历的164名。[2]报告对这164名去网吧上网人员情况进行分析，调查结果如下。

去网吧未成年人的基本情况。最近一个月里去网吧上网的学生中，12～14岁的为14.0%，15～16岁的为32.3%，17～18岁的比重超过了半数，达到53.7%。高一年级学生去网吧上网的比例为13.9%，高二年级的为17.2%，高三年级的为17.9%，三者所占比重之和达到49.0%。小学生六年级仅占1.3%。

去何处的网吧。48.5%的未成年人去的是学校附近的网吧。还有36.8%的人选择去居住小区周围的网吧。

去网吧的次数及滞留时间。未成年人平均每周去网吧1.5次，每次在网吧待滞的时间为1～2小时的较多，为45.5%，待2～3小时的为23.7%，待1个小时以下的为16.1%，待3个小时以上的为14.7%。

在网吧干什么。未成年人去网吧从事的活动主要是在网上玩游戏，为54.6%；其次是与人网上聊天，为27.3%。

网吧经营者守法经营情况。未成年人进网吧每次都要求出示证件的为27.5%，偶尔会要求出示证件的36.6%，从来没有要求出示证件的达到了35.9%。

这次调查结果发现的突出问题：一是54.6%未成年人去网吧上网是玩游戏，27.3%未成年人去网吧上网是与人网上聊天。有些网吧违规大量接纳未成年人上网。很多未成年人受访者反映到网吧上网，业主从来不问年龄，即使是通宵上网，网吧管理人员也不劝阻，这就为未成年人进入网吧打开了方便之门。

二是在专项治理期间，对网吧违规接纳未成年人的打击力度一再加大，还有一些网吧铤而走险。这些问题说明我们的专项治理工作的成效是有限的。

[1]　北京市统计局信息咨询中心.北京市未成年人上网吧情况调查报告[R].北京市统计局研究报告，2004.

[2]　首都文明办.关于当前互联网与网吧对北京市未成年人的影响及对策[R].北京：首都文明办研究报告，2004.

四、问题成因探析

网吧专项治理是典型的运动式治理行政执法，在我们国家已经形成了一种常态化的政府管理和执法模式。这种治理方式往往是临时性的、间断性的，存在着特定的时间上的规定性和治理目标的单一性。因此，专项治理是有效的，也是有合理性的。

1. 为什么要采取网吧专项治理行动

网吧专项治理采用的是“运动式治理”模式有其内在的客观原因。

第一个客观原因。我们国家在巨大的社会变迁时期，遇到了突出重大的社会问题时，需要用非常的手段来解决。唐皇凤指出：“在转型中国，这种运动式治理中的核心要素——政治动员与意识形态宣传都是在国家治理能力欠发展的基本前提下，对国家治理能力的一些外部救济和边际改善措施。”[1]

这种“欠发展的国家治理能力”有着深刻的历史背景。当我们面临突发的网吧社会问题的时候，必须迅速地、及时地和有效地解决这一问题，而政府在机构改革和调整职能的非常时期，在管理资源不足和管理能力有限时，在不能通过开发组织管理能力来提高管理效率以解决网吧的突出矛盾的时候，运用专项治理的运动方式来弥补组织管理能力的欠发展来解决矛盾，是一个有效的途径。唐皇凤指出：在国家治理资源匮乏的条件下，集中整治具有历史合理性，集中有限的国家治理资源解决突出的社会问题是执政党与政府在“实用理性”主导下、面临资源瓶颈问题的理性选择。[2]

第二个客观原因。政府的管理资源不足和有限性与巨大的被管理群体之间，在突发事件爆发时，存在着无法管理的现实矛盾。唐皇凤指出：“有限的社会资源总量与超大规模社会对国家治理资源的大规模需求的矛盾将长期存在。对于一个国家治理资源长期匮乏的社会来说，国家体制根本不可能调动足够的资源来实现全面的社会监控。中国底层社会长期的相对自主性是在特殊的资源限制条件下国家治理的理性选择，同样，集中有限的资源解决突出的社会

[1] 唐皇凤. 常态社会与运动式治理——中国社会治安治理中的“严打”政策研究[J].开放时代，2007（3）.

[2] 唐皇凤. 常态社会与运动式治理——中国社会治安治理中的“严打”政策研究[J].开放时代，2007（3）.

问题也是执政党与政府面临资源瓶颈问题制约的理性抉择。专项治理政策，就是国家治理资源贫弱条件下的一种理性抉择。”[1]政府的管理能力有限，在没有更好的更有效的办法的情况下，面对十几万甚至几十万家的网吧，只有用集中整治的运动式管理方法来解决网吧的违规和违法问题。

2. 网吧专项治理行动成效有限性原因分析

但是，运动式的网吧专项治理没有可持续发展和监控的动力机制。这种管理网吧的方式的长时间运行，就会暴露出很多问题，显示出它的明显的局限性来。众多政府部门的管理者和被管理者在反复的运动式的检查和被检查中都疲惫不堪了。网吧专项治理成效有效性的原因有如下几点。

第一，网吧多部门管理形成了授权单位重复、多重多层交叉执法问题。《进一步整治意见》要求通信、工商、公安、文化、教育、精神文明办、团委等多个部门管理是正确的。管理中某个方面或环节出现问题，就会直接影响网吧的正常运行，同时还可能会影响到社会稳定和国家网络安全、信息安全和文化安全。

因此，在我国当前行政管理体制下，按照“谁审批、谁负责”的原则，网吧产业出现“多头管理、多龙治水”的多部门管理是可以理解的。“多头管理”体制的好处是归口管理、专业化管理。但是，它的弊端也十分明显：一是政府各部门授权单位重复、多重多层交叉执法，这在一定程度上导致了管理滞后；二是在实际工作中会出现一些很难协调的情况；三是这种管理体制导致了行政效率低下，行政执法成本很高。

《进一步整治意见》规定：新开营业网吧需要“六证”[2]，检查时也要相对应的至少4家单位出面（文化、公安、工商和电信），这就给综合执法工作增加了难度。如工商部门是打击和查处黑网吧的主要责任单位，公安部门只能以会同的角色出现，而不能单独对黑网吧进行执法，这样人为地增加了公安部门单独执法打击黑网吧的难度。同时，也容易使各职能部门发生推诿、扯皮的现象。

第二，各执法部门之间没有建立和形成良性互动的、相互协调的“府际关系”。一是表现在交叉执法时，各部门没有形成沟通的机制。二是表现在收

[1]　唐皇凤．常态社会与运动式治理——中国社会治安治理中的“严打”政策研究[J].开放时代，2007（3）.

[2]　1.《网络文化经营许可证》；2.公安部门意见书；3.消防部门审核意见书；4.通讯部门经营许可证；5.工商营业执照；6.电信部门安全协议书.

费管理时，收费部门过多，各部门之间没有相互协调。邹端指出："网吧开展正常经营需要6项以上行政许可或准入程序，需要向各部门缴纳10项以上各类税费。"[1]各政府部门还没有协商形成共识：避免交叉收费和乱收费。这种情况导致管理过程中，系统问题终端化、复杂问题碎片化，最终是效率降低。各行政管理部门之间缺少连接，内在管理环节断裂，使原本应该是系统化的解决方案只能在个别环节上实现突破，限制了政府管理效率的发挥。

如何协调好各行政机关之间的"府际关系"，如何把握中央政府和地方政府之间的上下左右关系，是一个亟待解决的课题。林尚立指出："各级、各类政府为管理复杂的社会公共事务所形成的关系也是十分广泛的。它包括权力关系、职能关系、政策关系、监控关系、税收关系、预算关系、公务合作关系、法律关系、司法关系，等等。虽然政府间行政关系所包含的内容十分广泛，但从决定政府间关系的基本格局和性质的因素来看，政府间关系主要由三重关系构成：权力关系、财政关系和公共行政关系。"[2]这些关系本质上就是一个利益关系。

谢庆奎指出：各级政府都存在着"利他"和"自利"的双重性。"利他"就是为社会公益事务服务，"自利"就是追求单位的部门利益和个人利益。在上下级政府之间还具有执行性、应付性、自创性和协商性等特征。[3]谢庆奎进一步指出：执行性表明下级政府和下级部门必须执行上级政府和上级部门的计划、政策、决定、命令。理解的要执行，不理解的也要执行。[4]为了执行上级政府和部门的计划、政策、决定、命令，下级政府和部门会区别情况，少数政治任务坚决执行，大多数的社会经济文化工作，则想办法应付，不执行不行，但要变通执行。这就是"上有政策，下有对策"。这种应付性一是出于无奈，二是在有些情况下危害性也比较大，使上级的正确政策得不到有效的执行。由应付性又生出了自创性。下级应付上级的对策，有不少就是下级政府和部门为了自身的发展，也是为了自己的利益，而作出的自主性决策。

综上所述，黑网吧屡禁不止和网吧违规问题，从政府管理角度的原因分析，就是没有处理好地方政府各职能部门之间的"府际关系"，没有处理好彼

[1] 刘玉珠．2008中国文化市场发展报告[M]．北京：文化艺术出版社，2009.
[2] 林尚立．国内政府间关系[M]．杭州：浙江人民出版社，1998.
[3] 谢庆奎．中国政府的府际关系研究[J]．北京大学学报(哲学社会科学版)，2000，(1).
[4] 谢庆奎．中国政府的府际关系研究[J]．北京大学学报(哲学社会科学版)，2000，(1).

此之间的利益关系。所以，理顺“府际关系”是提高行政效率和政府能力最重要的措施和途径。因此，网吧专项治理要向长效管理过渡。

第二节 长效管理

解决网吧专项治理效率有限性的问题，关键是要构建一个科学的政府监管体系。在这个体系中，形成一个健全的领导体制和工作机制，能长期保证制度正常运行。这就是“长效机制”的本质所在。从中央政府到地方政府部门，都在思考用“长效机制”的办法破解网吧管理的难题。

一、文化部的探索

自“蓝极速”网吧事件后，政府严管网吧产业。全国网吧产业进入了政府严格监管时期。严管是以专项治理的形式展开的。自2002年5月10日文化部印发《关于加强网络文化市场管理的通知》（文市发[2002]10号）文件，正式接管网吧管理并开始专项治理工作后，就存在着网吧违规经营，政府专项治理；再违规经营，继续专项治理。网络本身的复杂性和网吧经营环境的复杂性，使得往复循环的“运动式”治理只能收到一时成效。

文化部已经意识到仅靠专项治理是不能彻底解决问题的。马力认为：“走过2004年的专项整治，今后的网吧管理工作该向何处去？是继续重复以往的工作思路，走‘整顿—平稳—再整顿’的老路，还是走出一条将科学发展观落实到网吧管理实践、实现网吧管理工作自身和谐的新路。应该逐步理清一条深化网吧管理、建立网吧管理长效机制的新思路。”[1]文化部已经意识到应该更多地用常规化的法律法规、制度规范和合法程序来管理网吧。自2004年开始，在网吧专项治理期间，文化部开始了网吧长效管理的探索。

1. 首次提出网吧管理要建立长效机制的概念

《专项整治意见》第八条提出：“建立长效机制，坚决防止反弹。要认真探索、总结网吧管理经验，从有利于加强对网吧等互联网上网服务营业场所的

[1] 马力.2005年中国网吧管理工作的回顾与思考[R].中国文化网.

管理出发，进一步调整和完善有政策法规，建立网吧管理的长效机制，坚决防止反弹。”

文化部首次提出了网吧管理要建立长效机制的概念。在专项治理中寻求长效管理办法，这一概念的提出是一个很大的突破。国办发[2004]19号文件转发了《专项整治意见》，网吧管理要建立长效机制的概念得到了国务院的肯定并在全国推行。

2. 初步提出网吧管理长效机制的基本框架

第一，网吧管理长效机制要有一个健全的组织机构。《进一步整治意见》指出：要充实完善长效管理机制。各级网吧专项整治工作协调（领导）小组在本次专项整治结束后，要及时调整为网吧管理工作协调（领导）小组或联席会议，做到思想不松、机构不撤，继续保持原有的工作体系和工作机制，坚持不懈地搞好网吧管理工作。

第二，《进一步专项整治工作意见》提出的网吧管理长效机制的要点。一是加强部门协调配合。文化、工商、公安、电信管理等部门各司其职，各负其责，密切协作，把网吧管理工作落到实处。二是加强社会监督，坚持群防群治。建立义务监督员队伍，保证社会监督效果；建立、完善举报奖励制度，鼓励群众举报；产业协会加强自我管理和监督。三是加强宣传教育，坚持疏堵结合。教育行政部门、共青团组织、学校和家长对未成年人开展教育活动；探索建设非营业性的互联网上网场所向未成年人开放。四是推进网吧连锁，提升产业形象。引导网吧向规模化、连锁化、主题化、品牌化方向健康发展；审批网吧连锁经营企业新设直营连锁门店。五是落实技术监管措施。

网吧产业不同于一般性的服务产业，网吧企业在市场经济中是不同于其他类型的一类企业。它是一种特殊的以信息传播介质（互联网）为经营手段的网络信息传播的终端应用企业，它既是一个有形的文化企业，也是一个有别于有形市场企业的特殊的信息管理企业。它除了与市场经济密切相关外，更与国家的信息产业化、国家的网络文化产业的有序发展和未成年人的健康成长密切相关。我们用集中整治的运动式专项治理方式监管网吧的违规和违法问题的局限性就凸现出来，就需要用长效管理的办法解决问题。在《进一步专项整治工作意见》文件中，初步构筑了长效管理的框架，在专项治理中寻找长效管理的办法，是政府网吧监管工作的一个特色和一个进步。

二、北京市的建议

北京市提出网吧管理长效机制建议。2004年至2005年，由首都精神文明建设委员会办公室主持，市文化局、公安局、工商局和市社科院等十几个部门共同参与完成了北京市重大研究课题——“关于当前互联网与网吧对北京市未成年人的影响及对策”（以下简称“对策”）。

“对策”在网吧专项治理期间的调查研究，有两条重要意见：第一条意见，网吧对禁止未成年人进入管理不力；第二条意见，黑网吧屡禁不止。因此，“对策”提出了“建立网吧管理长效机制”的政策建议。“对策”指出：建立网吧管理联席会议制度和长效管理机制。网吧整治工作涉及部门多、领域多，具有长期性、复杂性、反复性的特点，根据国务院有关部门“网吧整治小组要及时调整为网吧管理工作协调领导小组或联席会议，做到思想不松，机构不撤”的要求，建议成立北京市网吧管理联席会议制度，市主管领导为组长，各部门配合，积极探索和完善网吧的长效管理机制。

一是明确职责。市文化、工商、公安和电信等部门要本着“谁主管、谁负责、谁落实”的原则，按各自分工，实行岗位责任制，建立责任倒查制度。要向媒体和群众公开职责范围，确定24小时举报电话，采取公示制度。

二是加强联系和协作。各部门之间要建立畅通的沟通渠道，强化信息通报、受理和查处情报互通机制，有关执法文书要及时通报。要利用北京市信息网络平台，对网吧的身份审批、提示和警示信息给予公布，对多次检查不合格、反复出现问题的网吧给予公开曝光。

三是建立动态监测机制。市统计局定期或不定期开展对未成年人上网吧的调查，为市委市政府制定政策提供依据。

中央采纳了网吧管理长效机制建议。2005年2月李长春阅“对策”后批示：“关于网吧的整顿虽收到一定的效果，但反复性很强，如何建立长效机制，可重点抓几个大城市试点，收到经验后推广。”陈至立批示：“请网吧专项整治小组先研究如何落实长春同志批示精神，准备意见。”

现在看这一建议经受了时间的检验。毛泽东指出：“真正的理论在世界上只有一种，就是从客观实际抽出来又在客观实际中得到了证明的理论，没有任何别的东西可以称得起我们所讲的理论。”我们致力于政府网吧监管的政策研究工作，评价政策实施效果，最根本的目的是要遏制黑网吧的存在，杜绝网吧接纳未成年人进入的现象发生。能否解决这两个问题，这是我们评价政策效果的标准。

三、文化部的政策

文化部的政策探索和北京市的积极建议，促进了网吧长效机制政策的出台。2005年4月12日，文化部会同工商总局、公安部、信息产业部、教育部、财政部、国务院法制办公室、中央文明办、共青团中央联合印发了《关于进一步深化网吧管理工作的通知》（文市发［2005］10号，以下简称《深化网吧管理工作通知》）。这是文化部印发的第一个网吧管理长效机制政策文件，标志着我国的网吧严格监管时期，已由专项治理阶段向长效管理阶段转移。2005年—2009年，严格监管期网吧管理长效机制的政府文件有8个，如表8所示。

表 8　严格监管时期长效管理阶段的我国网吧产业政府管制文件与主要内容表（2005年—2009年）

发文时间	文件名称	发文部门	主要内容
（1）2005年（4月12日）	《关于进一步深化网吧管理工作的通知》（文市发［2005］10号）	文化部、国家工商总局、公安部、信息产业部、教育部、财政部、国务院法制办公室、中央文明办、共青团中央	构建宏观调控与市场机制、产业自律与社会监督相结合的网吧管理长效机制。对网吧接纳未成年人行为要坚持严管重罚并制定更严格的量化标准。做好总量规划，严格市场准入

续表

发文时间	文件名称	发文部门	主要内容
(2) 2007年(2月15日)	《关于进一步加强网吧及网络游戏管理工作的通知》(文市发[2007]10号)	文化部、国家工商总局、公安部、信息产业部、教育部、财政部、监察部、卫生部、中国人民银行、国务院法制办公室、新闻出版总署、中央文明办、中央综治办、共青团中央	强化网吧市场退出机制,严管严罚未成年人进入,坚决取缔黑网吧;打击和防范网络游戏中的违法犯罪行为;严格控制网吧总量,对连锁网吧由事前的行政许可调整为事后的行政确认,监察机关要加强对文化、工商、公安等部门的执法监察
(3) 2007年(5月22日)	《关于开展查处取缔黑网吧专项行动的通知》(工商个字[2007]105号)	国家工商总局	严把网吧市场准入关,2007年不得登记新网吧,突出重点,打击变相黑网吧,严格执行案件移交制度,加大惩处力度
发文时间	文件名称	发文部门	主要内容
(4) 2008年(7月7日)	《关于网吧管理工作有关问题的通知》(文市发[2008]25号)	文化部、国家工商总局、公安部	改善宏观调控,“有进有出”,网吧接纳未成年人现象得到有效遏制的地区可修订规划,促进合理布局

续表

发文时间	文件名称	发文部门	主要内容
（5）2009年（3月28日）	《关于进一步净化网吧市场有关工作的通知》（文市发[2009]9号）	文化部、国家工商总局、公安部、工业和信息化部、中国关心下一代工作委员会	严厉查处网吧违规接纳未成年人，坚决取缔黑网吧，严格网吧市场准入审核关，抵制低俗暴力内容在网吧传播
（6）2009年（5月19日）	《关于加强协调配合开展查处取缔黑网吧专项行动的通知》（工商个字[2009]96号）	国家工商总局、中央文明办、公安部、文化部、工业和信息化部、中国关心下一代工作委员会	开展查处取缔黑网吧专项行动
（7）2009年（9月7日）	《关于印发网吧连锁企业认定管理办法》的通知（文市发[2009]35号）	文化部	网吧连锁企业认定
（8）2009年（11月11日）	《关于开展2009年净化网吧市场、查处取缔黑网吧督查工作的通知》（文明电字［2009］23号）	文化部、中央文明办、国家工商总局、公安部、工业和信息化部、中国关心下一代工作委员会	开展净化网吧市场、查处取缔黑网吧专项行动联合督查

1. 政策内容

《深化网吧管理工作通知》(文市发［2005］10号)重点内容如下。一是体制机制建设。①领导体制。全国网吧专项整治工作协调小组调整为全国网吧管理工作协调小组，各级网吧专项整治工作协调(领导)小组或联席会议相应调整为网吧管理工作协调(领导)小组或联席会议。②管理机制。构建分工负责与齐抓共管、条块结合与以块为主、日常巡查与技术监管、宏观调控与市场机制、产业自律与社会监督相结合的网吧管理长效机制。

二是实行属地管理制度。网吧管理工作是地方各级人民政府的重要职责。网吧管理纳入各级政府的工作体系，纳入文明城市和文明单位等考核评价体系，纳入社会治安综合治理考核评价体系；建立健全责任追究制，对出现问题长期得不到解决，造成严重后果的，要追究有关负责人的责任。

三是政府部门行政执法分工与合作。行政部门及电信管理机构的分工。①文化部门对网吧接纳未成年人行为严管重罚，采取责令停业整顿、吊销《网络文化经营许可证》措施；落实网吧经营管理技术措施。②公安部门负责网吧信息安全、消防安全和治安安全及安全技术措施监督管理。③工商部门取缔黑网吧。④电信部门根据文化、工商、公安部门提供的停业整顿网吧、被吊销《网络文化经营许可证》的网吧、黑网吧及其互联网接入服务提供者名单，暂停或终止接入服务。⑤教育行政部门管理高校上网场所。

行政部门的合作。①文化、工商、公安、电信管理等部门之间在信息通报，规范审批、查处、取缔等环节的工作流程等方面合作。②文化、公安部门在网吧经营管理技术措施和安全技术措施上，保证网吧和计算机终端的在线率，在网吧技术监管措施的安装、使用中相互支持与协作。

四是实行严格的市场准入与退出的管理政策。①总量规划。省、自治区、直辖市文化行政部门统筹分析本地区网吧市场形势，统筹考虑经济社会发展水平、人口结构、市场需求、消费习惯和社会反映等因素，制定本地区网吧总量和布局规划的指导性意见；县、市文化行政部门据此科学制定本地区网吧总量和布局规划，自下而上逐级报省、自治区、直辖市文化行政部门综合平衡后，报当地人民政府同意后执行并报文化部备案。文化部授权省、自治区、直辖市文化行政部门可以就本地区新设网吧的最低营业面积、计算机数量、单机面积的标准做出规定并报文化部备案。

②从严审批，从严准入。地方各级文化行政部门按照网吧总量规划和布局，办理设立网吧的行政许可。工商部门以企业的组织形式(含个人独资企业、合伙企业)办理网吧的营业执照，不能以个体工商户形式办理网吧营业执照。

③市场退出。累计两次接纳未成年人进入或一次接纳3名以上(含3名)未成年人的网吧，责令停业整顿15天；累计3次接纳未成年人进入、一次接纳8名以上(含8名)未成年人或在规定营业时间以外接纳未成年人，吊销其《网络文化经营许可证》，切断其互联网接入服务。

五是推进网吧连锁经营。引导网吧向规模化、连锁化、主题化、品牌化方向健康发展。支持网吧连锁经营企业收购、兼并、联合、重组、参股、控股现有网吧。在《深化网吧管理工作通知》中，文化部将网吧长效管理的组织制度建设、运行机制、基本内容和检查考核都做出了明确的规定。这标志着我国网吧监管从专项治理的方式向长效化和常态化的方式转变。

网吧管理长效机制政策的实施，标志着我国的网吧监管工作已经形成了中央各主管部门——“纲”和地方各政府部门——“目”的网络化的监管体系；这一模式是按照“目以纲聚，以纲统目，纲举目张”的监管机制运行；标志着我国的网吧政府监管工作转到了正规化、长效化和常态化的管理阶段。

2. 部署长效机制试点工作

2005年7月8日，文化部在北京召开建立网吧管理长效机制试点工作会议，决定在北京、上海、天津、重庆、深圳、成都、沈阳、长沙和石家庄9个城市开展网吧管理长效机制试点工作。陈至立（时任国务委员）在会议上强调：加强网吧管理是一项长期、艰巨的任务。当前要把工作重点放到建立网吧管理长效机制上来。一要严格执法，加强监管；二要完善社会监督，推进产业自律；三要强化家庭、学校的教育责任，特别是要强化家长作为未成年人监护“第一责任人”的责任意识。她要求，各试点城市要加强组织领导，强化属地管理责任；各有关部门要加强协调配合，形成分工负责、整体联动的工作格局；全国网吧管理工作协调小组要加强对试点工作的指导，及时总结经验并加以推广，确保试点工作取得成效。会议对网吧长效管理试点城市提出如下要求。

第一，总体部署，实行属地管理。加强组织领导，落实属地管理制度。完善日常管理和社会监督，推进产业自律，改善宏观调控，推进网吧连锁，实现监管关口前移，引导未成年人文明上网，加强上下沟通，积极稳妥地推进建立网吧管理长效机制试点工作。

第二，长效管理作法，落实五个要求。在试点城市形成分工负责与齐抓共管、条块结合与以块为主、日常巡查与技术监管、宏观调控与市场机制、产业自律与社会监督相结合的网吧管理长效机制。促进网吧市场健康有序规范发展，为全国的网吧管理工作创造经验，为《条例》修订工作提供经验。

第三，具体实施步骤。文化部市场司（全国网吧管理工作协调小组）发布《建立网吧管理长效机制试点工作方案》（文明电字［2005］23号）文件，要求9个试点城市上报网吧管理长效机制试点工作方案报批。此次会议是贯彻落实《深化网吧管理工作通知》(文市发[2005]10号)精神的具体行动。

网吧管理长效机制政策的在9城市试点推行，对推动全国的网吧管理长效机制实施工作起到了示范和积极推动作用。实际上，全国绝大多地方政府都在参照《深化网吧管理工作通知》的要求去做，纷纷制定了各自的网吧长效管理试点工作方案，网吧监管工作走向长效化和常态化的轨道。

3. 政策体系概述

自2005年《深化网吧管理工作通知》实施后至2009年，根据网吧管理出现的新情况和新问题，文化部等部委相继印发了8个重要的网吧管理文件。这些新的文件是网吧管理长效机制政策的新发展和新突破，有五个特点：一是政府监管部门增多、协调难度增加；二是严厉查处网吧违规接纳未成年人和打击黑网吧的力度不断增大；三是长效管理内容增多、地域范围扩大；四是管理措施不断增加和强化；五是推进网吧连锁经营的产业政策更加明确和明细。

第一，政府监管部门增加，协调难度加大。一是将全国网吧管理工作协调小组调整为全国网吧及网络游戏管理工作协调小组。2007年2月15日，文化部、工商总局、公安部、信息产业部、教育部、财政部、监察部、卫生部、中国人民银行、国务院法制办公室、新闻出版总署、中央文明办、中央综治办、共青团中央等14个部门联合印发了《关于进一步加强网吧及网络游戏管理工作的通知》（文市发[2007]10号，以下简称《通知》）指出：统筹研究网吧和网络游戏管理，充实全国网吧管理工作协调小组。全国网吧管理工作协调小组调整为全国网吧及网络游戏管理工作协调小组。采取这一举措的目的是，将网吧与网络游戏管理统筹研究、通盘考虑，强化了对网络游戏的管理。网吧产生的社会问题，很大一部分是由互联网上传播的内容特别是网络游戏引起的。网吧作为场所只是终端，要从根本上解决这一问题，必须从源头上解决网络游戏等网络文化内容管理的问题。

二是增加监察部、卫生部、中国人民银行、新闻出版总署、中央综治办为成员单位。2009年，发文单位增加了工信部、关工委。各级网吧管理工作协调（领导）小组或联席会议可根据本地实际调整，保持原有的工作体系和工作机制，加强协调配合。

《通知》明确了监察部的职责。特别提出监察机关要加强对文化、工商、公安等部门的执法监察。对因执法不严、行政不作为造成群众反映强烈并长期得不到解决的，对直接负责的主管人员和其他直接责任人员，依法给予处分；对行政机关及其工作人员在网吧管理工作中以权谋私、接受商业贿赂和乱收费、乱罚款的，参与或变相参与网吧经营的，为违法经营和黑网吧充当“保护伞”的，要坚决查处，构成犯罪的要及时移送司法机关追究刑事责任。

《通知》明确了中央综治办和其他有关部门的职责。要求各地区各部门进一步加强领导，将网吧及网络游戏管理纳入文明城市、文明社区、文明村镇、文明产业考核评价体系，纳入社会治安综合治理考核评价体系。充分发挥县、乡镇人民政府在农村网吧管理中的领导作用，落实管理责任。

网吧管理工作是政府履行市场监管和社会管理职能的重要方面，各级财政要保证网吧管理所需经费。卫生部是为了解决网络游戏的成瘾问题。人民银行是为了解决网络游戏中虚拟货币和真实货币的关系定位问题。新闻出版总署是为了解决网络游戏的审批及网络游戏中“私服”和“外挂”[1]等侵犯版权问题。

三是加强在严厉打击黑网吧的政府部门的协调工作。工商总局是查处黑网吧的牵头负责单位，为此，2007年5月22日，国家工商总局印发的《关于开展查处取缔黑网吧专项行动的通知》（工商个字［2007］105号）指出：加强部门协调，确保专项行动实施。各级工商行政管理机关要将查处取缔黑网吧专项行动及时向当地党委政府和社会治安综合治理委员会汇报，要与当地文化、公安、电信、教育等部门密切配合和沟通，努力形成网吧管理合力。在日常监

[1] 2003年，新闻出版总署、信息产业部、国家工商行政管理总局、国家版权局、全国“扫黄”“打非”工作小组办公室印发《关于开展对“私服”、“外挂”专项治理的通知》，关于“私服”“外挂”的违法行为，是指未经许可或授权，破坏合法出版、他人享有著作权的互联网游戏作品的技术保护措施、修改作品数据、私自架设服务器、制作游戏充值卡(点卡)，运营或挂接运营合法出版、他人享有著作权的互联网游戏作品，从而谋取利益、侵害他人利益.

管中发现网吧有接纳未成年人，超时经营和传播有害信息，要及时向文化、公安部门通报。在查处取缔黑网吧中，要事先与公安部门沟通，在遇到暴力抗法时，请公安部门予以配合。对已经取缔的黑网吧，要通知互联网接入服务提供者停止接入服务，防止黑网吧死灰复燃。

2009年3月28日，文化部、工商总局、公安部、工业和信息化部、中国关心下一代工作委员会印发了《关于进一步净化网吧市场有关工作的通知》（文市发[2009]9号，以下简称《净化网吧市场通知》），强调了建立黑网吧整治协作机制。各级工商、文化、公安、通信部门要建立黑网吧整治协作机制。各地社区民警、基层文化执法人员要主动开展对黑网吧的摸排和线索搜集工作，对发现的黑网吧和被吊销许可证的网吧，应及时将名单书面通报工商部门，并积极配合工商部门予以取缔。工商部门也应将查处取缔结果及时书面反馈，形成各部门对黑网吧的线索移交、配合打击、通报反馈机制。

2009年5月19日，工商总局牵头会同中央文明办、公安部、文化部、工业和信息化部和中国关心下一代工作委员会印发《关于加强协调配合开展查处取缔黑网吧专项行动的通知》（工商个字[2009]96号），决定自2009年6月至9月，在全国范围内组织开展查处取缔黑网吧专项行动。要在各部门协同互动工作的基础上，总结经验、探索联动执法工作的新方式、新途径，逐步形成和完善查处取缔黑网吧良性互动的工作机制。要推动建立地方党委、政府组织领导、文明办、工商、公安、文化、通信监管、关工委等部门协作配合，社会监督与舆论监督并举，城市社区和农村村委会积极参与的长效工作机制。

2009年11月11日，文化部、中央文明办、工商总局、公安部、工业和信息化部和中国关心下一代工作委员会印发《关于开展2009年净化网吧市场、查处取缔黑网吧督查工作的通知》，6部门将组成联合督查组，开展净化网吧市场、查处取缔黑网吧专项行动联合督查。督查的一项内容是建立长效工作机制情况。各部门为网吧市场管理以及查处取缔黑网吧工作，制定了规范性文件，建立了工作模式和工作机制等。

四是要求完善网吧及网络游戏管理工作协调机制建设。《净化网吧市场通知》要求文化行政部门作为牵头单位，要积极推进全国及各地完善网吧及网络游戏管理工作协调机制建设，工作会议常态化，工作简报规范化，形成有关部门各司其职，各负其责，互通信息，协作配合的工作体系和工作机制。

第二，严厉查处网吧违规接纳未成年人和打击黑网吧的力度不断增大。一是不断量化和加大处罚违规接纳未成年人进入行为。《通知》（文市发[2007]10号）延续和完善了文化部等部门《关于进一步深化网吧专项整治工作的意见》（文市发[2004]38号）、文化部等部门《关于进一步深化网吧管理工作的通知》（文市发[2005]10号）等文件的有关规定。对查处网吧接纳未成年人行为实施行政处罚的量化标准做了具体规定，使基层文化行政部门的执法依据更加充分、具体，便于操作。规定对2004年10月18日（文市发[2004]38号文件发布实施之日）以来第二次接纳未成年人的网吧，依法责令停业整顿不少于15天并处罚款；第3次接纳未成年人的网吧，依法吊销《网络文化经营许可证》。对一次接纳3名以上（含3名）未成年人的网吧，依法责令停业整顿不少于15天并处罚款；对一次接纳8名以上（含8名）未成年人或在规定营业时间以外接纳未成年人的网吧，依法吊销《网络文化经营许可证》。2008年7月7日，文化部、工商总局、公安部印发了《关于网吧管理工作有关问题的通知》（文市发[2008]25号），进一步规定对累计两次和3次接纳未成年人的网吧，实施责令停业整顿或吊销《网络文化经营许可证》。

二是严厉打击黑网吧的力度不断加大。《通知》（文市发[2007]10号）规定，根据《条例》（国务院第363号令）第27条和最高人民检察院、公安部《关于经济犯罪案件追诉标准的规定》第70条的规定，对无照经营网吧的，个人非法经营5万元以上，或违法所得1万元以上；单位非法经营50万元以上，或违法所得10万元以上的，工商行政管理部门要将案件移送公安机关，追究非法经营犯罪嫌疑人的刑事责任，以充分发挥刑事打击手段的作用，实现行政执法与刑事司法的衔接。《通知》还对从事黑网吧经营活动的专用工具、设备做了解释，专用工具、设备包括电脑主机、显示器、服务器、路由器、交换机等，对这些专用工具、设备要依法没收。针对“电子竞技俱乐部（馆）”、电脑服务部、劳动职业技能培训等名义变相经营网吧现象，《通知》要求依法查处取缔。

第三，长效管理内容增多、地域范围扩大。一是增加了对“抵制低俗暴力内容在网吧传播”的监管。《净化网吧市场通知》文件要求公安部门坚决治理违法有害信息在网吧传播，坚决打击利用网吧传播淫秽色情信息等违法犯罪活动；文化部门加强网吧内文化内容监管，推进网吧文化内容知识产权保护，并强化网吧内文化内容日常监管。

二是地域范围扩大到农村县、乡、镇，加大农村网吧监管力度。要以严厉查处农村及城乡接合部非法网吧为重点，加强农村文化市场监管，保护留守儿童和外来务工人员子女等城乡未成年人的身心健康。

第四，管理措施不断增加和强化。《净化网吧市场通知》文件要求：一是强调了切实加强社会监督。做好老干部、老战士、老专家、老教师、老模范等“五老”志愿者及其他网吧监督员的选拔聘任、颁发聘书、法规培训工作，明确监督员的工作职责，保障监督员的基本权益。运用教育引导、劝阻说服、检查监督等手段，随时发现、制止和举报未成年人进入网吧。

二是开展网吧管理分类试点工作。以“解决外来农民工上网难问题”“综合治理黑网吧问题”“推进网吧连锁化经营问题”“农村网吧发展与管理问题”“农村网吧信息服务建设问题”等网吧管理难点、重点为内容开展分类试点工作，针对地区差异，创新方式方法。

三是加快网络文化市场监管平台建设，提高技术监管水平。全面提升文化市场技术监管水平，建成覆盖全国的网络文化市场计算机监管平台，充分利用技术监管平台，建立非法网络文化产品“黑名单”，下发非法游戏特征码和非法网站名单，在网吧内有效屏蔽有害信息、非法游戏和不良网站。提高监管系统在全国网吧计算机终端的覆盖率和在线率。

第五，推进网吧连锁经营的产业政策更加明确和明细。《关于开展2009年净化网吧市场、查处取缔黑网吧督查工作的通知》（文市发[2009]35号）文件规定只有全资或控股的直营门店才是连锁企业。对于地方网吧连锁企业发展采取促进措施：新建网吧优先发展直营店形式的连锁网吧，研究出台优惠和扶植政策，注册资金不少于1000万元，直营门店数在本行政区域内不少于5家。

自2005年后，关于网吧管理的文件一共印发了8个。内容不断增加，原因在于公共政策是利益攸关者博弈后的产物。政府通过一系列程序包括确定问题、确定可供选择解决方案、权衡每个备选方案、选择花费最少可能获得最大成果的方案，最后出台公共政策。任何国家都不可能有很多时间、金钱和智力资源去无止境地争论以达到制定最理想的政策目的。因此，一个新的政策出台必然会伴随着一个或几个新的问题的产生。这就是政策发展的动力学。这就需要不断出台新的政策加以完善。

四、北京市的工作

文化部召开网吧管理长效机制试点工作会议后，北京市按照文化部的部署，开始了网吧管理长效机制试点工作。这一工作延续至今。北京市的网吧长效机制管理实施是和随后的4次专项治理行动结合起来开展的，第一次，2006年开展了“网吧集中专项整治行动”；第二次，2007年开展了“暑期网吧专项整治行动”；第三次，2008年开展了“平安奥运行动”；第四次，2009年开展了“暑期网吧集中整治行动”和“取缔黑网吧专项行动”。

1.　安排试点工作计划

北京市的网吧管理长效机制试点工作，分为两个阶段。①实施阶段（2005年10月—2006年1月）。北京市制定了《北京市建立网吧管理长效机制试点工作方案》（以下简称《长效机制试点工作方案》），各区县按照方案要求，建立和形成上下步调一致、各部门密切分工配合的长效管理机制；2005年11月市网吧管理长效机制试点工作领导小组办公室组织各成员单位和各区县间相互检查长效机制建立情况，进行阶段性小结。②迎检验收阶段（2006年1月—2月）。市网吧管理长效机制试点工作领导小组对全市实施情况检查验收，做好迎接全国网吧管理工作协调小组检查的准备。

2.　制定《长效机制试点工作方案》

第一，建立领导体制。北京市将网吧专项整治工作协调小组转为网吧管理长效机制试点工作领导小组。领导小组组长由时任北京市副市长孙安民担任，办公室设在市文化局。成员单位包括市文化局、市工商局、市公安局、市通信管理局、市教委、市财政局、市政府法制办、首都精神文明办、团市委以及市文化市场行政执法总队[1]。

[1]　2005年4月6日，按照《中共北京市委办公厅、市政府办公厅转发市委宣传部、市编办关于建立文化市场综合执法机构加强文化领域行政执法工作的实施意见的通知》《北京市文化市场行政执法总队（北京市“扫黄打非”办公室）主要职责、内设机构和人员编制规定》两个文件精神，归并了市文化局、市广播电视局、市新闻出版局（市版权局）、市文物局的文化市场执法职能，北京市文化市场行政执法总队正式成立（市政府直属副局级行政执法单位，归市委宣传部直接领导，与市“扫黄打非”领导小组办公室合署办公）。主要职责具体包括以下几点。（1）组织起草地方性法规草案、规章草案，研究提出完善本市文化市场综合行政执法体制的意见和措施。（2）负责全市文化市场综合执法的统筹协调和组织调度工作。（3）负责集中行使法律。法规、规章规定应由省级文化、广播电视、新闻出版（版权）、文物等行政主管部门行使的行政处罚职责以及相关的行政强制、监督检查职责（其中文物领域的执法仅仅限于文物市场上的执法）。（4）负责全市文化市场行政执法中跨区域和领导交办的重大案件的查处工作。（5）负责指导、监督区县文化综合执法工作。（6）承办市政府以及市文化市场管理工作领导小组交办的其他工作事项.

领导小组统一领导、协调全市的网吧管理工作。各区、县政府将建立网吧管理长效机制工作列入重要议事日程，相应成立区、县分管领导负责的网吧管理长效机制试点工作领导小组，领导本区、县的网吧管理工作，给予网吧管理必要的编制、人员、经费和装备保障。市和区县试点工作领导小组办公室要统筹试点日常工作，将工作方案量化、细化，加强信息报送，做好试点的协调工作。

第二，健全工作机制。切实建立起齐抓共管与分工负责、条块结合与以块为主、日常巡查与技术监管、宏观调控与市场机制、产业自律与社会监督相结合的网吧管理长效机制， 即“部门监管、联合执法”的工作机制。

市和区县各级文化、工商、公安、文化执法、信息产业、教育、财政、法制办、文明办、共青团等部门密切配合，建立健全市和区县两级文化、工商、公安等部门综合执法机制。加强市和区县文化行政执法队伍建设，充实文化、工商、公安等部门行政执法力量，把日常的监督管理工作认真落到实处。

第三，制定工作目标。北京市的互联网上网营业场所经营秩序明显改善，经营活动进一步规范，互联网文化内容健康向上；网吧状况根本好转和健康发展。

第四，采取管理措施。①属地管理，守土有责，强化区县人民政府的管理职能。实行属地管理和责任追究制度，特别是落实区县政府及其各有关部门的责任；要一级抓一级，层层抓落实，明确岗位职责，确保各项措施落到实处。将网吧管理纳入精神文明建设考评体系。将网吧管理纳入到文明城区、文明单位考核评比体系中。同时制定表彰奖励方案，对网吧管理工作的先进单位和个人予以表彰奖励。对工作不力或造成责任事故和社会不良影响的单位实行一票否决制，取消全年评优资格。并追究相关单位和人员责任。要积极探索将网吧管理纳入到社会治安综合治理中去。

充分发挥街道、乡镇、基层派出所、工商所作用。乡镇政府、街道办事处、基层派出所、工商所要协助各有关部门加强本辖区内的网吧管理，发现黑网吧和网吧违法违规经营情况，及时通报有关行政执法部门。确保本辖区内管理不留死角，责任到人，包干到人。

②日常监管，突出重点。建立联合巡查制度，突击检查与日常巡查相结

合。文化、公安、工商等管理部门要定期开展联合检查行动。各区、县领导小组要根据本区、县网吧数量和分布情况制定最低巡查频率，并认真填写、保存巡查记录。在巡查中发现的问题及时处理或通报，确保网吧检查的联动机制和各部门间信息通畅。

③严格执法，量化处罚标准。制定网吧处罚的具体量化标准，完善文化市场执法责任制，统一执法尺度，严格责任追究制度。

④建立网吧违规行为信息通报制度。市和区县文化、工商、公安等部门要制定网吧违法违规经营行为查处情况通报制度，及时在企业信用信息系统上填写警示信息，加强对企业信用信息系统的录入。

⑤落实安全规范，确保安全经营。日常监管中重点检查网吧是否按照《互联网上网服务营业场所安全管理规范》（试行）做好各项安全工作，对存在的安全隐患要及时指出，限期整改。公安部门要加强对网吧信息安全、消防安全、治安安全的监督管理，制定出台专线接入和网吧治安管理制度。将网吧现有的信息网络安全员逐步升级为网络保安员，进一步加强网吧的信息网络和治安防范能力。

⑥加快网吧技术监管系统建设。在充分论证方案的基础上采取招投标方式选取网吧计算机监控管理软件，2005年全面实施网吧经营管理技术措施，改进对网吧的监管方式，从以人防为主转为人防技防并重，提高管理效率。

⑦加强对网吧经营者的教育培训。建立网吧经营者或法定代表人岗前培训制度，组织对网吧经营者进行法规、业务培训，增强其守法经营意识，提高管理水平。加强对网吧的年度综合安全检查。

⑧社会监督，群防群治。继续聘请网吧社会监督员，建立监督员工作新机制。推广宣武区聘请关心下一代工作委员会网吧义务监督员的经验，继续聘请全市各网吧周边的街道、乡镇、学校的工作人员为义务社会监督员，消除网吧监督的死角，确保全市每个网吧都有相对固定的监督员。

制定网吧社会监督员工作规程。明确监督员的工作性质、职责和权力。建立监督员工作例会制度。听取监督员的意见及建议。对监督员反映的情况，各部门要做到件件抓落实，事事有反馈，把网吧社会监督工作做实。

将“12318”举报电话设在市文化市场行政执法总队。通过广播、电视、报纸、宣传海报等各种媒介向社会公布监督举报电话。制作北京市网吧举报监督卡，将市和区县各举报电话印发给社会监督员、中小学生、家长、教师和媒体。完善举报奖励制度，鼓励全社会对网吧违规经营行为进行举报，举报奖励经费由同级财政解决。

⑨推进产业协会建设，发挥维权和自律功能。推进网吧协会建设。积极引导网吧协会开展工作，对协会开展的各项活动予以支持，加强协会人才、机构建设。市网吧协会和各区、县网吧协会要理顺关系，形成上下联动、步调一致的工作机制。积极开展工作，充分发挥协会作用。网吧协会要从维护经营者自身的权益出发，充分发挥产业自律和维权的作用。积极开展各项工作，引导媒体和社会舆论对网吧的正面评价，改善网吧产业的不良社会形象。积极开展网吧文明经营活动的评比，制定北京市网吧星级评定制度。

第五，推动网吧产业健康发展。①调整网吧布局结构，推进连锁企业发展。调整网吧总量布局规划，确定部分区、县作为试点区、县，在充分调研、试点的基础上根据各区县经济、人口、消费结构和网吧经营状况的发展和变化对网吧总量布局规划进行调整。加强对网吧连锁企业的扶持和管理。督促网吧连锁企业按照其投标承诺中的约定对其连锁门店进行管理。市网吧产业协会要出台对连锁企业相应的产业管理规划。要采取多种方式来鼓励网吧连锁企业采取收购、兼并、联合、重组、参股、控股等方式吸纳现有网吧。严格行政许可程序，依法审批。严格按照《行政许可法》要求，依法审批连锁企业的加盟连锁门店和直营连锁门店。加强审批信息通报，保障工商、文化、公安等管理部门间信息通畅。

②优化环境，为网吧守法经营创造条件。在严格执行有关禁止未成年人进入相关规定和措施的前提下，取消网吧营业时间的限制。探讨实行降低乡镇地区网吧设立门槛政策，打击农村地区黑网吧。对于《条例》中关于“中学、小学校周围200米范围内不得设立网吧”的规定理解为：200米距离指校门中点与网吧门中点之间按照交通规则行走的距离。

③加强媒体正面宣传报道，树立起文明、健康、向上的网吧产业形象，扭转以往网吧的不良社会形象。选取出一批经营状况良好，管理和服务水平高的网吧作为我市网吧产业安全规范经营的模范予以表彰和经验推广。积极引导网吧经营者参与到社会公益事业中去，在其实现经济价值的同时实现社会价值。带动全市网吧向规模化、连锁化、主题化、品牌化方向健康发展，全面提高管

理和服务水平，为广大网民提供健康向上的上网场所。

3. 深化长效机制试点工作

2006年11月20日，北京市文化局印发《关于进一步深化建立网吧管理长效机制试点工作有关问题的通知》（京文市［2006］1142号，以下简称《深化管理工作通知》）。主要内容如下。

一是网吧行政许可项目下放区、县文化委员会。自2007年1月1日起，将网吧的审批权下放到区县文化委员会。即“互联网上网服务营业场所筹建审批”和“设立互联网上网服务营业场所经营单位审批”两项行政许可项目的实施主体为区、县文化委员会。

二是开放单体网吧审批。自2007年1月1日起，各区、县文化委员会依法受理单体网吧的设立申请。

三是合理制定网吧总量布局。根据《条例》和《深化网吧管理工作通知》（文市发[2005]10号）规定，各区、县文化委员会要统筹分析本区、县网吧市场形势，统筹考虑经济社会发展水平、人口结构、市场需求、消费习惯和社会反应因素，科学制定本区、县网吧的总量和布局规划，在征得区、县政府同意后，将本区、县2007年内网吧发展总量上报市文化局批准。

四是加强对网吧的监管力度，充分发挥产业协会作用。加强对网吧产业协会的指导，充分发挥产业协会的作用，加强自我管理和监督，努力实现产业自律。同时，加强正面宣传，正确引导舆论，大力推进网吧产业文明创建活动，提高管理和服务水平，努力塑造文明、健康的网吧产业形象。

4. 政策分析概述

北京市网吧管理《长效机制试点工作方案》及《深化管理工作通知》可以概括为一个核心和三个特点。一个核心是围绕着“两条线”开展。一条是“红线”（禁止线），禁止网吧接纳未成年人。一条是“绿线”（安全线），绝对要保证网吧安全规范经营。

“红线”（禁止线）。对网吧接纳未成年人进入，制定了严格的处罚标准。《北京市网吧接纳未成年人处罚量化标准》规定：①对累计两次接纳未成年人进入的网吧要处以时间不少于15日的责令停业整顿。②对一次接纳未成年人3人以上的网吧要处以时间不少于15日的责令停业整顿。③对累计3次接纳未成年人进入的网吧吊销其《网络文化经营许可证》。④对一次接纳未成年人8

人以上的网吧吊销其《网络文化经营许可证》。

北京市的量化处罚标准完全是按照文化部《深化网吧管理工作通知》(文市发[2005]10号)文件要求制定的，没有另行做出进一步加重处罚的规定。这一规定在网吧执法检查中得到了严格遵守和执行，有效地遏制了未成年人进入网吧的现象。

“绿线”（安全线）。绝对要保证网吧安全规范经营。市文化局印发的《北京市互联网上网服务营业场所安全管理规范（试行）》（2005年京文市［2005］61号），对网吧信息安全、消防安全作出了特别详尽的要求。在技术措施上强调安装身份认证系统、远程视频监控系统和计算机通信设施防灾减灾系统。长效机制方案，将安全规范经营扩展为网吧信息安全、消防安全和治安安全的监督管理，涵盖了所有的安全领域和各个环节；加强了网吧安全规范经营，使得北京市网吧再也没有出现过重大恶性安全和治安案件的发生。

三个特点。第一个特点是文化、工商、公安和文化市场行政执法总队四个部门采取综合执法机制和联合巡查制度。文化市场行政执法机构与文化、公安和工商行政机关建立了一个制度性的协调机制。四个部门在采取专项监管检查时综合到一起、同时行动、一起执法，既避免了职能交叉形成的扯皮、推诿和脱节等弊端；又避免了同一经营者违法行为的查处，有可能被不同的行政管理部门重复查处，从而造成重复给予行政处罚，违反《行政处罚法》第二十四条 “对当事人的同一个违法行为，不得给予两次以上罚款的行政处罚”的规定的现象发生。 四个部门采取联合巡查制度，确保了网吧检查的联动机制和各部门间信息通畅。

第二个特点是严格监管和繁荣发展并重。北京市在严格监管网吧的同时，尊重市场经济规律，促进网吧产业繁荣发展。一个突出表现是突破《条例》（国务院第363号令）限制，允许网吧在24：00点至8：00期间营业。2006年1月6日，时任北京市副市长孙安民在北京城市管理广播直播时对外宣布：“为什么现在晚上12点以后还可以营业？这是目前探索长效管理的一个举措。在网吧的营业时间上放宽，但在限制未成年人的进入方面更为严格，这是国务院允许我们试点的举措。”孙安民指出：“目前本市已开始网吧长效管理机制试点工作，解除对网吧晚上12点后营业的限制，网吧恢复24小时营业，允许晚上12点后营业，主要是考虑到一些上班族白天要上班晚上才有时间娱乐。在为他们提供方便的同时，也给经营者提供了在营业时间上赚取利润的空间。”[1]

给经营者赚取利润的空间，是北京市网吧主管部门领导尊重基本经济规律的体现。一个显而易见的道理，各类生产性和服务性的产业及其企业，在保证了公众的安全和社会的公共利益的前提下，最基本的生产和服务条件是必须要持续进行连续的生产和经营活动，否则这个产业及其企业不能保证最基本的简单再生产和生产周期，更不用说是扩大再生产了。网吧投资大，经营费用高，在“零点断网”政策影响下，不能正常经营，经营者不得不冒险容留未成年人进入网吧以增加其收入，这是近年来网吧违规经营的重要原因之一。

北京市在严格监管网吧的同时，尊重市场经济规律，促进网吧产业繁荣发展，另一个突出表现是，按照《深化管理工作通知》（京文市［2006］1142号）文件，自2007年1月1日起，各区、县文化委员会依法受理单体网吧的设立申请。北京市主管部门领导认识到了网吧产业有市场需求，及时恢复了新网吧的审批工作。我们国家推进经济增长的重大举措之一是推进城市建设和城市化的进程。北京市作为我国的首都和特大型城市，在推进城市化建设中吸引了大量的流动人口进京，可以概括为4类人：创业人、置业人、就业人和学业人。其中就业和学业型流动人口，是网吧网民的重要来源。2007年，按照中国互联网信息中心提供的数据，北京市有网民468万人，网吧上网的比例是32.3%，网吧网民就达151万人。这一庞大的需求量说明北京网吧有着很大的发展空间。因此，北京市尊重市场经济规律没有停止和遏制网吧的发展，充分利用网吧长效管理机制试点城市所享有的一定的优惠政策，有序地核发了新网吧的牌照。发放新牌照有严格的市场准入条件：

其一，提高市场准入门槛，严格限制网吧开办条件。根据北京市实际情况，规定申请开办互联网上网服务营业场所，除符合《条例》（国务院第363号令）有关规定外，还要求有独立的名称、健全的组织机构和章程，名称中应含有“——上网服务”字样并应符合国家有关规定；注册资本(金或出资)不少于50万元人民币；有固定的场所和专用设备，其中，计算机终端不少于80台，单机使用面积不少于2.5平方米，通道保持畅通；经公安机关培训的信息网络安全员不得少于3人；须以专线形式接入互联网；需安装身份认证系统和远程视频监控系统。这个规定提高了网吧市场准入的门槛，促进了网吧的安全规范

[1] 汤阳.北京市副市长孙安民：京城网吧可通宵营业[N].新京报，2006—01—07.

经营，有利于管理部门监管和社会的监督。

其二，严格行政许可程序，依法审批。严格按照《行政许可法》要求，依法审批连锁企业的加盟连锁门店、直营连锁门店和单体网吧店。加强审批信息通报，保障工商、文化、公安管理部门间信息通畅。

第三个特点是切实实行属地管理，权责统一，重心下移。区县两级人民政府承担强化网吧管理长效机制职能和责任，实行属地管理和责任追究制度；一级抓一级，层层抓落实到乡镇政府、街道办事处、基层派出所、工商所，发现黑网吧和网吧违法违规经营情况，及时通报有关行政执法部门；确保本辖区内管理不留死角，责任到人，包干到人。区县两级人民政府还有三项权利："互联网上网服务营业场所筹建审批""设立互联网上网服务营业场所经营单位审批"两项行政许可项目；合理制定本区县网吧总量布局规划（网吧总需求量规划）。这样，权利与责任对等共担，形成了真正的属地管理。

五、政府部门主要做法

北京市文化局、公安局、工商局和文化市场行政执法总队"齐抓共管"的办法是建立综合执法和联合巡查机制。四个单位的"分工负责"部分和西城、宣武"属地管理"的经验叙述如下。

1. 北京市文化局

作为市网吧管理长效机制试点领导小组办公室执行机构的文化局，既要主抓网吧政策的制定、落实和具体的管理工作，又要负责成员单位之间的综合协调工作，要较其他行政监管部门责任更加重大。市文化局在抓全市网吧管理长效机制的工作中，特色就是"理念""重点"和"摸底"。

"理念"。就是网吧管理长效机制方案的制定和实施，都在围绕着"一手抓繁荣，一手抓管理"这个理念展开。这就是从单纯的行政管理型向管理服务型转变，寓管理于服务之中。从连锁网吧的加盟店、直营店和单体店的审批，到放弃"零点断网"政策实行24小时营业，给网吧产业的发展带来了更多的机遇。这都是促进网吧产业繁荣的政策的体现。而严管网吧的一系列政策的实施，特别是取缔黑网吧和推进北京市网吧市场秩序的整顿和规范工作，都是在以管理促繁荣。

“重点”。市文化局在抓网吧管理长效机制实施时，以突出重点，集中整治和严格执法为着力点。以查处城乡接合部、郊区黑网吧、网吧接纳未成年人行为问题为重点，遏制违法行为反弹。

“底数”。在全市建立网吧台账制度，彻底摸清全市网吧底数，为加强和改善网吧管理提供了准确的信息依据。北京市的网吧数量处在不断的变化中，一方面是网吧自身经营的变动，一方面是违规遭到取缔的变动，再加上2007年初后单体网吧的审批权下放到区县，由于变化的滞后性，更需要建立完善的台账制度以随时动态掌握全市的网吧变化情况。

2.　北京市工商局

作为查处黑网吧的责任和牵头单位，市工商局这些年的主要作法，一是“摸底排查、群防群治”。发挥网格责任人熟悉辖区地理环境和经济业态的优势，及时掌握和了解黑网吧的经营动向；调动工商情报员的积极性，请他们发现黑网吧和举报；走访居委会和学校请他们提供黑网吧的来源和动向；建立黑网吧的奖励举报制度，请群众举报并予以奖励；与辖区互联网服务提供商协调合作，对未依法登记而申请开通网吧服务的用户进行排查，有效地缩小了摸底排查的范围，在短时间内摸清了黑网吧的经营情况。这样采取多种措施，及时掌握黑网吧数量和分布。

二是“创新执法、有效取缔”。采用先派执法人员便衣潜入黑网吧，利用密录摄像设备对黑网吧内的经营情况予以记录，掌握其非法经营的证据，然后用里应外合的方法予以取缔；针对一些黑网吧利用执法部门晚上和节假日休息时间开展经营活动的特点，根据集中摸排出来的线索，制定错时执法方案，在正常工作时之外开展突击行动，将“错时段”经营的黑网吧集中予以取缔。

三是“部门协调，联合执法”。组织市公安局、通信局、文化执法总队召开工作协调会，具体探讨黑网吧整治工作，多个部门加强联合执法，做到互通信息，密切协作，齐抓共管，形成执法合力，确保取缔工作有力、有效。市工商部门会同市公安、文化等部门依法查处取缔黑网吧，依法没收黑网吧经营的违法所得及其从事违法经营活动的设备，做到露头就打，决不手软，依法对违法经营者予以严厉处罚，情节严重的要依法移送公安机关。对明知是黑网吧而向其租赁经营场所的，工商行政管理部门还将按照《无照经营查处取缔办法》第15条的规定予以查处。对明知是黑网吧而为其提供互联网接入服务的，通信管理部门将按照《电信业务经营许可证管理办法》第4条、第36条的规定，责令其改正，予以警告，并处5000元以上9万元以下罚款。

3. 北京市公安局

一是从严审核。按照《北京市公安局互联网上网服务营业场所信息网络安全审核》（京公法字[2004]1008号）和其他网吧开办的有关规定，要求网吧在筹建和经营中必须安装使用信息安全审计系统、身份证认证系统、远程视频监控系统等各项安全保护技术措施，确保网吧在开业时已达到相应的安全标准。

二是加强培训。大力开展对网吧从业者的安全培训，并定期对网吧进行综合安全检查，努力创造一个良好、健康、绿色的上网环境。

三是强化技术监管。要求网吧在经营中落实以下几个安全保护技术措施确保安全经营：①安装使用信息安全审计系统，对通过网吧的互联网信息进行实时审计，过滤网上有害信息。②安装使用身份认证系统，该套系统的使用与法规所要求网吧经营中对上网人员要进行实名登记制相结合，能够做到对于每一位上网人员的身份证件进行核对并以电子数据的形式记录在网吧的管理系统中，管理部门能够实时检查网吧上网人员登记情况，及时发现未按要求登记上网人员的行为并进行相应的处理，从而提高管理部门的管理效率，节省了大量警力。③安装使用远程视频监控系统，该系统要求在网吧内安装相应的视频监控设备，以便对网吧内的经营情况进行监控和录像。该系统的实施从技防的角度上增强了网吧自身的安全保护水平，对于网吧内的情况能够进行实时监控，为公安机关打击发生在网吧内部的各类侵财案件提供有力的支持。

据市公安局2007年不完全统计，全市网吧通过信息安全审计系统过滤有害信息30余万条。

4. 北京市文化市场行政执法总队

一是强化执法检查。按照市委市政府统一部署和《北京市网吧接纳未成年人处罚量化标准》，从2005年总队成立起，在每年的专项治理工作中，开展对网吧的集中和交叉执法检查。

二是组织文化市场监督员队伍。市文化执法总队制定下发了《北京市文化市场行政执法总队文化市场监督员管理办法（试行）》，规定了监督员应具备的条件及主要职责。在全市18个区县[1]选择社区骨干、治保人员、退休教师、

[1] 西城宣武合并为西城区，东城崇文合并为东城区，现为16个区县.

老干部、老党员以及热爱公益事业的青年骨干组成文化市场义务监督员队伍。监督员对辖区内的文化市场巡视和监督，发现问题及时向文化执法部门反馈信息，延伸了执法部门的眼、耳、手臂，有力地协助了文化执法部门精确打击文化市场违法违规行为。

5.　西城区

一是把网吧监管作为一项社会责任，纳入精神文明建设的一把手工程。西城区网吧管理长效机制试点工作领导小组负责统一领导、协调全区的网吧管理工作，各成员单位明确主管领导、一名联络员和工作落实部门，制定了各部门的主要工作职责，坚持每月召开一次联席会议，加强沟通协调，分析形势，研究解决问题。形成了由区工商分局、区文委主要负责宏观管理、审批工作以及法规宣传和教育培训，执法队负责现场执法检查、行政处罚、协调相关单位综合管理的机制。

二是以建章建制为契机，努力实现网络管理的新覆盖。①强化经营许可，严把网吧市场准入关。建立网吧专业档案，对辖区网吧的基本情况做到“五清”，即户数清、证照清、上网设备清、服务项目清、从业人员基本情况清，为日常监管奠定了基础。②畅通监管渠道，加大监管力度，重点把好四个关口。

●坚持日常巡查与集中整治相结合，突出重点、常抓不懈。

●发动社会力量，实现群防群治；区文委将148个社区治保专干聘请为社区督导员，另外聘请了45名文化市场监督员组成了一支197人的社会监督队伍，对区内的文化市场进行网格化的社会监控。

●将网吧纳入全区统一安全生产管理体系，确保经营场所安全，每月15日召开网吧法定代表人或主要负责人的安全生产工作例会，对未解决的隐患问题，要列出时间表按时解决。

●进一步强化技术手段，拓展监管平台。目前，全区各网吧均按要求安装了“网吧经营管理系统”，该系统分为网吧平台和监管平台，主要功能是在网吧场所终端实现“电子实名登记上网”，即实名登记、实名上网、全程电子化。该系统与区文化行政执法队的系统联网，如未成年人上网，系统可第一时间发现并及时予以查处。该系统还配合公安网络神探、视频监控系统等技防手段，防范屏蔽含有色情、暴力、赌博、邪教等违法内容的网络游戏和网络信息，该系统对所有网吧实现实时、远程、有效监控。

6. 宣武区

2005年至今，宣武区成立了“老教师监督队”，劝阻未成年人不进网吧。多年来“老教师监督队”，从网吧中劝出了几百名未成年人。老教师两人一组，分片包干了全区所有网吧，每周走遍区内所有网吧。他们进入网吧出示“义务监督员”证件后开始巡视。发现疑似的未成年人，就记下其正在使用的电脑编号，随后询问其情况；再到前台对照登记表查上网人的身份，进一步核实年龄。如果是未成年的中小学生，就开始劝导工作。

对于违规的网吧，则通知区文委执法队进行处罚。义务监督员还监督网吧工作人员与未成年人“串通一气”的现象。每月末，向区文委行政执法队上交小结和监督检查记录单，汇报检查出现的主要问题和采取的措施及需要解决的问题。执法队据此提出工作建议。

北京市网吧安装了“身份识别系统”，为什么还需要义务监督员来监督？因为“身份识别系统”存在缺陷。网吧管理员将网民的身份证在识读器上刷读，收集到姓名、出生年月日等基本信息，再将客人头像拍下，连同身份证信息一起备案。只要网吧管理员不拿本人跟身份证上的照片比照，随便拿别人的身份证一刷，未成年人就可以照样上网。

宣武区网吧义务监督员队伍在辖区文化市场监管和未成年人权益保护等方面发挥了重要的作用，为网吧长效管理机制的建立做了有益的尝试。

六、长效管理中的专项治理行动

自2005年10月至2006年2月，网吧管理长效机制方案制定实施后收到了好的效果。但是，未成年人进入和黑网吧不断出现的问题依然出现。自2006年—2009年全市每年都采取了网吧专项治理行动，概述如下。

1. 2006年开展“网吧集中专项整治行动”

2006年4月16日，新华社记者撰文《未成年人“泡”网吧现象仍然严重》。记者在对北京网吧的调查和暗访中，发现未成年人借用成年人的身份证上网，或者网吧把实名登记变为优惠卡让未成年人用。针对网吧问题再次回潮现象，市政府决定自5月10日起，在全市开始为期90天的集中整治网吧专项行动和完善网吧管理长效机制的工作。为此，时任北京市委书记刘淇批示：“加强首都网吧管理的力度”；时任北京市委宣传部部长蔡赴朝批示：“北京的网吧治理一定要痛下决心，一抓到底，加强综合治理，抓出实效。”

在集中整治期间，文化、公安、工商等部门及区县相关部门联合执法，按照《北京市网吧接纳未成年人处罚量化标准》对存在违法违规行为的网吧从严从重处罚。除对网吧接纳未成年人的处罚做出具体规定，相关部门还加强了对网吧上网消费者有效身份证件登记规定的检查，通过媒体公布违法网吧和黑网吧名单，24小时开通12318举报电话，根据查处情况对举报人给予适当奖励。

为期90天的北京市集中整治专项行动引起了社会各方的极大关注。据不完全统计，全市各级文化执法部门共出动执法检查人员12085人次，检查网吧3645家次，查处接纳未成年人进入和未按规定核对、登记上网消费者有效身份证件的网吧87家，吊销网络文化经营许可证6家，停业整顿12家，罚款35家，罚款总额85.943万元。全市各级公安部门共检查网吧1757家次，排除各类安全隐患665件次，责令整改131家。全市各级工商行政管理部门取缔无照经营黑网吧30家，查扣电脑446台。

6月6日，全国网吧管理工作协调小组办公室领导到北京市调研，对此次行动给予了高度评价，认为此治理工作执法力度大，领导重视，组织周密，疏堵结合，机制创新，监管到位，执行严格，成效非常显著。调研组希望北京继续探索网吧管理长效机制，总结经验，不断创新，进一步完善市场准入和市场退出机制、加强执法责任制建设和执法队伍建设、促进连锁和个体网吧共同发展。

2006年12月4日，北京市统计局在《简明统计资料》（[2006]122号），登载了市社情民意调查中心关于未成年人去网吧的电话调查。结果显示，在城八区对1070位12～18岁的未成年人调查中，去经营性网吧的比例由2005年的15.9%下降到13.7%。比例下降了2.2个百分点，但是没有根除，未成年人去网吧的现象仍有发生。从实际情况看，北京市的网吧长效管理机制还要探索经验，还有很长的路要走。

2.　2007年实施“暑期网吧专项整治行动”

针对实名登记卡制度形同虚设，网吧黑洞仍在“捕食”青少年的问题，市政府部署了从7月20日至8月31日在全市范围内开展“暑期网吧专项整治行动”。

虽然专项整治行动复查东方鸿昌网吧[1]不存在接纳未成年人进入现象；但是，其他地区网吧接纳未成年人进入的现象仍时有发生。据市文化市场行政执法总队统计，2007年上半年，12318举报电话共受理了512件网吧违法违规事件，其中举报未成年人进入网吧的事件为423起，占全部违法违规事件的82.6%。[2]中小学暑假期间是网吧接纳未成年人进入等违法经营行为的高发期，治理整顿是必要的。

根据市领导指示精神，从7月20日至8月31日，市、区两级文化执法部门在全市范围内开展“暑期网吧专项整治行动”。仅7月21日晚，执法人员共检查239家网吧，其中有5家存在接纳未成年人的情况，有16家未按规定登记上网人员的有效身份证件。对上述21家存在问题的网吧做出了处理。

在专项整治行动中，北京市、区两级文化市场行政执法机构采取集中检查和交叉执法检查，重点打击网吧接纳未成年人和未按规定登记等违规经营行为。查办一批案件，处罚一批违规经营者。各区县文委按照市“暑期网吧专项整治行动”方案的统一部署，分别制定了本辖区的工作方案，根据网吧经营的行为特点，采取全方位、不定时的检查方式，加大对各自辖区内网吧检查力度。贯彻文化部等14部委《关于进一步加强网吧及网络游戏管理工作的通知》（文市发[2007]10号）精神，严格执行网吧违法行为的量化处罚标准。加快网吧监控信息化系统建设，强化长效监管机制；充分发动社会力量，健全文化市场社会监督员制度，落实举报奖励制度，加大对网吧违规经营行为的监督。截至8月上旬，网吧专项整治行动第二阶段结束，全市共出动2151人次，检查网吧1597家次，发现问题责令整改112家，立案查处73家，结案16家，罚款180500元，停业整顿2家。[3]有效地规范了全市网吧经营秩序。

---

[1] “东方鸿昌网吧”位于北京市东城区交道口菊儿胡同7号一层，营业面积306平方米、电脑120台。2006年5月，在我市集中整治网吧专项行动期间，市文化执法总队对该网吧处以警告、罚款15000元，同时责令停业整顿20天的处罚，并张挂违规黄牌。之后一年多来，经过文化执法人员的日常巡查和多次抽查及暗访，均未发现该网吧有接纳未成年人的行为。2007年7月18日，文化执法部门再次突击检查该网吧，除发现存在个别登记制度不健全的问题外，并未发现有接纳未成年人进入现象。该网吧也从未存在过文中提到的专为未成年人开设的“内室”.

[2] 北京严查接纳未成年人网吧 处罚力度进一步加大[N]. 千龙网. http: //www.qianlong.com/2007—08—01.

[3] 北京市暑期网吧专项整治行动取得显著成效[N].中国文化报，2007—08—21.

2007年，国家工商局印发了《取缔黑网吧专项行动通知》（工商个字[2007]105号），为贯彻通知精神，平谷区工商分局2007年取缔黑网吧效果明显，全年共取缔黑网吧14户，没收电脑主机120台，显示器120台，拍卖款47339元，查处为黑网吧提供经营场所1户，罚款1500元，有效遏制了黑网吧向农村蔓延的势头。[1]平谷查处黑网吧的办法：①摸清底数。对辖区内的网吧基本情况做到五清，即户数清、证照清、上网设备清、服务项目清、从业人员清。②强化属地管理。分局与各工商所签订责任书，工商所同各村（居）委会签订责任书，对黑网吧做到早发现、早取缔。③针对黑网吧由明转暗、由成规模公开经营转为家庭式小规模隐蔽经营的问题，积极发动群众监督，并公布举报电话，向社会各界通报整治情况，曝光典型案例，张贴通告和宣传画，使黑网吧的危害性家喻户晓。④组织实施突击检查。特别是在假期和重大节日期间，会同公安、文委等部门加强突击检查、夜查和重点布控。在“暑期网吧专项整治行动”期间，全市工商部门共出动执法人员236人次，检查网吧经营主体353户，取缔无照经营网吧7户，责令整改1户，查扣电脑35套。

3. 2008年开展“平安奥运行动”

根据市委办公厅、市政府办公厅《关于深入开展“平安奥运行动”的意见》（京办发[2008]2号）文件精神，将文化娱乐服务场所专项清理整治纳入“平安奥运行动”之中。市委宣传部、北京市文化执法总队等部门联合成立了北京市“平安奥运行动”文化娱乐服务场所专项清理整治行动工作领导小组，制定了《北京市“平安奥运行动”文化娱乐服务场所专项清理整治行动工作方案》，自3月至9月，开始了为期7个月的整治工作。

市委宣传部、市文化、公安、工商和市文化执法总队等部门开展了异地交叉执法检查。在清理行动中，在丰台区、石景山区、朝阳区的城乡接合部地区；在顺义区、平谷区的农村村庄里先后出现的黑网吧全部被取缔。在“平安奥运行动”期间，北京市对网吧产业进一步采取了“条块结合、以块为主”，部门联合检查，交叉执法检查和发挥文化产业协会作用等方式，形成条块结合、部门联动、各产业组织配合的创新工作机制。据不完全统计，全市共取缔了黑网吧104家。[2]

---

[1] 北京平谷区2007年共取缔14家黑网吧[N]. http：//www.99you.com，2008—01—23.
[2] 北京市“平安奥运行动”第一阶段成效显著[N].中国文化市场网，2008—06—02.

4. 2009年开展“暑期网吧专项整治行动”和“取缔黑网吧专项行动”

2009年1月28日，中央办公厅、国务院办公厅印发《关于进一步净化社会文化环境促进未成年人健康成长的若干意见》（中办发[2009]6号）。文件要求“加大网吧管理力度”：严格控制网吧总量、着力整治网吧接纳未成年人、有效防止淫秽色情等违法有害信息在网吧传播、坚决取缔黑网吧。为贯彻中央精神，文化部等5部门印发了《关于进一步净化网吧市场有关工作的通知》（文市发[2009]9号），工商局印发了《关于加强协调配合开展查处取缔黑网吧专项行动的通知》（工商个字[2009]96）号，落实中央加大管理网吧力度的4项任务。北京市因此开展了“暑期网吧专项整治行动”（7月1日—8月31日）和“取缔黑网吧专项行动”（6月1日—9月30日）。

“暑期网吧专项整治行动”[1]，全市共出动执法人员6000余人次，责令停业整顿4家，取缔黑网吧164家、查扣电脑2000余台、拘留犯罪嫌疑人3人，罚款86000余元。

区县查处情况。东城区查处未按规定核对登记上网者有效身份证件网吧两家次，罚款2000元。针对个别网吧晚上10点后接纳未成年人的举报，执法队及时调整部署，加强了对晚上10点后网吧的检查力度，有效杜绝了未成年人上网现象的发生。朝阳区集中力量开展暑期网吧整治行动，检查网吧221家次，处理存在问题网吧22家次，立案调查2家。石景山区强化部门联动机制，深入打击黑网吧。8月5日，区公安、工商、文化等部门联合行动，一举打掉大衙门口村小横街的2个黑网吧，暂扣电脑47台。 昌平区加大执法力度，严查黑网吧，文委执法队会同区公安、工商查处黑网吧109家，收缴计算机1577台。门头沟区检查网吧26家次，查处违规经营网吧10家次，处罚两家接纳未成年人进入网吧，罚款6000元，会同区工商部门查处取缔1家黑网吧。平谷区开展联合执法检查，会同工商部门查处取缔黑网吧3家。

“取缔黑网吧专项行动”从6月1日启动，截至9月底，依法取缔了黑网吧1820户。[2]查处取缔黑网吧专项行动全市共出动执法人员27234人次，检查网吧经营场所5351户次，查扣黑网吧主机、显示器12.5万余台，罚没款30余万元， 抓获犯罪嫌疑人1770人。

[1] 北京市暑期网吧集中整治行动取得成效[N].中国文化市场网，2009—09—21.

[2] 杜新达.4月取缔1820黑网吧 全市社会文化环境大为改善[N].北京晚报，2009—11—19.

5. 专项治理行动分析

专项治理以被动治理为主。4次专项治理行动除2008年是为确保奥运会圆满成功北京市主动开展的外，其他3次均是被动开展的。被动开展的两次是高层内刊批评北京网吧问题，一次是中央国务院对全国的要求。

"部门监管、联合执法"的网吧管理长效工作机制，在一定程度上缓解了管理滞后的矛盾。网吧长效治理前（2004年）的专项治理的突出弊端是政府各部门授权重复、多重多层交叉执法，在一定程度产生了管理滞后的问题。实施长效管理各部门职责明确，既分工又合作，专项治理有章可循。

专项治理执法力度大密度高，查处的问题就多。2009年的黑网吧查处就是最生动的例子，出动了近3万人次的执法人员（较其他3次都多），查处的黑网吧也是历年之最。

专项治理有成功的经验值得总结和推广。如平谷查处黑网吧的"摸底数、属地管、靠群众、强检查"的四项措施就值得总结和推广。

网吧接纳未成年人的现象仍然存在。经过4次专项治理，网吧接纳未成年人的现象大为减少，特别是在4城区的网吧中；但是，并没有杜绝，问题仍然存在，表现在最重要的上网登记环节上的造假为未成年人的进入打开了方便之门。

黑网吧问题依然严峻。已经转移到城乡接合部和郊区县的农村地区，更加隐蔽、小型化，危害性更强。

北京市采取的专项治理和长效管理的一系列举措，使得正规网吧接纳未成年人的行为大为减少，黑网吧一经发现就被取缔。网吧产业的经营环境有了全面的改观。几年来，北京市网吧产业从一个无序竞争、社会和新闻媒体存在歧见的产业，通过管理者、所有者和从业人员的共同努力，已经逐步发展成为一个成熟、稳定的业态。这是专项治理取得的突出成就。但是，网吧接纳未成年人的现象仍然存在；黑网吧问题依然严峻。我们仍然需要探寻问题的根源，寻求解决的良策。

这些问题应该从政府监管、网吧产业内部和黑网吧得以生存的原因和环境等几方面的因素分析，更应该学习其他长效机制试点城市的经验，经过对比看出我们的差距。

七、全国其他试点城市主要做法

1. 其他8个城市的主要做法

探寻政府监管问题，一个重要的方面是我们研究上海等其他8个网吧管理长效机制试点城市的做法，对比学习好的经验及我们的不足之处和值得改进的地方。按照《深化网吧管理工作通知》（［2005］10号）和文化部网吧管理长效机制试点工作会议要求，自2005年7月至2009年12月，9个试点城市陆续开始了试点与深化工作[1]，如表9所示。

表 9　9城市网吧管理长效机制试点工作方案与特点表

城市	文件	主要做法	特点
北京	①《北京市建立网吧管理长效机制试点工作方案》。②《关于进一步深化建立网吧管理长效机制试点工作有关问题的通知》	抓“红”“绿”两线。“红线”禁止未成年人进入，“绿线”确保网吧安全经营	“红”“绿”两线抓要害
天津	①《天津市建立网吧管理长效机制试点工作方案（试行）的通知》。②《关于进一步加强网吧上网实名登记管理的通知》。③《天津市互联网上网服务营业场所2006—2010年发展规划》。④《关于要求互联网上网服务营业场所统一悬挂未成年人禁入标志的通知》。⑤《天津市网吧经营管理规范》	按照《网吧经营管理规范》的规定，规范网吧经营行为（规范标识，统一服装，持证上岗），有效改善网吧总体经营面貌	规范经营抓管理

[1] 其他8个试点城市的工作方案及做法来自各城市人民政府及文化部门的网站.

续表

城市	文件	主要做法	特点
上海	①《上海市建立互联网上网服务营业场所管理长效机制试点工作方案》。②《上海市互联网上网服务营业场所总量和布局规划》。③《关于贯彻文化部等部门<关于进一步加强网吧及网络游戏管理工作的通知>的实施意见》。④《关于网吧分级监管工作实施意见》。⑤《关于网吧分级监管工作宣传提纲》	按照《关于网吧分级监管工作实施意见》。A级网吧每季检查不少于一次，B级网吧每月检查不少于一次；C级网吧每半月检查不少于一次	分级管理抓监督
重庆	①《重庆市人民政府办公厅关于印发重庆市建立网吧管理长效机制试点工作方案的通知》（渝办发[2005]232号）	建立“定期会商制度”“信息通报制度”和“联席会议制度”，协调有关部门对网吧管理长效机制贯彻情况的调研，效果，经验和完善	部门沟通抓协调
深圳	①《深圳市建立网吧管理长效机制试点工作方案》。②《深圳市网吧总量布局及审批工作公告》	新设网吧审批工作做到公开、透明、公平、公正：公开网吧审批的许可规范；公开网吧审批的过程；公示网吧设立的场所；公开网吧审批的结果；并由市、区监察部门全程监控	审批网吧抓公开

续表

城市	文件	主要做法	特点
成都	①《建立网吧管理长效机制工作方案》。②《成都市网吧违规经营处罚量化标准》	总结出了“属地管理、以网管网、抓大放小、违规重处、疏堵结合、典型引路”24字办法	退二进一抓优化[1]
长沙	①《长沙市网吧长效管理工作方案》（长办发[2007]48号）。②《关于大力推行网吧连锁经营的通告》。③《关于查处取缔无证无照违规经营网吧的通告》。④《关于扶植网吧连锁公司发展的几点意见》	疏堵结合、标本兼治、扶限并举、上下联动	调整市场抓连锁
石家庄	①《石家庄市人民政府办公厅关于印发石家庄市建立网吧管理长效机制试点工作方案的通知》（石政办函[2009]128号）。②《石家庄市建立网吧管理长效机制试点工作方案》（新修订）（2009年9月29日）	采取9项措施，实现严格管理。严管：对于累计3次接纳未成年人或一次接纳5名以上未成年人的网吧，要坚决吊销《网络文化经营许可证》，并处以15000元罚款，当事人5年内不得申请开办网吧	严管重罚树形象[2]
沈阳	文件未公开[3]	推进网吧专项治理和连锁整合	专治连锁相结合

[1] 《建立网吧管理长效机制工作方案》规定：暂停新批城区计算机台数在300台以下，郊区(市)县150台以下的小型网吧。新批网吧必须坚持“退二进一”的原则，即被吊销两家网吧文化经营许可证，方可新批1家网吧.

[2] 对累计两次接纳未成年人或一次接纳两名以上未成年人的网吧，停业整顿至少15天，并处以1万元～1.5万元罚款；对于累计3次接纳未成年人或一次接纳5名以上未成年人的网吧，吊销《网络文化经营许可证》，并处以1.5万元罚款，当事人5年内不得申请开办网吧.

[3] 基本材料由沈阳市委宣传部提供.

天津市。把推行网吧规范经营作为深化网吧长效管理机制的重点来抓。2007年，市文化局颁发了《网吧经营管理规范》，要求全市网吧按照规范去做，以此促进全市网吧改善经营环境、提高经营水平、加强产业自律。

《规范》要点。网吧要签订《天津市网吧守法经营承诺书》，不得接纳18周岁以下未成年人进入；网吧经营单位和上网消费者不得利用网络游戏或者其他方式进行赌博或者变相赌博活动，严禁浏览黄色网站；实行消费者实名登记制度；网吧经营者需参加相关培训后佩戴《天津市网吧从业人员工作证》上岗；《禁止吸烟》标志悬挂粘贴上墙；网吧不得安装封闭的门窗栅栏，不得在营业期间封堵或者锁闭门窗，确保安全出口和疏散通道畅通。

各区县行政执法部门按照《规范》要求，逐条对照检查抓落实工作，提高依法管理水平。全市各网吧按照《规范》要求，增强守法经营意识，并根据《规范》执行情况作为全市评选其为“文明安全网吧”的重要参评条件。网吧经营者须参加学习《规范》培训班，学习、熟悉守法经营规章。

上海市。网吧长效管理的一个突出特点是实行网吧分级监管制度。上海市文化市场行政执法总队根据《上海市关于建立网吧长效管理机制试点工作方案》的要求，于2007年3月制定了《关于网吧分级监管工作实施意见》。即以网吧依法经营的规范程度为标准，管理部门、网吧产业协会联合对全市网吧进行等级评定，将网吧分为A、B、C三个等级，具体的标准是：A级网吧，未发生任何违规行为，未被市、区两级文化执法机构处罚的网吧，被评定为A级网吧。B级网吧，发生过轻微的违规行为(未按规定核对上网消费者有效身份证件、未按规定悬挂《网络文化许可证》和未成年人禁入标志、擅自停止实施经营管理技术措施等)被市区两级文化执法机构处罚的网吧，被评定为B级网吧。C级网吧，发生情节严重的违规问题(含：两次接纳未成年人或一次接纳3名以上未成年人进入营业场所)被市区两级文化执法机构处罚的网吧，被评定为C级网吧。

网吧的分级评定不搞终身制，实行动态跟踪控制，每隔一段时间对各区县的网吧进行一次综合评定，凡是在评定后发生违规问题的A级、B级网吧，可根据违规问题的严重程度，及时降低评定的等级；凡是在一年内未发生违规问题的B级、C级网吧，可晋升为A级网吧。

网吧分级的目的在于管理。对不同等级的网吧采取不同的检查次数和监管强度，突出重点，区别对待。监管办法是：对A级网吧，适当减少检查次数和监管强度，每季检查不少于一次；对B级网吧，每月检查不少于一次；对C级网吧，要确保高压监管强度，每半月检查不少于一次，同时请义务社会监督员加大对其的日常监督。

网吧分级监管注意了几点。一要严格标准。要严密组织网吧分级监管评定工作，严格按照网吧分级监管评定标准。二要确保实效。对不同等级的网吧采取不同的监管方法和监管强度，使A级网吧继续依法经营，继续保持荣誉；使B级、C级网吧看到问题和差距，以A级网吧的标准要求自己，争取达到A级网吧的标准。三要严格落实网吧分级后的检查和监管制度，督促A级网吧巩固成果，帮助B级、C网吧提升规范经营的程度和水平，做到壮大A级网吧，减少C级网吧，达到“五个进一步”，即网吧经营者的法制观念、社会责任感和自律意识进一步提高；网吧监管工作的针对性和有效性进一步增强；网吧接纳未成年人违规率进一步下降；网吧经营秩序进一步规范。

为了更好地做好分级管理工作，上海市强化了计算机监管平台建设，利用技术手段监管网吧市场。定期汇总编发《上海网吧监测》，监管平台编制了各区（县）服务器在线率、各区（县）客户端安装率、各区（县）计费系统与文化接口配置率、URL(域名)排行统计、网吧报警次数排行表和违规接纳未成年人上网网吧排行表共计6种统计数据。这些为执法部门提供的第一手监测数据完整翔实、内容实用，充分发挥了技术监管作用，提高了网吧监管水平。

实行网吧分级监管工作的作用。一是有利于增强监管工作的有效性做到“因地制宜”。二是有利于突出监管工作重点。把C级网吧作为网吧监管的重点，把网吧接纳未成年人作为网吧监管项目的重点，既科学使用了执法力量，又增强了网吧监管工作针对性和有效性。三是有利于增强网吧经营者的荣誉感和自律意识。

重庆市。网吧管理的特色是建立了部门沟通的协调制度。由市网吧管理工作协调小组办公室负责牵头制定成员单位“情况通报”“定期会商”“信息通报”和“联席会议”等工作制度。协调有关部门关于建立网吧管理长效机制试行办法的贯彻情况——进行调研，评估效果，总结经验，继续完善。

重庆市出台了四个办法，包括：（1）《关于对互联网上网服务营业场所实行分类编组管理的实施办法》，主要内容：一是对网吧按规模和分布情况编组，实行长期性管理；二是聘任监督员，由3～5个监督员组成监督小组，每个监督小组负责监督一个编组。此外，网吧分类编组管理和监督员制度还同时和社会监督、新闻监督、家长监督和学校监督有机结合，最终形成群防群治的长效管理机制。（2）重庆市通信管理局印发《关于规范互联网上网服务营业场所接入服务的实施办法》。（3）重庆市教育委员会印发《关于利用课余时间向中小学生开放校内计算机网络设施的实施办法》。重庆市中小学校内的计算机网络设施向学生开放，学生可以在课余、节假日和寒暑假，在专人的指导下上网。中小学校是向学生开放校内计算机网络设施的责任主体。（4）重庆市公安局印发《互联网上网服务营业场所安全管理工作规范》，要求这些场所安装的视频镜头数量要覆盖出入口、收款台、主要通道等主要部位。

协调沟通机制的建立，为各部门的分工与合作，为联合执法与专项执法的深入进行，为各部门制定有的放矢的各项管理办法和规定提供了有效的平台。

深圳市。在实施网吧长效管理机制前3年没有审批新增网吧，全市只有314家网吧，需大于供，供需矛盾比较突出。实施网吧管理长效机制试点后，按照每一万人可设一家网吧的标准计算，全市网吧总量可达到1060家，可新增716家网吧。因此，深圳市网吧管理以公开审批新增网吧为工作重点，建立了网吧审批监控机制。

《深圳市建立互联网上网服务营业场所(网吧)长效管理机制有关发展总量和布局规划的实施方案》向全社会公布后，按照网吧总量和布局实施方案，开展新设网吧审批工作，做到公开、透明、公平、公正。公开网吧审批的许可规范、审批过程、设立场所、审批结果。网吧审批工作由市、区监察部门进行全程监控，并邀请人大、政协等有关部门进行全程监督。

成都市。成都有2300多家网吧，80%是小网吧，密度高，管理难度大。成都市网吧长效管理机制的实施作法是改造小网吧。《建立网吧管理长效机制工作方案》规定：暂停新批城区计算机台数在300台以下，郊区(市)县150台以下的小型网吧。新批网吧必须坚持“退二进一”原则，即被吊销两家网吧文化经营许可证才能新批一家网吧。

成都市利用市场机制引导网吧向规模化、连锁化、主题化、品牌化方向发展，有三种办法，一是鼓励网吧连锁经营企业收购、兼并、联合、重组、参股、控股现有单体小型网吧；二是允许大型单体网吧通过收购、兼并、参股、控股等形式整合现有小型网吧；三是鼓励现有小型网吧通过自身改造、升级，上规模、上品牌、上档次。

长沙市。《长沙市网吧长效管理工作方案》的目标是：全市网吧产业向规模化、连锁化、品牌化方向发展。通过整治、规范、提升，确保网吧总量逐步减少，散、小、乱、差等问题基本解决，连锁化经营全面铺开，网吧经营秩序和经营环境明显改善。

《方案》采取了三项措施：一是规划上扶大限小。明确全市网吧5年内调减到1000家以内。按地域把全市网吧划入到20个片区，通过整体规划布局，扶持起大型网吧连锁公司，淘汰掉效益差的单体网吧。二是政策上减免垫息。新设立的网吧连锁公司在用电手续变更、增容设施费用、网络使用费、营业税、财政设立的网吧连锁经营贷款垫息等方面实行费用减免或政策优惠，个体网吧则不享受以上政策。三是准入上严格把关。对申请组建网吧连锁公司的经营业主采取双控政策，之后按条件逐步解控，防止连锁公司有形无实。

长沙市印发了《关于大力推行网吧连锁经营的通告》《关于扶植网吧连锁公司发展的几点意见》，出台了扶植和发展网吧连锁公司的具体政策，规定：从2007年11月26日起，凡申请变更法定代表人的网吧，除法定代表人死亡、丧失民事行为能力而转让给直系亲属外，一律只能变更到连锁公司；发放垫息贷款以各家连锁公司实际完成连锁，经工商和文化部门认定的网吧数量为凭据，至2008年年底拓展至30家网点或2000台以上终端的垫息40万元，拓展至40家网点或2500台以上终端的垫息60万元，拓展至50家网点或3000台以上终端的垫息100万元，其前提是全资或控股网点不少于10家。这些规定和措施促进了网吧连锁经营的发展，全市网吧数量逐步减少，黑网吧被全面取缔，接纳未成年人等违规现象逐步减少。

石家庄市。《石家庄市建立网吧管理长效机制试点工作方案》的特点是严管重罚树形象。在严管方面，对网吧实行严格管理，《方案》规定：一是网吧在晚24：00以后非法接纳未成年人的，一经发现，实行“一次性死亡”制度，对该网吧进行取缔。二是量化处罚标准高于全省标准，规定：对累计两次接纳未成年人或一次接纳两名以上未成年人的网吧，要责令停业整顿，时间不得少于15天，并处以1万元～1.5万元罚款；对于累计3次接纳未成年人或一次接纳5名以上未成年人的网吧，要坚决吊销《网络文化经营许可证》，并处以1.5万元罚款，当事人5年内不得申请开办网吧。

在树形象方面，《方案》规定：利用多种形式，树立网吧的良好形象。（1）鼓励网吧参与各种社会公益活动，鼓励网吧参与希望工程建设和与农村青少年进行1+1帮困活动。（2）所有营业性网吧应接受各级人大代表、政协委员的依法监督。60岁以上的老年人凭身份证可免费在网吧上网，并鼓励老年人上网与青年人聊天，对话和交流。（3）每个季度向当地新闻单位通报本辖区网吧安排的就业人数、完成的税收和其他有利于社会发展的情况。

沈阳市。2009年，按照辽宁省委宣传部和省文化厅部署，沈阳市要推进网吧专项治理和连锁整合。网吧连锁整合是网吧治理的重要内容，要通过从严管理、加强宏观调控和行政执法力度，促进和规范网吧连锁经营。力争在2009年10月末，连锁比例达到80%；到2009年年底，全市基本实现网吧连锁经营。《沈阳市推进网吧连锁整合工作实施方案》的主要内容：一是对现有的网吧连锁企业（公司）重新进行资格审核。二是制定网吧总量发展规划，促进网吧合理布局。将新增网吧指标全部分配给审核合格的连锁经营企业（公司）。三是停止办理非连锁网吧变更企业名称和法定代表人。鼓励和支持非连锁网吧以特许加盟形式转为连锁网吧，努力扩大连锁网吧的数量。四是充分利用国家给予沈阳市的文化体制改革综合性试点地区的政策优势，突破连锁网吧发展的政策瓶颈。（1）将现行的距离中小学校直线200米范围内不得设置网吧的政策调整为行走距离200米以内不得设置网吧。（2）放宽网吧场所营业时间限制，允许网吧场所24小时营业。五是给予网吧连锁经营企业（公司）以带宽和资费上的优惠。对于被有关行政部门评定为优秀连锁网吧给予带宽及资费等方面的奖励和补贴。六是给予网吧连锁经营企业（公司）税收方面的优惠。将网吧的税种由“娱乐业”调整为“现代服务业”，降低网吧连锁企业（公司）的营业税税率标准，由原来的20%调整为5%，或将连锁网吧营业税按每台终端8元～10元的标准定额稽征。

2. 网吧管理长效机制成效分析

第一个成效，我国的网吧管理工作进入正规化和法制化的阶段。9城市网吧管理从专项治理到长效管理，标志着我国网吧产业的政府管理工作，从随机性管理过渡到了正规化和法制化的管理阶段。网吧管理工作从领导体制、部门分工，管理机制、目标、方式，到网吧企业的组织与扶持形式，形成了一整套具有创新性的工作运行方法，如图12所示。

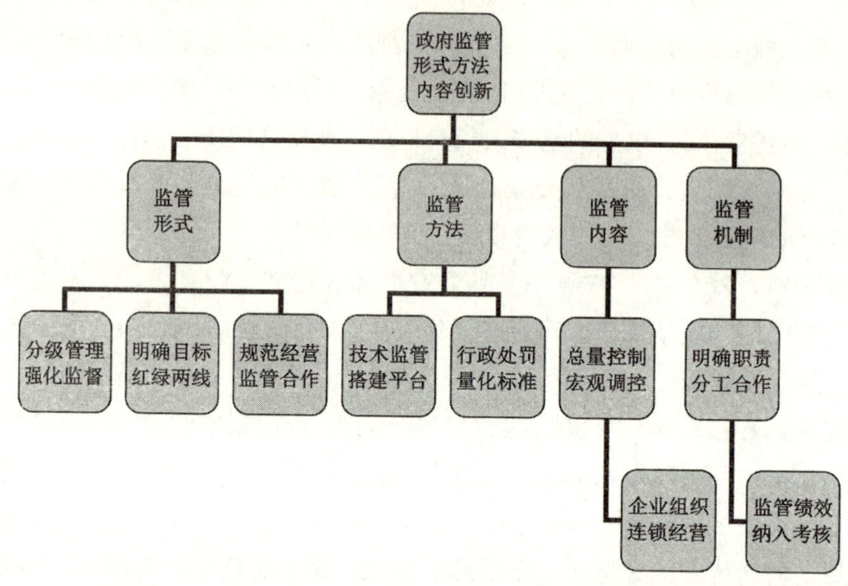

图 12　9城市网吧长效管理工作创新监管方法、形式和内容图

9城市在网吧管理长效机制试点工作中，不断探索和改革，创新了监管形式、方法、内容和机制，标志着网吧管理进入到了决策责任制阶段。这是政府网吧管理工作正规化和法制化的重要标志。凌宁指出："建立健全决策责任制是实现决策民主化、科学化的重要保证，是规范、约束决策权的有效措施。而推进决策民主化、科学化，就要有相关责任人负责以上制度的实施和落实，就要有决策权力主体对决策结果负责，而通过建立健全决策责任制来实现对决策主体的控制和约束是解决公共决策责任追究问题的重要举措，也是实现决策民主化、科学化的重要保证。"[1]

第二个成效，政府各部门之间建立了良好的府际关系。一是地方政府与各行政主管部门之间建立了良好的府际关系。网吧管理的难点之一是"群龙治水"，行政管理主体多元化是一个深层次的矛盾。为了实现保护未成年人的健康成长环境这一共同的行政目标，相关政府部门建立了网吧长效管理的领导体制和机制，构建了彼此兼容和达成共识的互动平台。在这个互动平台上，各行

[1]　凌宁.决策责任制：公共管理现代化的重要标志[J].理论探讨，2003，（6）：97-99.

政主体在相互之间建立了信息交换、相互分工与合作、彼此尊重和良性互动的工作机制，行政主体与主体间形成了契合。蔡英辉、刘晶指出：“行政主体与主体间性的契合，重在营造民主、平等、信任、协商的情境。通过对话的方式消除不同主体间的分歧，兼顾每一主体的不同利益，满足不同主体需求和达成价值共识。在设身处地、身临其境的语境，自然会增强信任和达成共识，精诚合作以完成共同目标。”[1]9城市网吧管理长效机制的契合，较为有效地解决了部门协调困难、行政效率低下和重复交叉执法等问题，提高了网吧的管理水平。

二是中央政府与地方政府之间建立起了良好的、纵向的府际关系。中央出台网吧长效管理机制政策后，地方在实施过程中，根据自己的实际情况和问题，创造性地提出了具体的、详细的实施办法。中央政府把这套方法中的某一项总结提炼后形成新的政策推广。中央与地方政形成了良好的纵向的府际关系，建立起互动反馈机制，为网吧长效管理机制政策的推广、实施创造了更好的条件。

3. 网吧管理长效机制的突出特点

9个试点城市实行长效管理的突出特点是什么？笔者认为，就是我们的一些城市不自觉或自觉地正在完成政府职能的转变，从以政府监管的主要职能向监管兼服务的职能转变。

从9个试点城市的实践看，我们越是实行刚柔相济的监管与服务并行的网吧政策，我们的监管效果就越好。例如：北京市等城市突破了《条例》的限制，在严格监管、规范经营的前提下，实行了24小时的网吧营业制，满足了消费者需求，增加了营业收入，减少了企业的负担，促进了网吧的监管工作。长沙市发展网吧连锁企业，采用垫付贷款利息的扶植政策，促进了连锁网吧的发展。

从9个试点城市的实践看，我们越是发挥政府的服务职能的作用，监管工作就越到位、越有效。例如：《石家庄市建立网吧长效管理机制试点工作方案》规定：利用多种形式，树立网吧的良好形象。（1）鼓励网吧参与各种社会公益活动，鼓励网吧参与希望工程建设和与农村青少年进行1+1帮困活动。（2）所有营业性网吧应接受各级人大代表、政协委员的依法监督。60岁以上的老年人凭身份证可免费在网吧上网，并鼓励老年人上网与青年人聊天，对话

[1] 蔡英辉，刘晶. 府际治理的新理路——行行主体与主体间性的契合[J]. 中共浙江省委党校学报2009，（1）：47-51.

和交流。（3）每个季度向当地新闻单位通报本辖区网吧安排的就业人数、完成的税收和其他有利于社会发展的情况。这种树形象的作法，在政府与企业之间不仅是建立了“监管—服务”的关系，更进一步是建立了“监管—合作”的关系。

只有实行刚柔相济、疏堵结合、管扶并重的政策，我们的监管效果才能最佳。我们党是把坚持政策的原则性和实施策略的灵活性有效地结合起来的典范，可以说发挥到了淋漓尽致、炉火纯青的程度。刚中有柔、刚柔相济，才能保证我们的政策得到有效贯彻不会呈递减效应。

政府要实现既定的网吧管理任务目标，如何实现？最重要的是要处理好严管与市场的关系。在研究网吧长效管理机制政策的过程中，笔者深切体会到：政府在处理与市场的关系上，充分发挥市场在资源配置中的作用，凡是市场能发挥优势的地方，政府不随便干预，这时的政府监管效果最好。

第三节　长效管理问题

虽然，网吧管理长效机制政策实施后的确取得了显著成效。但是，网吧接纳未成年人的问题仍然存在，黑网吧屡禁不止且有上升的趋势。

虽然，实施网吧管理长效机制政策后的问题与2004年专项治理的问题有很大的区别——网吧接纳未成年人的现象不是2004年的司空见惯而是时有发生，表现为以逃避检查为主；黑网吧在城区和近郊区也很少发现，已经转移到城乡接合部和农村地区，表现为以逃避打击为主，隐蔽得更深、更加小型化和多样化。但是，网吧产业问题表现的形式更加多样，性质更为恶劣。

我们就黑网吧屡禁不止问题而言，以各种形式更多涌现出来的黑网吧带来了巨大的社会隐患。在激烈的竞争中退出网吧市场的正规“白网吧”转成了黑网吧，“居民区”黑网吧，“学校”黑网吧，“工厂企业”黑网吧，“农村信息社”黑网吧，“电子竞技俱乐部”黑网吧和“电脑培训学校”黑网吧的出现不但严重干扰了网吧市场的正常经营秩序，而且在未成年人进入、网吧安全方面形成了巨大的社会隐患，给网吧产业带来的负面社会影响将直接导致正规网吧的经济效益进一步降低。

因此，网吧问题不解决，危害依然很大并有进一步加重的趋势。这说明我们的网吧管理长效机制实施政策还存在着严重的失灵的问题。这种失灵可以进一步分为政策缺失、执行不力和政策不协调三个方面的问题。

一、政策缺失问题

政策缺失是指政策的实际供给不足，不能满足对政策的需求，它既表现为政策供给数量的不足，也表现为政策供给主体的供给意愿和能力不足，还表现在政策供给主体在执行和实践政策方面的能力和意愿的不足。[1]这是导致未成年人进入网吧不能有效控制和黑网吧屡禁不止的一个重要原因。表现在如下几个方面。

一是我们缺失网吧分级管理的政策。全市目前有1540余家网吧，每天每时都有网吧网民在上网，在技术监督不完全到位的情况下，就需要执法队伍去监督，而我们的执法力量有限。聘请义务监督员虽是办法之一，但从根本上还是不能解决问题。所以，就只能集中执法出动大量的人力采取突击检查的方式。如果我们采用上海市的分级管理的办法，就可以部分地缓解执法力量不足的问题。

实行网吧分级监管的最大好处：有利于增强监管工作的有效性，做到“因地制宜”。有利于突出监管工作重点。把C级网吧作为网吧监管的重点，把网吧接纳未成年人作为网吧监管项目的重点，既科学使用了执法力量，又增强了网吧监管工作针对性和有效性。有利于增强网吧经营者的荣誉感和自律意识。

二是我们没有一个更加严厉的处罚未成年人进入网吧的政策。《北京市网吧接纳未成年人处罚量化标准》只是按照文化部（文市[2004]38号、文市[2005]10号、文市发[2007]10号）处罚标准执行的。现在的网吧没有大规模一次接纳8名以上（含8名）或者累计3次接纳未成年人的现象发生，不能实施吊销《网络文化经营许可证》的处罚措施。所以就会出现“违规罚款、禁而不绝”的现象发生。

石家庄市的“严管重罚”的措施：累计两次接纳未成年人或一次接纳2名以上未成年人的网吧，要责令停业整顿，时间不得少于15天，并处以1万元以

[1] 秦国民，王伟．制度视角下的政府管理创新[J]．郑州大学学报（哲学社会科学版），2007，(4)．

上，1.5万元以下罚款的重罚措施就收到了明显的成效。这一标准要严于我们的标准。在这样的前提下我们可以执行更严格的标准：在中小学生放寒暑假期、在网吧经济秩序不好的地区或者是专项治理效果不明显的时期，如果我们出台更为严格的处罚措施，就会收到更为明显的效果。

三是我们没有应对黑网吧挑战的经济政策。对于黑网吧我们采取露头就打的高压管制政策，还是屡禁不止，特别是在农村地区。所以就要考虑在市场经济条件下，用经济政策和经济办法抑制黑网吧的滋生。但是，我们现在的产业政策有两个方面的问题。其一，在市场准入方面我们设置了非常高的门槛。按照《北京市互联网上网服务营业场所管理办法》（京政办发[2002]52号）文件规定：计算机终端不得少于80台，单机使用面积不得少于2.5平方米；注册资本（金）或出资不少于50万元人民币；计算机应当安装身份认证系统和远程视频监控系统；网吧设立采取企业的组织形式等一系列苛刻的条件。魏凤春指出："在有需求的情况下，地方政府部门过度管制必然导致黑网吧大量产生，政府的治理政策最终与其目标背道而驰。"[1]政府实行严格管制和一系列的严格市场准入政策，导致网吧市场严重失衡的供求关系，为黑网吧经营者提供了巨大的市场空间和利润空间。

其二，我们的产业政策方向是规模化、品牌化和连锁化。这一政策限制了单体网吧的发展。目前，远郊县的中心区域网吧几乎全是小型网吧，都没有开办大型网吧的条件，在农村集镇就更不可能。所以，我们面对黑网吧在农村地区泛滥没有应对的经济政策，让未成年人远离黑网吧我们还面临着巨大的挑战。我们只有发展正规的网吧来抵制黑网吧的存在，不能设置过高的门槛束缚自己的手脚。没有用经济政策应对黑网吧的挑战这是很大的缺失。

二、政策执行不力问题

政策执行力是指"能够准确理解政策的目标及方向，并通过精心设计方案、实施方案和对各种人财物、信息、法律、制度等资源进行集中调控和使

[1] 魏凤春. 监管过度成黑网吧泛滥根源 现行政策遭专家质疑[R]. 第一财经日报，2007—01—30.

用，从而达到有效执行政策，完成既定的目标的政府内在的能力和力量”。[1]而政策执行不力，可引申为不能够准确理解政策的目标及方向，不能通过精心设计方案、实施方案，对各种人财物、信息、法律、制度等资源不能集中调控和使用，从而不能达到有效执行政策、完成既定的目标，就是政策执行不力。表现在如下几个方面。

一是对国家相关政策执行不力。网吧问题根深蒂固的重要原因，是从2005年后国家文化部、工商总局印发了一系列不断强化网吧管理的政策文件，提出了针对网吧问题的各种措施和建议，形成了一个比较成熟的政策体系。这些政策针对全国普遍存在的问题，凝聚了很多人的智慧形成的措施，具有很强的针对性，而我们并没有很好地贯彻执行。具体表现为：

①打黑政策贯彻不力，全市没有形成合力。如2007年国家工商局印发了《查处取缔黑网吧专项行动通知》（工商个字[2007]105号）文件，2007年也是专项打黑年，北京市工商局全年打掉了299户黑网吧。平谷工商分局不但打掉了个14黑网吧，还总结了“五清”的经验。2008年全市打掉黑网吧97户。2009年打掉黑网吧242户[2]；就全市而言，“取缔黑网吧专项行动”从6月1日起截至9月底，依法取缔了黑网吧1820户，市文化执法总队、市公安局和市工商局都在打黑，打击的力度大，查处的黑网吧就多。[3]这反证了我们打击黑网吧的政策贯彻不力，没有形成合力。

②网吧管理长效机制没有根据国家政策的变化和调整增加新的内容和措施。自2006年北京市印发了《网吧管理长效机制试点工作方案》及《深化管理工作通知》后，再没有出台新的长效机制政策，而国家自2006后连续印发了8个网吧管理文件，增加了很多新的内容：政府监管部门增多，严厉查处网吧违规接纳未成年人和打击黑网吧的力度不断增大，特别是加强了抵制低俗暴力内容在网吧传播的监管内容。而我们的长效机制没有增加新的内容，既没有听见楼梯响，也没有看见人下来，甚至我们用文件落实文件的弊端都无法克服。

二是对《长效机制试点工作方案》和《深化管理工作通知》执行不力。主要的问题：①上网人员身份证登记存在漏洞。按照《条例》《长效机制试点工

[1]　莫勇波.提升地方政府政策执行力的路径选择——基于制度创新角度的探析[J].云南行政学院学报，2005，（6）.

[2]　2007年—2009年打掉的黑网吧数据为北京市工商局向国家工商总局的上报数据.

[3]　杜新达.4月取缔1820黑网吧　全市社会文化环境大为改善[N].北京晚报，2009—11—19.

作方案》要求，网吧要对上网消费者进行“双证”（身份证、上网卡）实名登记，详细登记顾客的姓名、身份证号、机位号、上机/离机时间。对于无证和少证的消费者，网吧一概谢绝入内。身份证实名制登记制度是网吧管理的有效手段，但在实际操作中仍存在漏洞。特别是结伴上网人群通常只登记部分上网人员，容易造成登记遗漏的问题。“中国网吧、网络游戏调查报告”之“北京市网吧调研报告”指出：在对“网吧经营者是否拒绝未成年人进网吧”的调查中发现，经营者对未成年人上网问题“根本不管”的比例达到29.7%，如表10、图13所示。[1]

表 10　网吧是否拒绝未成年人上网统计表

		人数	百分比（含缺失值）	百分比（不含缺失值）	累计百分比
是否管理	是	844	28.0	30.8	30.8
	偶尔	1082	35.9	39.5	70.2
	根本不管	812	27.0	29.7	100.0
	缺失值	274	9.1		
总人数		3012	100.0		

这一调查结果充分说明了有了一个行之有效的办法，还要加强管理，才能提高执行能力。否则再好的管理办法不认真监督执行，或者仅在专项治理期间监督执行，都将使未成年人进入网吧问题无法从根本上解决。

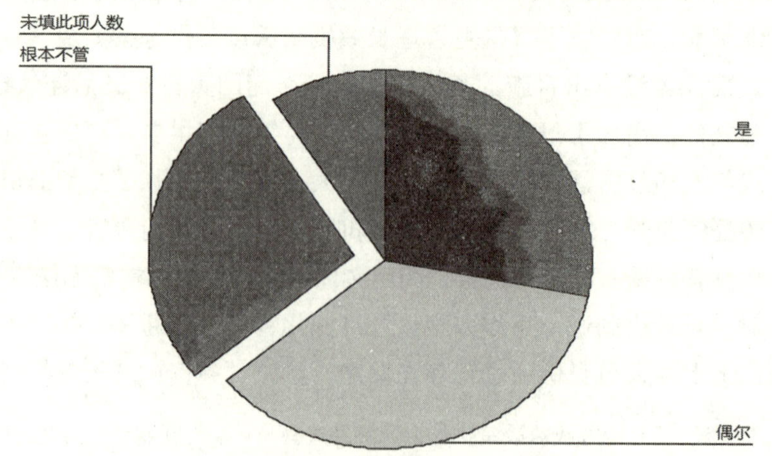

图 13　网吧是否拒绝未成年人上网统计图

[1]　文化部，财政部. 中国网吧、网络游戏调查报告[R]. 北京：研究课题报告，2008.

②网吧下载内容目前无法完全监控。“北京市网吧调研报告”指出：管理部门对于网吧的硬件要求是无硬盘、无光驱、无USB接口。有些上网人员需要下载一些资料，很多网吧都提供这样的服务，但涉及具体的下载内容还是无法进行完全监控。[1]

③执法人员存在“寻租”问题。“北京市网吧调研报告”指出，据部分业主反映，有些执法部门常常单纯“以罚代管”“收受贿赂”、垄断网吧采购、为网吧指定网络接入和食品采购源，从中牟利。[2]

三、政策不协调问题

政策不协调是指公共行政的管理政策在行政系统内部的各要素之间、系统与外部环境之间不能改善关系、调整行为，也不能够协同一致地实现预定的行政目标。由于政策安排的复杂性，一方面，政策不协调加大了执法成本；另一方面，多个政策主体的多重介入，极易形成互相推脱责任，“多重政策管理”终会陷入“没有政策管理”的尴尬境地。表现在以下几个方面。

一是网吧管理长效机制试点工作领导小组没有充分发挥协调的职能。2004年的专项治理期间，各部门有了一个初步的分工；长效机制实施后的政府部门分工更加明确，协调机制也初步建立了由市领导牵头的北京市网吧管理长效机制试点工作领导小组，主管部门作为议事协调办事机构，相关政府部门作为成员单位，以部门联席会议的方式完成协调工作。但是，市网吧领导小组没有发挥重要的协调功能。

目前，网吧领导小组主要在专项治理的执法检查阶段，发挥着联合检查的有限作用。最主要的表现就是近几年来，面对网吧接纳未成年人进入和黑网吧屡禁不绝这两个重大问题，面对中央政府部门出台的一系新的政策，市网吧领导小组没有根据变化了的情况，出台新的重大的宏观管理政策和具体对策（上面的政策缺失和政策执行不力的问题已有详述）。

为什么市网吧领导小组没有或者说不能发挥协调职能？一个重要的原因是

[1] 文化部，财政部．中国网吧、网络游戏调查报告[R]．北京：研究课题报告，2008.
[2] 文化部，财政部．中国网吧、网络游戏调查报告[R]．北京：研究课题报告，2008.

没有给网吧领导小组一个明确的赋权和责任，并由其牵头协调其他相关的利益部门。如果领导小组有了明确的责任和赋权，就可以发挥协调制度的优势，保证协调职能的发挥和体现主导性功能，要求相关责任方参与从而避免职能的越位、缺位现象，并及时化解行政执法中的冲突和纠纷。

二是不同政府部门的技术监管系统重叠，产生了监管漏洞等不协调的矛盾。根据《条例》（国务院363号令）的规定，网吧在经营中要核对、登记上网人员的有效身份证件。自2002年年底重新对网吧进行审批以来，网吧在经营中采用的是文化主管部门的纸质登记制度，同时，公安机关也开始实行信息安全审计系统及身份证认证系统所具有的对上网人员身份证件的电子实名登记制度。经过近几年的发展，两套登记制度有机地结合，既实现了登记上网人员身份证件的功能，又能让管理部门实时掌握上网人员情况，起到了较好的作用。

2007年，为加强对网吧管理，有效查控网吧接纳未成年人行为，市文化执法总队开发出相应的网吧实名登记系统在全市网吧内安装使用，该系统所具有的对上网人员身份证登记功能与网吧之前所使用的登记系统功能一致，只是方式有所差别。容易在以下几个方面造成监管漏洞。

①网吧在经营中只使用一套系统进行登记。通过大量的走访调查发现，目前各区网吧实际经营中，只选择两套中一套系统登记，从而造成了两套系统虽然都覆盖全市网吧，但都不能对网吧所有上网人员进行有效监控，造成文化部门无法及时发现网吧接纳未成年人行为而公安机关无法有效地对上网人员进行监管，无形中造成了监管漏洞。

②两套上网人员登记系统并存影响技术监管效果。两套系统共同占用网吧网络资源，数据传输过程中可能产生冲突造成网吧上网人员信息和图像监控信息无法及时上传至相关管理部门，影响技术监管措施的使用效果。

三是打击黑网吧政府存在配合不协调的问题。当部分黑网吧接入、规模及位置等发生变化，在公安、工商部门查处时，这些场所以未接入互联网为理由拒绝接受以黑网吧论处的处罚，逃避打击。职责分工加大了市公安局的工作难度。

工商部门依法查处无照经营活动，虽然能够没收违法所得，处以罚款等行政处罚，但对于提供上网的电脑扣押到期后只能归还给黑网吧开办者，对于黑网吧的经营者缺乏有效的处罚。出现一家黑网吧多次受到处理却能够死灰复燃现象。

公安机关具有治安、刑事拘留的强制手段，能够对违法犯罪人员起到极大的震慑作用。但是，工商部门是打击和查处黑网吧的主责单位，没有规定公安机关对于开办黑网吧的经营者可以采取限制人身自由的强制措施，而公安机关只能以会同的角色出现，不能单独对黑网吧进行执法。公安机关在工作中及时发现了黑网吧也要通报、移交工商部门。这给公安单独执法打击黑网吧带来不利。

网吧接纳未成年人进入和黑网吧问题屡禁不绝，除了分析政府的监管问题外，还应分析网吧产业发展中存在的问题。这样才能把问题谈得更透彻和更深入。

第四节　产业发展问题

北京市的网吧产业发展存在着两类问题，一类是政府的产业政策偏颇给网吧产业发展带来的问题，因为网吧产业的发展进入政府严格管制期后，政府的网吧产业政策与产业的发展如影随行，规定着产业的发展方向和进程，影响着产业的组织形态和组织规模，决定着企业的进入与退出、兴衰与成败等产业经济发展的重大问题。一类是产业内部自身由于人员素质不高等因素所带来的问题。

一、产业政策问题

第一，政府网吧总量布局规划主要以人口聚集指标为依据，导致网吧分布不均衡，城近郊区多、远郊区少。在第二章描述北京市的网吧发展概况时，我们就得出了几点结论：北京市的网吧分布主要集中在城区、通州、大兴和昌平三个近郊区；网吧数量分布不均衡。大型（200台以上）和中型（100～200台）网吧也集中在城近郊区。小型网吧（100台）以下分布在远郊区且数量少。由于按照每万人总量布局规划，导致网吧布局规划时城区较多，而郊区和农村地区网吧数量较少。

第二，政府实行严格管制和一系列的严格市场准入政策，网吧发展缓慢，还不能满足网吧网民的需要，产生了供不应求的矛盾。网吧产业产生的供不应求的矛盾，表现在以下几个方面。

①供不应求在城区的主要表现就是网吧“指标”难求，网吧牌照倒卖现象就形成了特定的市场规律，网吧控制在“东北帮”“温州帮”和“福建帮”手中，在不同的地段有不同的倒卖价格的潜规则。

②供不应求在远郊区的表现就是黑网吧屡禁不止。

③供不应求表现在有各种各样的互联网上网营业场所出现，不好界定。《条例》规定“互联网上网服务营业场所”是指通过计算机等装置向公众提供互联网上网服务的网吧、电脑休闲室等营业性场所。各种茶楼、咖啡厅、饭店的商务服务区提供上网服务。说明这些地方有上网需求，也在直接或间接地收费。

④供不应求还表现在外来人口是网吧网民的一个庞大的数量群体（如果加上本地人口将更加庞大）。突出说明了在北京这样一个外来人口聚集和数量庞大的特大型城市，如何管理好外来人口并为外来人口服务是一个值得重视的问题。据“北京市网吧调研报告”调查，在北京地区网吧网民构成中：包括外来务工人员、学生、服务业从业人员、公务员等，其中外来务工人员占总体消费者的87.6%，学生占8.4%，他们是网吧消费的最主要群体，如表11所示。[1]

表 11　网吧网民职业分类统计表

		人数	百分比（含缺失值）	百分比（不含缺失值）	累计百分比
职业	学生	251	8.3	8.4	8.4
	打工人员	2611	86.7	87.6	96.0
	公务员	30	1.0	1.0	97.0
	商业	23	0.8	0.8	97.8
	服务业	31	1.0	1.0	98.8
	医疗卫生	1	0.0	0.0	98.9
	教育	6	0.2	0.2	99.1
	文化娱乐	2	0.1	0.1	99.2
	无业	5	0.2	0.2	99.3
	企业管理	11	0.4	0.4	99.7
	其他	9	0.3	0.3	100.0
	缺失值	32	1.0		
总人数		3012	100.0		

[1]　文化部，财政部. 中国网吧、网络游戏调查报告[R]. 北京：研究课题报告，2008.

从表11中可以看出，外来务工人员是北京网吧网民的主要构成群体。“北京市网吧调研报告”调查指出：外来务工人员到网吧消费行为主要是打游戏、暂时栖身和通信。（1）打游戏。他们来北京工作，社会关系和社会活动较少，文化生活单一。网络上极为丰富的游戏和信息能轻易吸引他们，使他们在虚拟世界中得到放松。（2）暂时栖身。有些外来务工人员居住条件太差或暂时没有住处，网吧低廉的收费和不错的环境为他们提供了一个暂时歇息甚至是过夜的场所。（3）通信。外来务工人员利用网络上的即时通信工具，如QQ的视频聊天，可以与家乡和外地的亲友进行免费、方便的通信。

随着网络和网吧的发展，去网吧上网已逐渐成为外来务工人员工作之余主要的生活内容。从某种意义上说，网吧在很大程度上吸引和容纳了社会流动人员，降低了社会犯罪行为发生的几率。

按照北京市统计局最新的统计数据显示，2009年12月底，北京市常住人口1755万人，其中外来人口509.2万人。[1]随着城乡一体化进程加快，大量城市人口入住郊区，形成了郊区县居民对网吧的需求大大增加，特别是外来务工人员也有很多到郊区县工作，使得全市网吧总量布局规划已经不能适应北京网吧的发展需求，必然会产生供不应求的矛盾。

北京市网吧协会的一位负责人探讨网吧该不该再发展的问题时，这位负责人肯定地说，北京的网吧实际上还没有满足大众的需求。这位负责人本身是网吧经营者，站在既得利益和避免过度竞争的角度，他应该是不赞成再发展网吧的。所以说，这位负责人的表态是比较公正的。上述问题的矛盾是相互协同、相互促进的正相关的关系。网吧供不应求矛盾的出现导致黑网吧不断产生、屡禁不止。

第三，政府发展连锁网吧的产业政策推行得并不顺利，网吧产业与规模化、连锁化、主题化和品牌化的发展方向还有相当的距离。发展连锁化经营是国家倡导的产业发展政策，目的是让规模化、连锁化、主题化、品牌化的网吧占据市场主流，让网吧产业树立起文明、健康的良好形象；使得网吧的经营活动更加规范。北京市实施网吧管理长效机制的试点工作的一项重要内容也是按照国家网吧连锁化经营的产业政策在发展连锁网吧。从形式看，连锁网吧占了近50%的比例。然而，从实际看“联而不锁”，连锁企业并没有做到“六统一”标准：统一经营方针、统一服务规范、统一形象标识、统一上网首页、统

[1] 龙露．北京常住人口1755万人[N]．北京晚报，2010—01—21.

一计算机远程管理、统一营业厅场所风格，没有形成真正意义上的网吧连锁企业，原因有以下几点。

①政府对连锁网吧的支持，仅限于在连锁网吧的牌照发放上。由于新增网吧只允许审批连锁网吧的政策，导致连锁公司以收取加盟费为主要经营手段，加盟的网吧在缴了一笔加盟费后，只是改变了名字，依然按照原来的管理模式进行经营。连锁公司“只收钱，不管理，不服务”，最终结果是背上了倒卖牌照的恶名。“连而不锁”在发展过程中严重影响了连锁网吧企业的信誉。

②连锁网吧需要企业集团有内在的动力和经济实力，需要政府给予实质性的经济政策支持才能真正发展下去。有鉴于加盟店不能发展为真正的连锁企业，2009年9月7日，文化部印发的《关于网吧连锁企业认定管理办法的通知》（文市发[2009]35号）规定：只有全资或控股的直营门店才是连锁企业。但是，这种企业自觉的、内在的和真正的连锁，需要巨额资金投入，需要以资金为纽带建立连锁体系，依靠真正有效的集中管理，才能实现真正具备品牌内涵的网吧连锁。连锁规模越大，投资越大，成本越高，管理越难；加上网吧产业竞争激烈，盈利空间小，连锁投资回收期长见效慢，使得连锁网吧的发展受到了很大的限制。

“北京市网吧调研报告”做过一项调查：增加一家100台计算机规模的网吧连锁直营店，按每台4000元计算，加上网络配置、店面装修、房屋租赁等费用至少要70万元的初期投资。如按每台机器每天使用3小时、每小时3元计，一月大约能有2～3万元的收入，要两三年才能收回投资。而开一个30台规模的小型网吧，大约用20多万元的投资，加上违规经营，有的一年就可盈利。[1]这是网吧产业迅速扩大的原因，也是连锁网吧比小网吧发展慢的原因所在。

发展连锁企业需要政府的经济扶植政策的支持，北京市没有出台这样的政策。我们对比长沙市的网吧管理部门，通过配套并落实降低收费标准、规范收费行为、给予贷款垫息等相关政策的支持，对长沙全市网吧进行资源整合和体制调整。按照“统一标识，统一服务，统一定价，统一采购，统一管理”的模式，打造了网吧连锁经营品牌，使得长沙市的连锁网吧企业有了较大的发展。

③发展连锁网吧还有瓶颈性因素限制——需用PC的3C认证。“3C”或“CCC认证”，由国家认证认可监督管理委员会主管，从2003年8月1日起正式

[1]　文化部，财政部. 中国网吧、网络游戏调查报告[R]. 北京：研究课题报告，2008.

执行。2003年9月28日，国家认监委发出了有关现场组装电脑认证执法检查通知，明确现场组装电脑需同时满足5个条件才可以不用获得《强制性产品认证证书》，否则必须经过3C认证才可以销售。该通知第九条第二款规定“现场组装整机技术服务的对象是个人消费者(限单台电脑)，而不是企事业单位、机关团体、其他电脑销售商及用于经营活动的购买者”。从中看出，网吧作为经营场所，其营业用电脑就必须通过3C认证，必须选择品牌机，不用品牌机就可能受到处罚。品牌机的价格一般都要比兼容机贵，这对于原本就已艰难度日的网吧来说，经营成本的增加无异于雪上加霜。此外，品牌机的显卡、内存、硬盘等配置对于游戏性能要求比较高的网吧来说升级不如兼容机方便。发展连锁网吧使用兼容机，虽然有高性价比和可维护性，却是违规的。

目前，推行连锁网吧产业的政策，只是初步解决了网吧小、散、乱的问题。从宏观看，连锁网吧的整体规模不大，示范效应不够，盈利模式不够成熟。但是，连锁网吧企业如果真正发展起来，有各种单体网吧无法比拟的优势，比如对上游产业有谈判地位，可以获得各种经济优惠和规模经济效益，这是产业发展的方向。

第四，政府部分监管成本由企业支付和企业赋税较高，造成企业负担过重。①政府部分监管成本由企业支付。北京市网吧协会不完全统计，由企业出资的监管成本如下：

（i）网络保安员培训费用。网吧中每50台电脑需配一名网络保安员，保安员由网吧提供人员，到网络保安公司进行培训。培训时间为2～3天，培训费为3600元/每人，其中包括1200元的培训费和2400元的管理费（管理费为每月200元/人）。2008年因网吧业主的怨言很重，网络保安公司被迫下降费用，但仍为1700元/每人，网吧若是300台电脑的规模，最少也要出6个人去培训。这样网吧规模越大培训费用越高。

（ii）防雷减灾系统费用。所有网吧在开业前或变更地址都要做为网吧加避雷系统，最基本的收费为每台电脑200～300元（官方称每个点），还不包括一些其他材料费。一家300台电脑规模的网吧最低也要60000元到90000元。

（iii）网吧监控系统费用。不同的区县收费也不同，要求也不一样。有的要求全区域覆盖，照此要求办最低也要20～30个摄像头；还要求画面清晰度，能够看到人脸上的痦子。其中施工的费用摄像头每个5000元左右，还不包括光缆费、材料费、施工费（市场上同效果的摄像头价格仅为100元～200元）。

（iv）北京雨人公司由市公安局指定安装的网络神探交换机费用。3万元～5万元不等，身份证认证系统1.8万元。每一个上网的顾客都需购买的上网卡（雨人卡）每张19元批量购买每张13元（市场上每张0.7元到1.5元）。这种卡的需求量每家网吧都很大，因为用的是雨人公司系统，所以只能用他们的卡。

网吧企业既要安装文化行政部门认定、推荐的“净网先锋”管理软件或同类管理软件，又要安装公安部门认定的监控管理软件。这两套系统不仅本身存在不兼容性，给电脑的使用和维护制造了麻烦，而且系统功能非常相同，这种重复购买、安装既增加了网吧的投入，又削弱了行政执法的公信力。

②企业赋税高。2003年，财政部、国家税务总局印发的《关于营业税若干政策问题的通知》（财税［2003］16号）规定：单位和个人开办“网吧”取得的营业收入，按“娱乐业”税目（20%的税率）征收营业税。网吧还要按照营业收入的3%缴纳文化事业建设费，缴纳7%的城建税、2%的教育费附加费；仅营业税、城建税、教育费附加、文化事业建设费四项税费就达25%；再加上核定征收企业所得税，总体赋税高达35%。王京秋等指出：赋税较重，与经营状况不相适。以朝阳区的网吧企业为例，企业为避税通常采取的办法是虚报（少报）营业额。在纳税的167户网吧中，申报的平均月营业额仅为6800元，不及其日常支出成本的1／5～1／3。[1]

据北京市网吧协会不完全统计，每年网吧上缴税金平均为1.35万元/家，其中营业税平均为1.12万元/家，如图14所示。

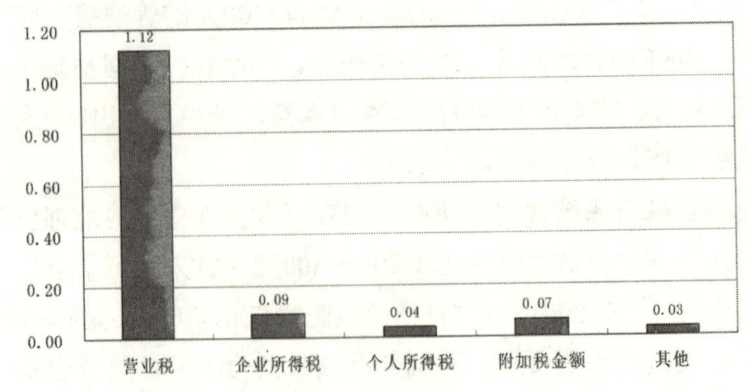

单位：万元/家

图 14　北京市网吧纳税种类统计图

[1]　王京秋，郑颖，魏欣. 网吧税负偏重与经营状况不相适应[R]. 中国税务报，2008—01—02（7版）.

高赋税带来的结果：（ⅰ）网吧企业入不敷出，无法关心企业长远发展；（ⅱ）赋税过高，加大了网吧违法经营的概率；（ⅲ）企业采取各种方式避税，形成了一套产业内本不该有的“潜规则”，使政府的公信力下降。

2003年，国家统计局在《三次产业划分规定》（国统字[2003]14号）的通知中，将网吧产业归入第三产业中的“信息传输、计算机服务和软件业”类别中的“计算机服务业”。这种划分进一步明确了网吧产业归属于信息服务业，按照《中华人民共和国营业税暂行条例》（2009年1月1日起正式施行），服务业的营业税率是5%。显然，国家税务总局的统计口径和国家统计局的统计口径是不一致的。国务院《娱乐场所管理条例》指出：“娱乐场所，是指以营利为目的，向社会开放，消费者自娱自乐的场所。大致包括两类，一是以人际交际为主的歌厅、舞厅、卡拉OK场所等，二是指依靠游艺器械的经营场所，如电子游戏厅、游艺厅、台球厅等。”从《条例》看出，网吧并不在娱乐场所的管理范围之内，文化部不认定网吧是娱乐场所。所以，网吧税收不应该按娱乐场所20%的税率征收营业税。

由于政府的网吧管制政策存在着由企业负担不合理的监管成本的问题，政府的网吧产业政策存在着总量不合理布局的问题，企业赋税过高且不合理问题等，这些都给企业违规经营找到了口实和借口。这些不合理之处也是导致网吧产业不能顺利发展的重要原因，应是我们政策着力调整的地方。

二、产业自身问题

网吧产业存在着盈利能力下降、经营单一等问题，这些问题不仅制约着网吧产业的发展，更是网吧接纳未成年人进入和黑网吧屡禁不止的重要原因。

第一，网吧产业盈利能力连年下降。近些年来，从全国到北京市网吧产业盈利能力不断下降处在停滞徘徊不前的状态，从中央到地方的政府监管部门都承认这个事实。网吧产业已经由最初的自由发展时期的获取暴利阶段，进入到了微利阶段。《中国网吧调查报告》指出：我国网吧产业进入到“微利时代”。5年前网吧上网费的价格是10元～15元／小时；目前已下降到平均2元／小时左右；网吧产业的盈利水平整体下降，投资回收周期由以前的1年拉长到3年。[1]

[1]　文化部，财政部. 中国网吧、网络游戏调查报告[R]. 北京：研究课题报告，2008.

北京市网吧协会的调查结果显示，北京市网吧年营业收入平均为24.29万元/家，利润总额平均为2.97万元/家。整个产业处于微弱盈利状态，如图15所示。

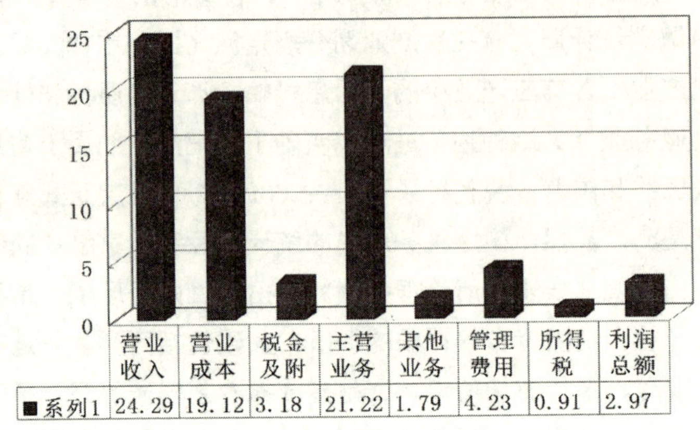

单位：万元/家

图 15　北京市网吧损益及分配图

开业、营业和管理成本过高，是导致企业盈利能力下降的重要原因之一。从网吧开业成本看。北京网吧开业的平均成本在32.82万元/家，其中包括购置服务器、电脑终端、软件等在内的各种费用为9.83万元，装修费用、家具费用分别为11.81万元和4.79万元，如图16所示。

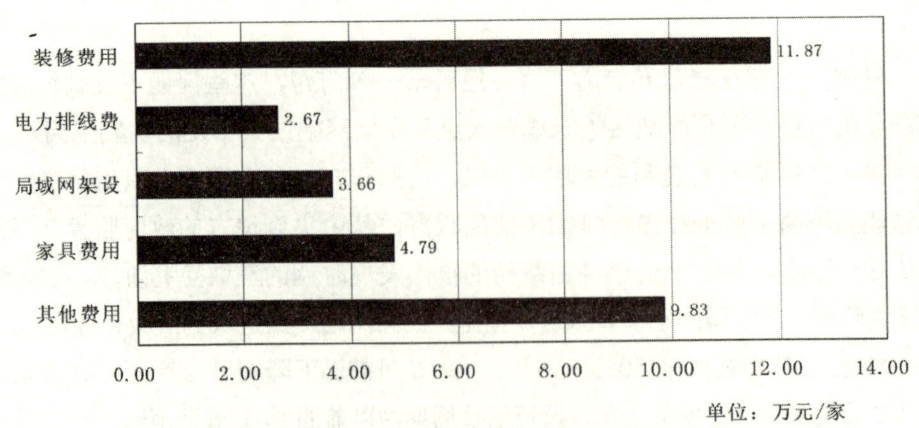

单位：万元/家

图 16　北京网吧开业成本图

从营业成本看。主要包括房租、消耗品费用、软件使用费、互联网宽带使用费、水电冷暖费、人力成本等。从调研结果来看，北京网吧易耗品损害每年平均情况为：鼠标134个/家，最高的损害为2000个；键盘126个/家；耳机225只/家。从电脑更新情况来看，网吧每年平均更新数量为33台/家，最高的为150台。北京目前使用电脑、上网的费用标准平均为普通收费是3元/小时，会员是2元/小时，通宵价格是10元，这跟全国其他地区的价格相差无几。尽管北京上网的价格跟全国平均水平一致，但北京网吧的房租、互联网宽带接入费、水电冷暖费、人力成本等，相对全国其他地区来说要高出许多。

从管理成本看。主要包括连锁加盟费、排污费、财务管理费、审计费、消防管理费、治安管理费、人员教育培训费用等各项开支，占营业收入的17.41%。北京市网吧协会对全市的网吧调查显示，在网吧的月平均5万元的成本中，除支付员工工资外，电费、宽带、税费缴纳、房租分别占了成本的主要部分，如图17所示。

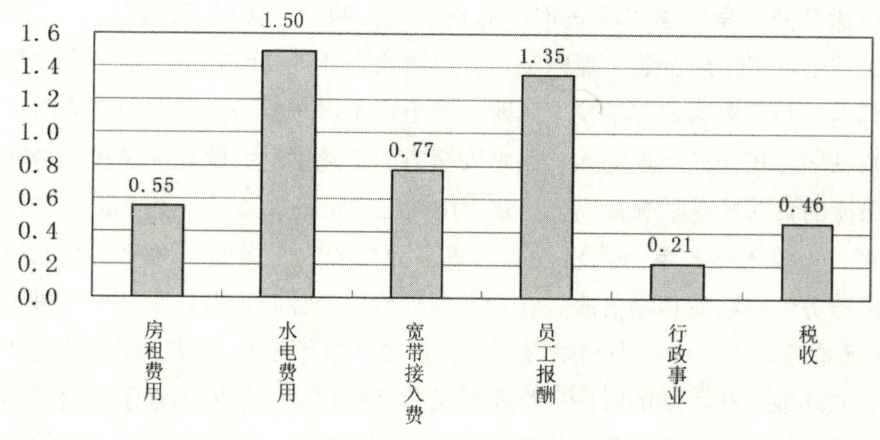

图 17　北京市网吧月度细项营业支出费用统计

网吧产业盈利能力连年不断下降，产生的不利影响有。

①不利于企业发展。由于高成本、高税率、低利润，致使网吧产业内的大企业退出，小企业退化。大多数单体网吧为了躲避高额税收，注册性质为个体

工商户，无必要的财务制度，致使产业外的大额资本持有者不能获得明确的网吧产业营收状况，不投入资金。

②导致企业的短期行为增加。网吧产业的投资人的投资行为短期化、投机化。短期套现后带来的巨大社会隐患非常严重。没有投资人愿意关注员工的社会保险和福利，造成从业人员大多数没有社会保险和福利保障。企业的短期行为带来的后果也是一种巨大的破坏能量。

③在网吧产业内形成了盲目和恶性的竞争局面。违规经营行为必将出现，政府不得不加大对违规行为的查处，提高执法成本后造成了巨大的社会资源浪费，也牺牲了网吧产业应有的规模经济效益。郎咸平指出：由于恶性竞争的结果，造成大量优秀企业倒闭，最优秀的企业被最先淘汰。这就是自由竞争带来的波尔法定论——资源的浪费、最优秀企业最先被淘汰。企业选择死亡还是违法生存？结论是生存下来就必须违法。[1]这些年来，网吧业内人流行着一句话："守法必定亏本，擦边可以保本，违规才有微利，违法可获暴利。"这是网吧违规经营的最直接的经济原因。

在激烈的竞争中退出网吧市场的正规"白网吧"转成了黑网吧。"居民区"黑网吧，"工厂企业"黑网吧，"农村信息社"黑网吧，"电子竞技俱乐部"黑网吧和"电脑培训学校"黑网吧的出现不但严重干扰了网吧市场的正常的经营秩序，在未成年人进入、网吧安全方面形成了巨大的社会隐患，给网吧产业带来的负面社会影响将直接导致正规网吧的经济效益进一步降低。

第二，收入结构单一，还没有形成多元化的收入局面。网吧的营业收入由上网服务计时收费和增值服务收费两部分构成。计时收费，收费标准每小时3～10元不等。大、中、小网吧根据自身所处的区域位置、设备配置状况、装修档次和环境，在不同的时段采取不同的收费标准。一般网吧都采取会员制收费，会员收费优惠，夜间收费优惠。增值服务收费包括餐饮服务（提供快餐、饮料）、打印服务、下载服务、扫描服务等。这些商品和服务一般比市场上同类商品和服务价格高。北京市的部分网吧的增值服务收入得到了一定的发展，随着网吧上网业务成本越来越高，提高增值服务收入比重是网吧可持续发展的一个方向。目前，从全市看，网吧收入还是以计时收费为主，我们以网吧协会的调查数据为依据，如图18所示。

[1]　郎咸平.恶性竞争造成大量优秀企业倒闭[R]．2004中国新视角高峰论坛，http：//business.sohu.com.

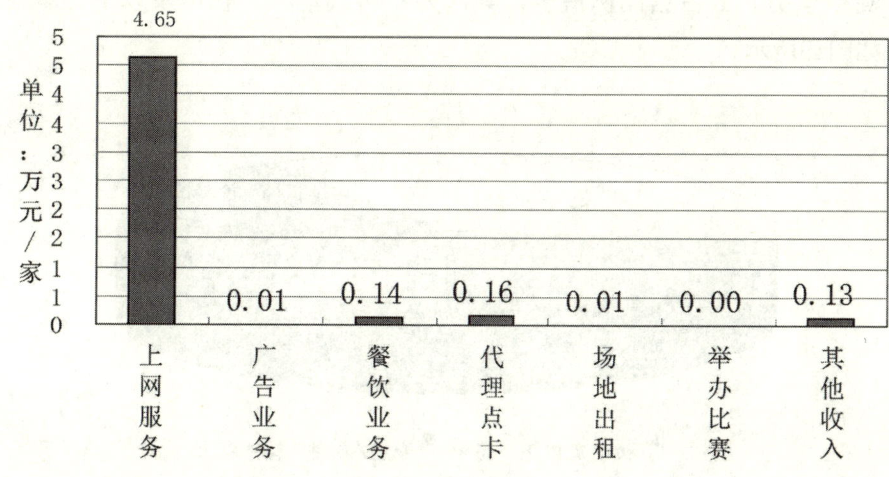

单位：万元/家

图 18 北京市网吧收入构成结构图

从图18可以看出，网吧的收入主要是上网计时收费。增值收入项目就是餐饮、代理点卡和其他收入（注：其他收入是指扣除计时收费和增值收费以外的所有收入）。网吧工商营业执照上对其经营范围做了清晰的界定，就是“提供互联网上网服务”。严格讲网吧的物品售卖和其他经营行为没有法理依据，事实上大多数网吧没有放弃售卖等经营行为，但是都不敢对自己比较得心应手的其他业务大力推广，惧怕执法部门的检查。现在网吧还没有充分发挥其信息服务和国际国内互联网络的功能，比如IP可视电话、代收代缴公共事业费用、企业网站专业维护与管理等。今后如果在经营业务范围方面有所突破，找到合适的盈利模式，网吧产业将会有大的发展。

由于网吧收入结构单一，增加其他收入的渠道和方法有限，就把收入来源盯在有上网需求的未成年人身上，一旦检查放松或没有检查，就会纵容未成年人到网吧上网以增加收入；明知未成年人持他人身份证进网吧，不闻不问不管；明知某些网络游戏有血腥、暴力和黄色内容，仍然提供给用户使用。

第三，网吧经营人员素质不高、流动性强、人才流失严重。北京网吧产业人员构成主要有管理人员、技术人员和服务人员，其中前两种人都需要较强的专业技术。北京市网吧协会调查统计结果显示，目前北京网吧人员学历结构中，高中学历人数占据比例最多，其次为专科或本科、初中及以下、本科以上，如图19所示。

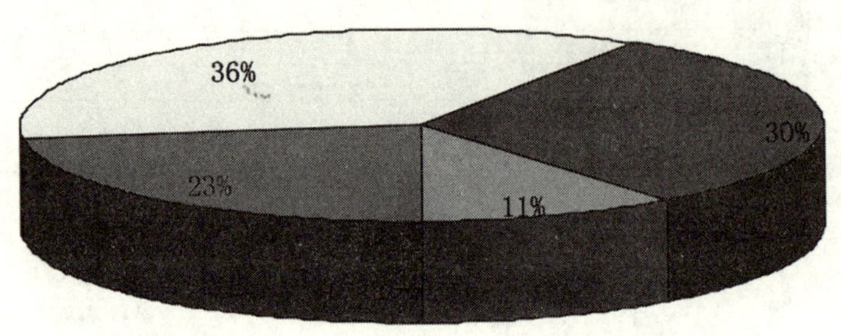

图 19　网吧工作人员学历结构图

从图19看出，初高中学历占了较大的比重，本科以上人才比例仅有11%。网吧人员素质不高，有以下3点原因。

①许多网吧企业只注重网吧技术上的支持，在管理上却很少投入。多数网吧更愿意在硬件设备上进行投入，而不注重提高员工的待遇和对员工能力的培养，企业的发展思路得不到贯彻和扩展，更谈不上发展壮大，这也在一定程度上影响了北京网吧产业整体的进步。在员工的选择录用上更愿意选用亲戚朋友；即使在社会上招聘网络管理员，也只是更注重技术技能，而忽视管理员的素质和能力。服务员大多实行“即招即用”的用工方式，员工流动性强。

②网吧的工作环境特殊，福利待遇不稳定，整体收入水平不高，导致从业人员流动非常大，留住人才难。很多网吧面临着招人难用人难的问题。而网吧内可用的人才更是很少，大部分网吧从业人员缺乏专业知识、服务意识，整体素质偏低，而这些服务人员直接面对的就是顾客，如没有有效方案控制人才流失及无法提高员工素质，很有可能直接影响到网吧的收益。

③网吧形象不佳，产业发展前景不明朗，导致留不住人才。网吧产业的社会声誉不佳，许多优秀人才不愿意进来；产业发展前景不明朗，职业未来空间看不到，对优秀人才就没有吸引力。没有人才优势也是导致北京网吧多元化的业务不能开展的重要原因。

第四，网吧的形象需要提升。多年来，网吧一直是媒体关注的焦点。社会对网吧产业有太多的偏见，有关网吧负面报道也过多出现在广播、电视、报纸和互联网上。大量关于网吧的负面报道导致网吧在大众面前的形象恶劣，使得不少人对网吧产生了误解。

北京市的网吧产业已经走过了自发性的发展阶段，在产业处于停滞和衰退的困难时期，政府部门应该尽早制定出振兴网吧产业发展规划，为产业发展中的突出问题把脉，寻找出促使网吧走出困境的对策，引领产业由自发性发展向自觉性发展的方向前进。

三、网吧协会问题

1. 协会成立

2003年，由千龙、瑞得、网通和首创等公司共同发起，北京互联网上网服务营业场所协会（以下简称“网吧协会”）成立，是从事网吧经营的网吧企业为维护和增进全体会员共同的合法利益自愿组成的非营利性的社会团体。

2005年，为加强网吧协会的工作，协会划归为北京市文化局的事业单位，归文化局直接领导，市网吧协会开始步入了快速发展的阶段。自2006年至今，17个区县（含燕山区）相继成立了北京市网吧协会区县工作委员会，为网吧产业规范健康发展起了促进作用。协会在与文化局脱钩前陆续开展了如下工作。

一是创立产业自律公约并在全国首先提倡。2007年3月市网吧协会主办了全国网吧产业自律大会，制定了全国网吧自律公约。自律公约是：“营造文明环境，引导文明上网；遵守产业法规，自觉守法经营；恪守职业道德，讲求诚实守信；落实安全措施，消除事故隐患；注重社会效益，树立产业新风；牢记八荣八耻，构建和谐社会。”自律是网吧产业赖以生存的基本条件，规范是网吧产业良性发展的重要保障。这一行规行约的确立，加强了同业企业的自律行为，为产业的正确的发展指引了方向。

二是开展“网吧之星”评选活动。2007年市网吧协会制定了《网吧之星评定办法（试行）》《网吧之星评定实施方案》，在对网吧的整体环境、硬件设备和管理服务水平等方面进行了综合评审后，31家网吧企业获得了“网吧之星”。这些标兵企业为全市网吧起到了示范作用。

三是组织千家网吧参加知识技能大赛。2007年市网吧协会为倡导绿色网络文化，营造和谐、健康的网络环境，组织全市1000余家网吧参加了以“我为首都添光彩、绽放网络文明花”网吧知识技能大赛。大赛涉及的知识包括网吧经营管理、计算机专业技术和奥运知识等。通过技术大赛，提高了网吧从业人员相关的政策法规、经营者管理和服务水平。

2. *存在的问题*

2007年，国务院办公厅印发了《关于加快推进行业协会商会改革和发展的若干意见》(国办发［2007］36号，以下简称《加快协会改革意见》)，这是在我国尚未颁布产业协会法规之前，指导我国产业协会健康有序发展的最高行政管理规章。《加快协会改革意见》指出：“加快推进行业协会的改革和发展，逐步建立体制完善、结构合理、行为规范、法制健全的行业协会体系，充分发挥行业协会在经济建设和社会发展中的重要作用。”针对改革开放后建立的各类产业协会中“政会不分”的各种弊病提出了切实的限令改进的刚性措施。

《加快协会改革意见》明确指出：“实行政会分开。行业协会要严格依照法律法规和章程独立自主地开展活动，切实解决行政化倾向严重以及依赖政府等问题。要从职能、机构、工作人员、财务等方面与政府及其部门、企事业单位彻底分开，目前尚合署办公的要限期分开。现职公务员不得在行业协会兼任领导职务，确需兼任的要严格按有关规定审批。行业协会使用的国有资产，要明确产权归属，按照有关规定划归行业协会使用和管理。建立政府购买行业协会服务的制度，对行业协会受政府委托开展业务活动或提供的服务，政府应支付相应的费用，所需资金纳入预算管理。”

2007年至2008年4月，按照《加快协会改革意见》的部署，北京市完成了网吧协会和北京市文化局的脱钩工作。脱钩后，北京市网吧协会的生存以及发展面临着严峻的挑战，有以下几个方面的问题。

第一，网吧协会还没有形成高度的公信力、凝聚力和权威力。美国学者戴维斯·诺斯认为：“正是获利能力无法在现存的安排结构内实现，才导致了一种新的制度安排(或变更旧的制度安排) 的形成”，或者说“如果预期的净收益超过预期的成本，一项制度安排就会被创新”，[1]这就是说，当网吧企业没

[1] 徐家良. 新组织形态与关系模式的创建—体制吸纳问题探讨. 北京大学学报：哲学社会科学版，2008，(5).

有看到加入网协可以给它带来更大的收益时它是不会自愿加入的。网吧协会直属文化局时，由于是政府的直属机构，有资金、信息和各区县有文委(文化局)等分支机构作依托，协会自然形成了有公信力、凝聚力和权威力的产业组织。但是，协会一旦脱离了政府的领导，在自身生存都成问题的时候，无力开展各项工作自然也没有公信力、凝聚力和权威力。

第二，不能正常地开展服务工作。由于脱离文化局后协会还要为生存着想，形成公信力、凝聚力和权威力要有一个比较漫长的过程，因此，协会就不能正常地开展各种服务。

①不能为会员企业做好服务工作。大部分工作还仅限于传达政府监管的指示精神，多数网协只是搞一些初级的培训和组织考察活动，没有深入开展产业调查研究，也没有积极向政府及其部门反映产业、会员诉求，做好产业维权工作。

②缺乏与会员企业的良性互动。因为网吧协会没有形成公信力、凝聚力和权威力，不能有效地为会员企业做好产业服务和维权服务工作，与会员企业无法形成有效的良性互动。会员企业所思、所想、所行和所为得不到网协的支持。网吧协会的处境和困难也得不到会员企业的理解和帮助。这样，网协和会员企业还没有建立起鱼水关系。

③没有与区县工作委员会建立起紧密合作的工作机制。目前市网吧协会与区县工作委员会的合作方式从形式上看是上下联动、步调一致；但是，还没有建立起一个相互依存、相互沟通的紧密联系的合作机制。脱离了文化局后，市网吧协会只有在业务主管单位市文化局的支持下及各区县工作委员会的配合下才能实施和完成工作计划。

区县工作委员是协会落实各项工作的最关键的环节，负责具体工作，直接和辖区内的经营者沟通，可以听到最真实的经营者的声音，切实感触到经营者面临的问题和困难。通过区县工作委员会的渠道，协会可以较为深入地了解经营者的诉求和反映的问题。

④没有为政府做好服务工作。市网吧协会没有深入地开展为政府服务的工作，包括没有“积极参与相关法律法规、宏观调控和产业政策的研究、制定，参与制订修订产业标准和产业发展规划”等工作。

第三，网吧协会没有发挥出政府和网吧企业之间相互沟通的特殊的桥梁作用。这一桥梁作用应表现在以下几个方面。

①引导网吧企业遵守政府的各项规定。由市网吧协会出面协调网吧与政府各主管部门、与电信运营商、与社会公众的关系。

②与各主管部门沟通。在保障网吧企业遵守政府各相关部门的规定的前提下，积极与相关部门协调、沟通，为网吧产业的发展提供更大空间。

③协助政府部门加强产业自律和监管。利用自身专业性强和网吧企业联系紧密的优势，努力与职能部门配合，进一步加强网吧产业监管力度，规范其经营和管理。在完善监管规则，健全监管执行机制的条件下，网协做好协调工作，有效地解决如透明度、可问责性、效率、适应性和一致性的问题；解决交叉环节管理的责、权、利问题；及时查堵管理漏洞，以达到提高行政管理效率，实现多部门的协调监管的目的。

第四，市网吧协会自身的能力建设还存在着很大的问题。网吧协会的能力建设包括自身组织、体制机制建设、创新能力和可持续发展能力建设，组织对会员企业的服务能力建设，制定产业规则引领产业正确发展的能力建设等。从上述诸问题看，本质上还是市网吧协会的能力建设存在着很大的问题。网协组织能力建设不强的问题根源有两个方面的原因。一方面是来自外部的环境因素，一方面是自身的原因。

①外部环境因素问题。包括政策因素和社会制度性障碍因素两方面内容。一是政策因素。主要是我们国家还没有形成一个整体的支持网协建设和发展的政策环境。尽管党的十六届三中全会作出了要按市场化原则规范和发展各类产业协会等自律性组织的战略部署，国务院印发的《加快协会改革意见》从宏观政策上支持产业协会发展；但是，这些宏观政策没有细化，各地政府没有具体落实，具体表现为：

（ⅰ）国家对网协还实行的是双重管理体制。即由民政部门和业务主管部门共同管理。民政部门负责产业组织的成立审批，业务主管部门负责产业组织的业务管理。要成立产业组织只有得到业务主管部门的同意才能到民政部办理申请登记手续。这种双重的许可制度不利于网协组织的建立和发展。

（ⅱ）实行分级登记、分级管理的办法。就是对产业协会按照其申请的所在地和开展活动的业务范围实行分级登记、分级管理。这对产业协会连续性地开展活动设置了障碍。

（iii）限制产业协会成立分支机构。产业协会不得设立地域性的分支机构。这一规定实际上限制产业协会的整体作用发挥与扩大。这些政策性障碍因素还有待于我们的各级政府提高认识，也需要纳入中央政府的督办检查工作中去。[1]

二是社会制度性障碍因素。我们没有建立对网协组织的问责制度、绩效考核和监督评估制度。比如，我们还没有建立一个由政府授权的组织第三方对产业协会承担转移职能能力的科学评估机制，对产业协会承担转移职能的能力做出科学的评估，包括对产业协会的“服务标准的制定”“技能资质考核”“产业统计”“产业调查”和“制定产业发展规划”的能力评估。我们也没有形成对网协的一整套的审计制度、问责制度和绩效考核制度。因为这些原因，使得协会还不能对产业的发展规划的制定、修改起主导作用。

②自身因素问题。

一是网协还处在初生阶段。专职人员较少，经费不足，不能进行组织建设的各项活动，也不能按照组织章程所要求的去做，网协的组织建设和机制协调功能都不能发挥作用。

二是没有建立民主管理制度。在组织内部没有建立民主管理机制。管理工作不公开，更谈不上民主。协会会员既不参与组织的日常事务管理，更不参与重大事务的决策。组织章程中规定的会员权利和义务就是纸面的文字。在协会内部还没有建立起民主决策机制和制度。

三是没有建立完善的财务制度。因为没有什么经费来源，就谈不上建立独立、透明的财务管理制度，更谈不上建立年度财务审计报告制度。

第五，政府主管部门没有引导和促进网吧协会发挥应有的作用。自2005年国家实行网吧管理长效机制政策后，在历年印发的文件中，都一再强调要发展产业协会的作用，提高网吧从业人员的素质，提高产业协会自律水平。北京市长效机制试点工作方案中，也写入了发挥产业协会作用的内容。但是，实际情况是文化主管部门还没有充分发挥协会的作用。特别是在市网吧协会与市文化局脱钩后，更不重视对协会的扶持和帮助了。所以，市网吧协会强烈呼吁：“政府应该使协会介入到网吧牌照的发放、转让、宽带接入商准入资质认证（注：此项工作非常重要）、服务评测等工作流程中来，以利用行政的手段强

[1]　滕仲日．北京市社会组织调查与培育对策研究[R]．研究报告，2007.

化协会的形象和功能，帮助协会树立在网吧经营者心目中的权威和影响力。另外，在文化行政执法、税务稽查、公安网监以及关系到网吧经营者权益的保证、经营环境的调整和改善等方方面面都应该给协会一定的运作空间；应该从法律上、行政流程上确保市网吧协会在针对网吧产业的法律法规在论证、制定、实施、修改等各相关环节都有探讨、咨询、建议、反对的权力。这样才能够使网吧协会在网吧从业者的眼中不是一块鸡肋，而是一个有分量、有权威、有巨大影响力、能够为会员切实解决实际问题、排忧解难的产业领导者、组织者以及合法权益的坚定捍卫者。”[1]

北京市网吧协会在体制改革后面临着生存和发展的诸多难题，在遏制未成年人进入网吧、打击黑网吧等主要问题上没有发挥出作用，在提升产业形象，改善产业经营水平上也没有发挥出应有的作用。这一问题不解决，政府监管部门和网吧企业之间，就没有一个沟通的平台和桥梁。

四、黑网吧的问题

黑网吧对网吧产业的正常发展产生了极其不利的影响。上述各章节从政府监管不力的角度、从政府的产业管理政策存在的问题角度，从产业协会不能发挥作用的角度，探索了黑网吧屡禁不止的原因，实际上我们还要从经济和技术角度进一步分析。

第一，黑网吧屡禁不止的经济因素分析。黑网吧屡禁不止的最根本的经济原因有四个：①在网吧市场供需不平衡、求大于供的情况下，黑网吧得以滋生。唐仁健指出：“‘新生代农民工’，主要是指的八零后、九零后，这批人目前在农民工外出打工的1.5亿人里面占到60%，大约1个亿。他们出生以后就上学，上完学以后就进城打工，相对来讲，对农业、农村、土地、农民等等不是那么熟悉。另一方面，他们又渴望进入、融入城市社会，享受现代城市的文明。”[2]他们是需要上网的群体。在城乡接合部、城市的远郊区和农村集镇中，他们只能去网吧上网。这些地区也往往是管理的薄弱地区。还有一个重要的原因是黑网吧上网费用更加低廉，这是正规网吧无法比拟的。

[1] 北京市网吧协会.北京市网吧行业调查与分析研究报告[R].2009.

[2] 国新办解读中央一号文件发布会实录全文[R].http：//www.sina.com.cn.2010—02—01.

②在我国劳动力资源几乎处于无限供给的状态下，一些闲散劳动力不开黑网吧让他干什么去呢？

③网吧准入市场机制的问题。正规网吧的申办手续烦杂，并且进门门槛太高，只有开设黑网吧才能满足供需双方的需求。而我们在没有有效的经济政策对付黑网吧的存在时，取缔黑网吧，只能使其藏得更深，因为这是市场经济规律的客观要求。

④正规网吧守法经营的成本太高而黑网吧违法经营的成本过低。这是黑网吧存在的经济原因。根据多年来在农村乡镇查处的黑网吧的情况看，查处的黑网吧从几台至十几台电脑规模的黑网吧较多，开业成本较正规网吧低很多。

不计算投资开业成本，仅算营业成本，黑网吧50平方米配置30台电脑，多是接纳中小学生上网，尤其是在晚上或放学期间、寒暑假期间，常常客满，以平均上机率80%、2元／小时的标准收费计，则一天收入576元，不用缴税，这些都是纯收入。而按规定，合法网吧300平方米按配置100台电脑计算，按2元／小时的标准、上机率60%计，一天收入1440元，扣除20%营业税，还剩1152元，再扣除比黑网吧更多的人员工资，扣除更高的租金与电脑折旧费，一个300平方米的正规网吧，所得利润比不过一个50平方米的黑网吧。这就是黑网吧得以生存的经济动因。

与合法网吧的高成本相比，黑网吧因为规模小、处所又非常隐蔽，可以覆盖到正规网吧无法覆盖的地区，政府部门难以有效监控，即使被查到了，顶多就是没收电脑。对黑网吧的经营者起不到威慑作用。

第二，黑网吧屡禁不止的技术因素分析。现在黑网吧中一部分利用电脑组成局域网而未接入互联网，只提供局域网游戏服务。另一部分网吧是通过个人申请的电话宽带提供上网，上网电脑少，技术上无法与正常家用宽带上网有效区别。无论是局域网还是电话宽带，都没有有效的技术手段进行防控。加之黑网吧位置偏僻或周围环境复杂，如果没有举报，管理部门很难及时发现从而进行清理。

回顾北京市网吧管理长效机制的试点工作，无论谁都不能不承认，经过政府相关部门的努力，在北京市1500多家正规的网吧里，几乎再没有或者说绝少再发生过恶性的、群发性的、几人以上包括未成年人在内的死人伤人事件。尤其是未成年人家长极为赞成“禁止未成年人进网吧”的政策。无论谁都不能不承认，政府部门在为未成年人营造良好的网络文化环境的这一巨大的系统工程中，收到了巨大的成效。正规网吧的经营秩序和经营规则更加规范；为北京市的网吧产业的优化打下了一个良好的基础，提供了更加广阔的空间和发展动力。但是，网吧产业长效管理还有很多问题，这些问题需要提出有针对性的对策加以解决。

第五节　对策建议

公共政策是利益攸关者博弈后的产物。北京市网吧政策的制定和执行过程，也是一个充满了争议的过程，也需要我们不断评估和完善。但是，有一点是肯定的，我们应该一手抓严格监管，一手抓繁荣发展。因此，对策建议有两个目标导向：一个是以严格监管中的问题解决为目标导向提出对策建议，一个是以实现网吧产业的繁荣发展为目标导向提出对策建议。我们一手抓网吧市场的严管监管，一手抓网吧产业的繁荣发展，实行刚柔相济的政策；以严管促进繁荣，使网吧市场的制度更加完善，市场秩序更加规范，网吧市场发展得更加有序和谐；以繁荣利于监管，使网吧企业向良性循环和可持续发展的路子走下去。

一、完善长效管理政策

自2005年北京市实施网吧管理长效机制试点工作以来，最大的问题是没有将长效机制政策和重要的措施一以贯之，而是将专项治理工作常态化。我们不放弃专项治理的办法，但是我们不能总用专项治理的方式管理网吧。随着市场经济的深入发展，随着我国地方政府机构改革和职能调整的日益完善，治理的社会基础已经发生了根本性的变化。我们应该更多地通过常规化的法律法规、制度规范和常态化的措施管理网吧。因此，笔者提出以下建议。

第一，进一步充实北京市网吧管理长效机制工作领导体制。一是建立新的领导体制。将“北京市网吧管理长效机制试点工作领导小组”转为“北京市网吧管理长效机制工作领导小组”（以下简称“市网吧工作领导小组”）。北京市有关部门赋予市网吧工作领导小组以下职权：

负责研究拟订北京市网吧发展战略、总体规划和布局；

审议网吧长效管理工作中的重大问题；

统筹协调北京市网吧管理工作中的重大事项；

督导、监督和检查网吧管理工作。

二是建立领导责任制。市网吧工作领导小组在政府的机构设置中虽然是非常设机构，但却是决策机构。从行政管理学讲，政府机构的决策规则是首长负责制。因此，我们应进一步明确市网吧工作领导小组组长由主管副市长担任，在决定和处理重大网吧问题时行使决策权。自孙安民副市长离任北京市副市长兼网吧管理长效机制试点工作领导小组组长后，组长职务就没有明确由哪一位市领导同志担任，所以要尽快改变市网吧领导小组形同虚设的局面。

三是增加市网吧工作领导小组成员单位。按照文化部（文市发[2007]10号）文件、（文市发[2009]9号）文件精神要求，市网吧领导小组成员单位由市文化局、市工商局、市公安局、市通信管理局、市教委、市财政局、市政府法制办、首都精神文明办、团市委以及市文化市场行政执法总队的10个，在增加了市监察局、市卫生局、中国人民银行北京市分行、市新闻出版局、市综治办、市经济和信息化委员会及市关工委7个成员单位后，增加到17个。17个成员单位的分工，如图20所示。

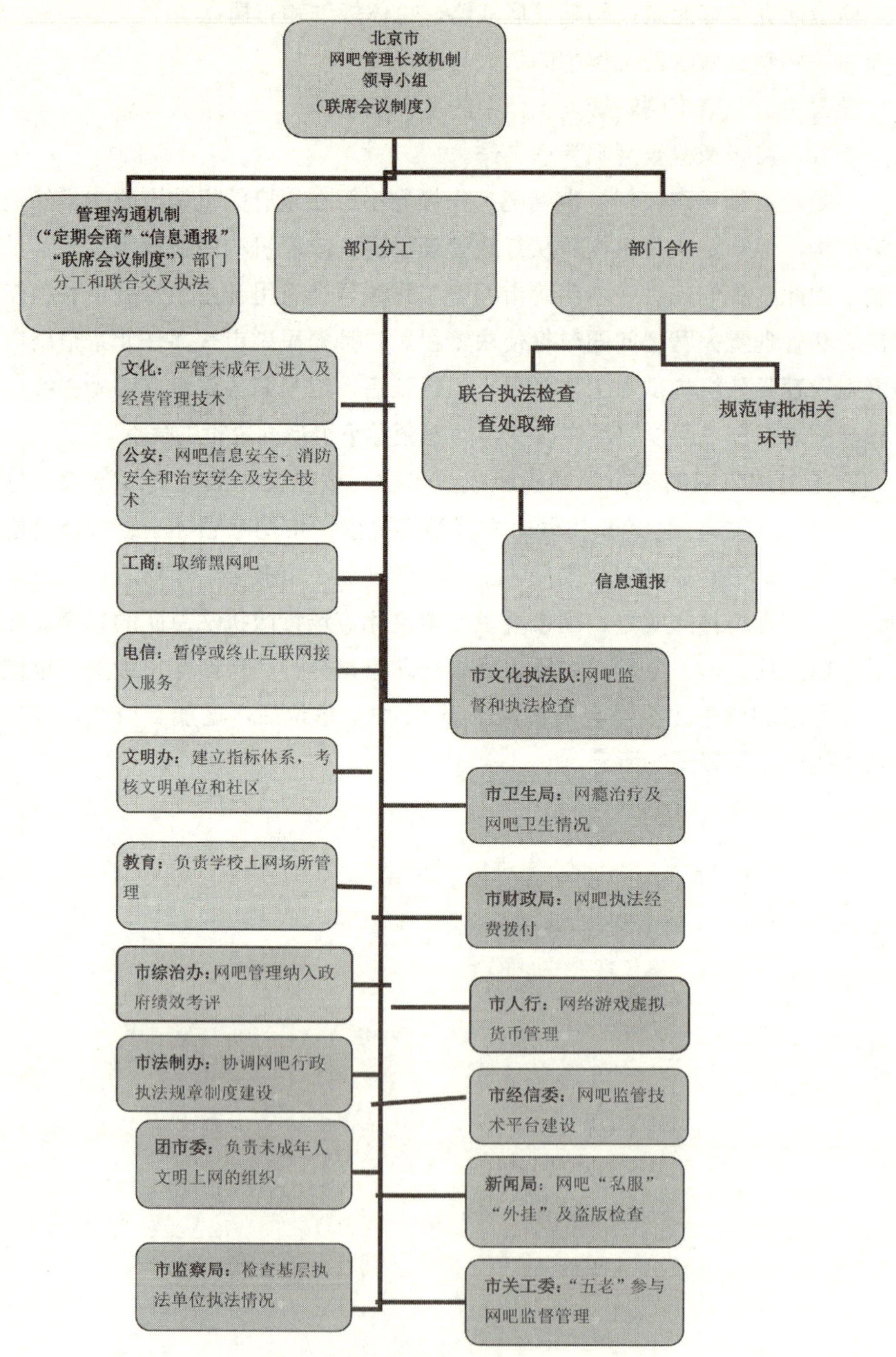

图 20　市网吧工作领导小组成员单位分工图

《现代汉语词典》指出："体制"指的是国家机关、企业、事业单位等的组织制度，如：学校体制、领导体制。[1]领导体制是指独立的或相对独立的组织系统进行决策、指挥、监督等领导活动的具体制度或体系，它用严格的制度保证领导活动的完整性、一致性、稳定性和连贯性。

我们完善北京市网吧管理长效机制工作领导体制，赋予市网吧工作领导小组决策权、执行权、监督和协调权，真正建立起一个运作高效的领导体制。这样才能在各部门之间形成一个相互衔接、相互支持、相互配合的工作机制。这一体制的建立、健全和完善是保护未成年人合法权益，推进未成年人思想道德建设，促进未成年人健康成长最关键、最重要和最核心的保障措施；直接关系网吧管理目标的实现和管理水平的提升，直接关系到网吧长效机制工作的成败。这是未成年人保护工作形势日益严峻对我们提出的迫切要求。我们应该把网吧管理长效机制的制度建设，特别是领导体制建设，提到能否赢得人民的信任、能否领导好社会主义网络文化建设事业的战略高度来认识，达到这样一个新的境界。

第二，进一步完善市网吧管理工作领导小组的工作机制。《长效机制试点工作方案》的工作机制是："切实建立起齐抓共管与分工负责、条块结合与以块为主、日常巡查与技术监管、宏观调控与市场机制、产业自律与社会监督相结合的网吧管理长效机制"（简述为"部门监管、联合执法"的工作机制）。

进一步完善工作机制，就是建立领导责任制度、实行任务管理与分配制度、落实部门协调制度和会议沟通制度等工作制度；将工作机制用完善的工作制度加以贯彻并落到实处，就可以解决政策缺失、执行不力和政策不协调的矛盾。

建立领导责任制度。明确市网吧工作领导小组具有决定网吧管理重大问题的决策权。网吧管理的重大事项实行行政首长负责制[2]，可以从制度上保证行政组织各子系统不会严重持续对抗，遇到重大紧急情况能够迅速协调解决，不致久拖不决，相互推诿，无人负责，以提高行政效率。由主管副市长牵头并拍板决策方案，领导参与并确定决策方案，加强了部门间的行政协调，实现决策者与执行部门的搭桥、互动，便于决策的贯彻落实，以及根据执行情况对决策

[1]　现代汉语词典[K].北京：商务印书馆，2002：1241.

[2]　罗子初，曾友中.转型期行政协调机制的重塑[J].地方政府管理，2001，(01).

进行反馈调整，理清决策思路，深化具体措施。

实行任务管理与分配制度。市网吧工作领导小组本质上是北京市网吧管理局际联席会议制度[1]。市各部委办局多个部门为了未成年人健康成长、管理好网吧这个共同的目标，进行部门间合作，协商讨论决定重大事项，按照各自职能分解目标任务，推进目标完成。问题的关键是不但要明确各部门的任务，更主要的是要解决任务的约束力差和部门之间不相协调的矛盾。

落实部门协调制度和会议沟通制度。市网吧工作领导小组实质上是网吧管理的部门协调机构。落实部门协调制度的目的是以部门之间的互动去消解部门利益的惰性和弱化部门利益的刚性，特别是要解决在网吧专项治理期间社会动员能力强，在日常管理、事前预防和综合联治时，常态性综合协调能力弱和行政协调机制滞后的问题；解决涉及多部门管理的常态监管事项的协调机制缺失矛盾。

我们用会议沟通制度来规范、健全协调机制，包括健全跨部门合作的领导协调机制、跨部门信息共享机制和跨部门合作的激励机制[2]，解决行政协调能力弱的矛盾。当前主要协调解决的两大矛盾：一是网吧接纳未成年人进入的问题，二是黑网吧屡禁不止的问题。

《现代汉语词典》指出："机制"指的是有机体的构造、功能和相互关系，泛指一个工作系统的组织或部分之间相互作用的过程和方式，如：市场机制、竞争机制等。[3]我们健全和不断完善市网吧工作领导小组的运行机制，就是要加强网吧管理工作的综合性协调机制的建设，通过常态的部门间协调合作机制建设，有效整合各职能部门的行政资源，消除和降低部门在行政权力行使的过程中的冲突，实现目标与措施的统一。

二、分级管理网吧

鉴于专项治理需动用大批人力、物力和不能有效解决网吧各种问题的弊端，加之北京市的网吧数量越来越大，执法人员相对较少的矛盾日益突出，为

[1] 尹光华.不断完善政府的协调机制——行政管理体制改革的重要内容[J].中国行政管理，1994（01）.

[2] 周志忍.大部制：难以承受之重[J].理论参考，2008（05）.

[3] 现代汉语词典[K].北京：商务印书馆，2002：582.

使长效管理落到实处，建议北京市网吧管理借鉴上海市管理模式，实行分级动态管理。

第一，将网吧分为A、B、C三个等级，实行分级监督管理。

网吧分级。A级网吧。在1年之内，未发生任何违规行为，未被市、区两级文化执法机构处罚的网吧，即评定为A级网吧。B级网吧。发生过轻微的违规行为(未按规定核对上网消费者有效身份证件、擅自停止技术监管设备)被市区两级文化执法机构处罚的网吧，即评定为B级网吧。C级网吧。发生情节严重的违规问题(含：两次接纳未成年人或一次接纳3名以上未成年人进入网吧)被市区两级文化执法机构处罚的网吧，评定为C级网吧。

分级监管。制作A、B、C三个等级的统一牌匾，悬挂在网吧的显眼位置，以增加网吧经营者的荣誉感、使命感、责任意识和风险意识。A级网吧减少检查次数和监管强度，一般保持每季检查一次。B级网吧，保持一定检查次数和监管强度，一般每月检查不少于一次。C级网吧，要确保足够的检查次数和监管强度，一般每半月检查不少于一次。

第二，对网吧实行动态管理。每隔两年，对全市各区县网吧进行综合考评，重新评定A级、B级、C级网吧。评选期间和在评定后发生违规问题的A级、B级网吧，可根据违规问题的严重程度，及时降低评定的等级；凡是在一年内未发生违规问题的B级、C级网吧，可晋升为A级网吧。

第三，做好网吧分级管理的评定工作。一是做好计算机监管平台建设，利用技术手段监管网吧市场。按照“文化部文化市场司关于转发上海市网络文化市场计算机监管平台通报——《上海网吧监测》的通知”（文市函［2009］50号）要求，向上海市学习，定期汇总编发《北京市网吧监测统计数据表》，监管平台编制各区（县）服务器在线率、各区（县）客户端安装率、各区（县）计费系统与文化接口配置率、URL(域名)排行统计、网吧报警次数排行表和违规接纳未成年人上网网吧排行表共计6种统计数据。这些数据为执法部门提供了第一手监测数据，完整翔实、内容实用，充分发挥了技术监管作用，提高网吧监管水平。二是市文化局、市文化行政执法总队和市网吧协会共同拟定“网吧分级评定和监管办法”，拟定网吧依法经营的规范程度标准，三方一道对全市网吧进行等级评定。

三、综合治理未成年人进入问题

针对网吧接纳未成年人进入的老大难问题，需要进一步采取综合治理措施，解决这一问题。

第一，解决文化、公安两套网吧实名制登记监管系统同时存在的技术漏洞问题，进一步加强政府技术监管的力度。针对各区县出现的市文化执法总队开发的网吧实名登记系统和市公安局开发的网吧实名登记监管系统同时并存，而网吧只选择其中一套系统登记，从而形成了两套系统虽然都覆盖全市网吧，但都不能对网吧所有上网人员进行有效监控的矛盾，建议市网吧工作领导小组充分调研后，全市各区县统一采用一套技术监管系统使用。

鉴于市公安局的网吧实名登记监管技术系统，兼有利用网吧打击各类违法犯罪分子的控制效果，我们建议统一采用市公安局的技术监管系统。但是，需要协调公安局将监管信息与市文化执法总队共享。

第二，加大对网吧实名制登记制度的管理和违规处罚力度。一是解决上网人员身份证登记存在漏洞的问题。严格按照《条例》（国务院第363号令）《长效机制试点工作方案》要求，网吧要对上网消费者进行“双证”（身份证、上网卡）实名登记，详细登记顾客的姓名、身份证号、机位号、上机/离机时间。对无证和少证的消费者，网吧不能允许其上网；对结伴上网人群，要逐一登记全部上网人员，不能产生遗漏登记的问题。二是解决未成年人使用他人身份证上网问题。这两个问题应是执法检查的重点内容之一。三是加大不遵守网吧实名制登记制度的处罚力度。对分级管理的网吧，若累计3次出现手续不全或遗漏登记现象，或者累计两次出现未成年人使用他人身份证的现象：A级、B级网吧实行降级处理；C级网吧吊销其《网络文化经营许可证》。

第三，加大对网吧接纳未成年人进入的违规处罚力度。一是累计两次接纳未成年人或一次接纳两名以上未成年人的网吧，要责令停业整顿，时间不得少于15天，并处以1万元以上，1.5万元以下罚款。二是累计3次接纳未成年人或一次接纳5名以上未成年人的网吧，坚决吊销《网络文化经营许可证》，并处以1.5万元罚款，当事人5年内不得申请开办网吧。

四、多管齐下打击黑网吧

面对黑网吧屡禁不止的矛盾，相关行政监管部门需要协调配合，采取行政监管、经济手段等综合措施，多管齐下打击黑网吧。

第一，工商、公安和市文化市场行政执法总队密切配合，协调政策，合力打击黑网吧。请市法制办出面，会商工商局、公安局和市文化执法总队，解决黑网吧处理中出现的法律难题。一是以工商局为主，同时赋予公安局和市文化执法总队查处黑网吧的行政执法权，以解决单独执法时无执法权的矛盾。公安和市文化执法总队在执法后要将执法检查情况通报给工商局。工商局汇总掌握全市黑网吧情况，并及时通报给市、区县两级文化执法队查处的全市黑网吧的底案情况。采取这一举措的目的是避免黑网吧虽经多次受到处理后死灰复燃的现象发生。

第二，不断加大严厉打击黑网吧的力度。一是认真贯彻文化部《通知》（文市发[2007]10号）规定。根据《条例》（国务院第363号令）第27条和最高人民检察院、公安部《关于经济犯罪案件追诉标准的规定》第70条的规定，对无照经营网吧的，个人非法经营5万元以上，或违法所得1万元以上；单位非法经营50万元以上，或违法所得10万元以上的，工商行政管理部门要将案件移送公安机关，追究非法经营犯罪嫌疑人的刑事责任，以充分发挥刑事打击手段的作用，实现行政执法与刑事司法的衔接。

二是采取打击黑网吧的综合措施。①对于罚没的黑网吧的电脑等设备采取变卖等手段，变卖后的款项上交国库，不再发还给黑网吧的经营者，此事归工商局管理处置。②对拥有20台以上电脑的黑网吧经营者，将移送公安部门，依法追究其刑事责任。③对为黑网吧提供经营场所的出租业主，要依法进行严惩，并通过签订保证书的形式，要求出租业主不得将出租屋再次租给经营业主用作黑网吧经营场所，一旦发现出租屋业主违反规定的，将请求有关部门吊销其《房屋租赁证》，停止供电服务，并按照《无照经营查处取缔办法》的规定，处以5万元以上50万元以下罚款。请市法制办借鉴广州市等城市的作法，制定更为严厉、合理和合法打击黑网吧的规定。

第三，制定有效的经济政策，用经济手段解决黑网吧问题。一是要进一步解决城市和农村网吧布局不平衡问题。由于网吧城市多农村少分布不均衡，形成了城乡接合部、顺义、平谷、延庆等远郊县黑网吧屡禁不止的现象。我们要考虑在这些地区重新作网吧的总体规划和布局，解决网吧在这些地区偏少的问题。特别是考虑城乡接合部、远郊区（县）外来人口密集区上网需求难的问题。

二是在城乡接合部、远郊区（县），制定网吧市场准入的新标准。我们不能采用市区的“计算机终端不得少于80台，单机使用面积不得少于2.5平方米”的高大全的标准要求农村地区的正规网吧。可以考虑“计算机终端不得少于30台，单机使用面积不得少于2.0平方米”的市场准入标准。

三是在偏远农村地区和城乡接合部地区，以黑网吧被查处的频度为重要依据之一设置新的网吧。网吧总体规划和布局的指标不能仅以每万人口的聚集设置一家网吧为依据。

总之，我们采取的对策就是在远郊区县降低市场准入门槛，用新增正规网吧打击黑网吧的存在，用经济手段和经济竞争的办法，遏止黑网吧的泛滥。市场经济中的问题，很多情况下仅靠行政命令是不行的，还要用经济的办法去解决。特别是按照市场经济规律制定网吧的准入标准更有意义，可以更好地打击黑网吧的存在。这样才能保护和扶持正规网吧的发展，最终达到保护未成年人的目的。

第四，继续研究采用高科技手段跟踪、监测黑网吧。市经信委、通信管理局会同有关科技部门进一步研究黑网吧中一部分利用电脑组成局域网而未接入互联网，只提供局域网游戏服务的问题；同时，进一步研究个人申请的电话宽带上网开办黑网吧的难题，从技术上解决黑网吧利用正常家用宽带上网的有效区别问题；最终切断接入黑网吧的数据信号，从根本上铲除黑网吧生存的土壤。

第五，推广平谷工商分局打击黑网吧的经验。①摸清底数。对辖区内的网吧情况做到户数清、证照清、上网设备清、服务项目清、从业人员清。②强化属地管理。分局与各工商所签订责任书，工商所同各村（居）委会签订责任书，对黑网吧做到早发现、早取缔。③发动群众监督。④组织实施突击检查。特别是在假期和重大节日期间，会同公安、文委等部门加强突击检查、夜查和重点布控。

五、支持网吧产业发展

党的“十七大”及2007年中央两次网络工作会议关于网络文化建设的决定，把网络文化产业放在坚持社会主义先进文化的前进方向，放在巩固马克思主义在意识形态领域的指导地位这样一个战略高度来看待。网吧是互联网的应用终端，是网络信息和网络文化传播的重要途径，是文化创意产业的应用平台。加速网吧产业的发展，可以加快我国信息化现代化建设的步伐，缩小我国的信息技术应用水平与先进国家的差距，体现了社会主义的核心价值观和发展社会主义先进文化前进方向的重要内容。因此，我们应采取综合措施扶持网吧产业的发展。

第一，建立“网吧动态总量布局规划”机制。建立“网吧动态总量布局规划”，不但要把每万人设置一个网吧的人口聚集指标作为规划的主要依据，还要考虑本区域的实际网吧发展情况（本区域以“电脑培训学校”“电子竞技俱乐部”等各种形式出现的网吧越多，表明对网吧的需求量越大），特别要考虑常驻和流动外来人口中网吧网民对上网的实际需求，考虑网吧牌照申请情况，考虑网吧牌照高价倒买倒卖等综合情况，我们才能得出本地区的网吧需求总量，据此作出网吧的布局规划。这样才能真正打破网吧布局不平衡和供不应求的局面；打破城乡分布不合理的局面。

第二，实施“适当放宽进入、从严掌握退出”的网吧产业市场准入和市场退出政策。这既是建立“网吧动态总量布局规划”机制的体现，也是为网吧产业的发展提供宽松、有利的发展环境。一方面我们要设置市场准入的高门槛（但是，在远郊区县我们要降低市场准入的门槛），另一方面我们不能关上市场准入的大门，要满足人民群众特别是外来流动人口的上网需求；要满足中小企业的创业投资需求；要满足人民群众的就业需求。

第三，实施“不间断的、有退出就有进入”的适度开放的网吧市场准入政策，最低实行“退一进一”政策。最低的市场准入政策是被吊销1家网络文化经营许可证即新批1家网吧。较高的市场准入政策是网吧牌照的发放和管理要向着市场有需求、有序竞争的理想标准看齐。我们不间断网吧牌照发放的目的有如下几点。

一是用新增正规网吧打击黑网吧。这是解决、特别是解决农村地区黑网吧屡禁不止的问题最有效、最根本、最彻底的办法和途径。

二是政府由管制型政府向服务型政府转变。政府寓管理于服务之中，更好地为企业和社会公众服务。就是要达到市场追求效率，政府追求公平的双重目标。双重目标就是网吧产业既要充满了发展的活力，又不能损害未成年人健康成长的环境，保护他们的权益。

三是政府网吧的管制政策要适应市场经济的规律和特点。企业是市场经济的主体，市场在资源配置时发挥着重要的作用，政府管制的主要职能是市场监管和建立良好的市场经济秩序。这样就需要政府从直接管制微观市场转变为间接调控宏观市场。

四是促使政府管制规则超越了特殊利益集团的需求，防止产业垄断局面出现。这就给所有的企业以平等发展的机会，并创造了良好的发展氛围，给企业营造了一个充满了经济活力的发展环境，企业就可以向着可持续发展的路子走下去。这就彻底杜绝了倒买倒卖网吧牌照的现象。

五是提高网吧产业的整体经营规模和经营水平。不认为设置封闭的网吧市场，就为产业的整体经营规模和整体发展水平的提高创造了条件，进而提高网络文化产业的整体经济实力。

政府的网吧产业发展和管制政策站在更高的位置，以更广阔的视野监管网吧产业的发展，适度开放网吧市场又不放任网吧盲目发展，在适度开放网吧市场的同时，制定、执行更为严格的营业管制、市场退出标准，这就使“适当放宽进入、从严掌握退出”的产业市场准入和市场退出政策得到了确确实实的贯彻执行。

第四，制定发展连锁网吧的实质性的产业政策，真正使网吧产业向规模化、连锁化、主题化和品牌化的方向发展。

一是落实文化部的新规定。在新增连锁网吧时，要落实文化部《网吧连锁企业认定管理办法》（文市发[2009]35号）。文件规定，只有全资或控股的直营门店才是连锁企业；注册资金不少于1000万元，直营门店数在本行政区域内不少于5家。

二是研究出台优惠和扶植政策。对于新设立的网吧连锁企业或公司在用电手续变更、增容设施费用、网络使用费、营业税、设置财政贷款及网吧连锁经营贷款垫息等方面实行费用减免或政策优惠。

第五，为网吧减负创造条件。针对网吧产业盈利能力连年下降的尖锐矛盾及各种问题，政府应为企业减负创造条件。

一是政府买单技术监督设备费用。①安装使用信息安全审计系统，对通过网吧的互联网信息进行实时审计，过滤网上有害信息的设备费用；②安装使用身份认证系统的设备费用；③安装使用远程视频监控系统的设备费用；④以上三种设备的更新费用。这几项费用均由市、区（县）两级政府财政付费买单。只有这样，网吧违规接受重罚才能心甘情愿。

二是政府买单网吧从业者的安全培训费用。这块费用弹性系数较大，也是多数网吧认为最具争议的费用。这块费用由政府买单，请审计部门审计经费使用情况，可以更好地降低成本、节省培训费用开支。

三是政府出面降低网吧企业的赋税。针对网吧赋税过高、税务部门在网吧盈利水平连年下降征收乏力或者无税可征的实际情况，请市网吧工作领导小组出面，商发改委、税务局研究降低网吧税收问题。

将网吧的税种由“娱乐业”调整为“现代服务业”，降低营业税税率标准，由原来的20%调整为5%，或将网吧营业税按每台终端8元～10元的标准定额稽征。

第六，政府为网吧增收创造条件。请市网吧领导工作小组商发改委、文化局、文明办等部门出面协调工商局，给予网吧多种经营的权利，允许网吧经营者开展多元化经营，拓展网吧的服务功能。最主要的是开展增值服务和业务，包括报刊零售、宽带视频点播业务、网上票务代理、物流配送及延伸产品的销售等。在此基础上又不断尝试多元化经营思路，拓宽经营业务的渠道，以不断增加网吧的经济收入来源。

第七，树立正面、优秀网吧的典型，适当报道宣传。一是在已评选的网吧之星的基础上再遴选出一些优秀的遵纪守法、多种经营业务开展得好网吧加以报道宣传，使多数网吧把它作为学习的榜样，趋之、聚之、敬之、仰之。二是改善网吧与媒体和社会公众的关系以利网吧产业更好地发展。三是请评选出的优秀网吧参与一些公益活动，如让老年人免费学习电脑和上网，增加网吧的凝聚力。

六、扶持网吧协会壮大

针对网吧协会还没有走出困境的局面，提出以下建议。

第一，将市网吧协会重新划归市文化局直属管理。请市网吧领导小组出面，商市编办、市社区办和市文化局将市网吧协会重新划归市文化局直属，过渡8年～10年，待网吧协会羽翼丰满再回归市社区办管辖。原因有以下几点。

一是目前亟待市网吧协会开展大量的工作。比如：网吧的分级管理工作和网吧的维权工作，这些都需要协会深入开展去做。目前，协会自身生存困难，根本无力开展这些工作。如果协会重新回归文化局管辖，借助政府部门的公信力、财力、物力和人力保障，这些工作可以马上恢复并迅速开展起来。

二是政府多达17个部门参与管理网吧，还有更为简洁的办法是加强网吧协会建设。韩国的经验可以借鉴。韩国政府从财政、治安、网络安全等部门中抽出了相关的管理人员，设立了综合的网吧专门管理机构，解决网吧可能出现的各种问题。这个专门的机构掌握着全国网吧的所有的资料，所有的网吧必须服从这个机构的管理。借鉴韩国的经验，我们加强网吧协会的建设，多个部门“管不好、不好管和不管好”的事情由网吧协会管理，可以起到事半功倍的效果。因为，协会是政府和网吧的桥梁和纽带，协会的主要领导成员是网吧群体的代表，加强协会的建设，拉近了政府和网吧的距离。

三是一个强有力的网吧协会对政府部门有诸多的好处。协会作为政府的桥梁和纽带，可以帮助政府做许多事情，其一，引导网吧遵守政府的各项规定，由协会出面协调网吧与政府各主管部门、网吧与电信运营商、网吧与社会公众的关系。其二，维护网吧经营者的基本利益，协调网吧之间，网吧和社会公众之间的利益关系；在保障网吧遵守政府各相关部门的规定的前提下，积极与相关部门协调、沟通，为网吧产业的发展提供更大空间。其三，协会利用自身专业性强和网吧经营者联系紧密的优势，努力与职能部门配合，进一步加强网吧产业监管力度，规范其经营和管理。其四，积极引导网吧连锁经营企业提高经营管理水平，加强企业文化建设。其五，做好网吧专业技术人员培训工作，比如推行网吧管理人员、技术人员和服务人员岗前培训和持证上岗制度、上岗备案制度后，就可以由协会出面搞培训工作，以提高网吧从业人员素质，使网吧的诚信形象得以提高，从而推动网吧事业健康、有序的发展。

我们的一些政府工作还可以交给网吧产业协会完成，给网吧产业协会赋予一些新的职能。比如，在制定产业发展规划和产业发展政策方面，网吧协会可以提出针对性很强的政策建议；在辅助管理职能方面，政府还可以赋予网吧产业协会一部分政府的管理职能，如在投融资、担保、设备采购、财税、人才队伍建设、基本建设、社会保障等方面参与政策的制定和管理工作。网吧产业协会的职能增加后，加强了产业凝聚力，提高了与产业链上游企业的讨价还价的能力。

四是网吧协会回归市文化局管辖有条件办到。近年来，北京市正在争取城市管理实验区改革试点城市，我们借助相关的优惠政策可以将协会重新划归文化局管辖。

第二，大力扶植和推进网吧产业协会建设，政府建立长期购买产业协会固定性服务机制，给以协会资金支持。让网吧协会划归文化局直管的目的是加大政府支持的力度，为产业协会发挥作用创造条件。但是，如果没有划归成功，更需要政府进一步给予协会支持，为网吧协会的组织建设提供强有力的政策依据和资金保障。

协会的有效运行机制是通过组织再造的制度性安排，充分发挥自身的功能，使会员企业之间建立有机的联系，确保产业的有序发展，规避风险，实现利益最大化。因此，政府加强协会的组织建设非常重要。

政府给予协会资金支持的形式是建立长期购买产业协会固定性服务机制。按照“政府提供资金，定项委托工作，实施合同管理，监督评估兑现”的原则，请产业协会协助政府开展产业统计分析、预测预警、信息发布、撰写年度发展报告以及有关产业管理等工作，按照等价交换的市场经济规则支付相应的费用，所需资金纳入财政预算管理。这项举措为产业协会的生存奠定了经济基础。

第三，政府要搭建与网吧协会沟通和交流的对话平台。对话的运行方式是采用定期的会议、听证会等多种组织形式。在这个交流平台上，产业协会按照《加快协会改革意见》的要求——“深入开展产业调查研究，积极向政府及其部门反映产业、会员诉求，提出产业发展和立法等方面的意见和建议，积极参与相关法律法规、宏观调控和产业政策的研究、制定，参与制订修订产业标准和产业发展规划、产业准入条件，完善产业管理，促进产业发展。”

在这个交流平台上，对于网吧产业协会提出的合理诉求和问题，政府管理部门要提出具体的措施加以解决。这些解决问题的措施和办法就是制定新的政策的重要依据。

在这个交流平台上，政府部门和产业协会的交流与互动，要完成政府的一部分职能向产业协会的转化。这种权利转化就是政府“还权”“放权”的一个过程。这种权利转化就是把政府下大力量不好做、做不好、不做好的事情交给协会去做。政府把可以由产业协会履行的职能让渡给产业协会，将适宜产业协会行使的产业管理、组织协调、社会服务等职能，通过授权委托方式，转让给产业协会行使。对话和交流平台的建立就形成了新型的政府网吧管理体制。

这种制度安排的本质含义，徐家良解释为是一种权力让渡。徐家良指出：“把本来属于政府所独享的权力，交由相关的社会组织和公民行使，通过分享的方式，使公民接受政府的权威，提供给政府相关的信息，参与政府决策方案的分析，支持政府的决策，配合政府管理。”[1]

这种权利让渡也是一种权利约束。徐家良指出：政府通过“体制吸纳问题”的关系模式，限定自身的权力边界，使权力无限扩散的趋势得到抑制，一定程度上减少了权力滥用所造成的不良后果。[2]

[1] 徐家良.新组织形态与关系模式的创建—体制吸纳问题探讨.北京大学学报：哲学社会科学版，2008，(5).

[2] 徐家良.新组织形态与关系模式的创建—体制吸纳问题探讨.北京大学学报：哲学社会科学版，2008，(5).

第二篇

网吧产业发展研究

第四章　网吧产业发展概述

网吧产业是互联网经济发展后增长最快的经济产业。它不但是互联网的应用终端，对互联网的普及和信息产业的发展起到了极大的促进作用，而且对国民经济的发展作出了积极贡献，产业地位应该得到确认，产业发展应该得到重视。

第一节　网吧产业的贡献

一、产业地位

从1994年至今网吧发展近20年的历史。笔者在概述网吧已经形成产业的理由前，有必要引出“产业”的概念。不同学科对“产业”有不同的解释。法学的“产业”指不动产，如私有的土地、房屋、工厂等财产。古典经济学的“产业”指“物质生产部门”。现代经济学的“产业”指“国民经济各行各业”，包括生产部门，流通部门，服务行业，文化教育等。不同学科的“产业”有不同的含义说明，“产业”概念没有正误之分。

我们把网吧称为产业还是行业，这是一个不能忽视的问题。不但在学术层面探讨上有积极的意义，在实践上也有深远的指导作用。芮明杰认为：“产业”是具有某些相同特征的企业集合。或者说是具有相同生产技术或产品特征的集合。[1]这是狭义的产业，即从事生产、经营活动，计量投入与产出之比，以盈利为目的的，达到一定规模的，具有相联和相关性的企业集合。“产业”是介于微观经济组织和宏观经济组织的集合。它既是具有某种同一属性的企业

[1]　芮明杰.产业经济学[M].上海：上海财经大学出版社，2005.

集合，又是国民经济的某一标准划分的部分。这是广义的产业，是国民经济中的各行各业，包括工业、农业、商业、金融业、服务业等。

2003年，国家统计局在《三次产业划分规定》（国统字[2003]14号）的通知中，将网吧产业归入第三产业中的“信息传输、计算机服务和软件业”类别中的“计算机服务业”。这种划分明确了网吧产业归属于信息产业中，网吧第一次在信息产业中有了产业地位。

2012年，国家统计局为了落实党的十七届五中全会提出推动文化产业成为国民经济支柱性产业的战略目标，落实党的十七届六中全会进一步强调推动文化产业跨越式发展，使之成为新的增长点、经济结构战略性调整的重要支点、转变经济发展方式的重要着力点的要求，制定了《文化及相关产业分类(2012)》。这一分类将网吧产业归入第一部分 “文化产品的生产”之“ 六、文化休闲娱乐服务”的“（二）娱乐休闲服务”中的“网吧活动”，国民经济行业代码为8913。这次产业分类将网吧从原“计算机服务业”归入了“娱乐休闲服务”业中。这种划分更强调了网吧的休闲娱乐功能，取代了计算机产业的服务功能。这种划分是否科学、是否妥当，值得商榷。

笔者认为，网吧产业在市场经济中是不同于其他类型的一类产业。它是一种特殊的以信息传播介质（互联网）为经营手段的网络信息传播的终端应用产业，它既是一个有形的产业，也是一个有别于有形市场企业的特殊的信息管理产业。它除了与市场经济密切相关外，更与国家的信息产业化、国家的网络文化产业的有序发展和未成年人的健康成长密切相关。从这一角度来看，将网吧划归娱乐类不妥。在网吧管理的实践中，政府相关部门特别是公安部门的管理，不但负责网吧的消防、治安，而且将有害网络信息的传播也列入了自己的重要职责，仅从这一点看，将网吧列入娱乐类别就大为不妥。

笔者建议文化部有关部门会商国家统计局最终审定文化产业分类统计工作时，有必要重新划分网吧产业的归属类别。网吧的统计工作，在产业结构调整后须进一步修订。尽管网吧产业的统计有瑕疵，但有一点是可以肯定的，网吧作为产业的地位是被国家统计局进一步确定下来的。

从理论上说，作为一个成型产业必须具备三个条件：一是从事生产或服务于生产；二是可形成价格，即必须是经营活动；三是有投入产出关系，可产生经济效益。我们说网吧的产业地位已经形成是它具备了上述的三个条件。网吧产业已经形成了带有经济目的的服务性，具有规模效应的生产服务群体，这就构成了成型产业在理论上所要求的标准。网吧产业地位的确定，是网吧业内各界人士努力奋斗了近20年的结果，是每年几百亿产值、十几万家网吧、上千万台计算机设备（且两三年更新设备）、百十万就业人口等这些真金白银直接的经济效益换来的统计户口簿，我们姑且不计算上下游相关产业的间接经济贡献。

在统计分类中，行业与产业在英语中都称“industry”；但是，笔者依然认为产业与行业还是有着很大的区别的。产业中包括着一系列的相关行业，我们说网吧产业，其中涉及了网吧房地产行业、网吧计算机设备行业、网吧游戏行业、网吧餐饮行业等。网吧产业是网吧各行业在社会生产力布局中发挥不同作用的统一称谓，有宏观领域及生产力布局的含义。行业仅是反映了劳动者、劳动对象、劳动资料这三个生产力要素的不同排列组合为特征的各类经济活动，具有经济活动的技术特点。行业的经济领域与范围相对狭窄。例如在一般性的服务业领域内，有修脚行业、剃头行业（这里没有贬义更没有鄙视这两个行业的意思，这是我们不可或缺的两个行业）；但是，这两个行当上升不到产业的地位。所以，我们说网吧行业应该称网吧产业更为适宜。

二、经济贡献

我国网吧发展的实际状况也说明了网吧产业的地位已经形成。首先，从网吧发展到第10个年头2006年的统计数据看。据《中国网吧、网络游戏调查报告》（以下简称《调查报告》）指出：网吧产业是近年来我国互联网经济中新的增长点，到2006年底达到12万家，注册资金为262亿元，拥有各类计算机设备1000万台，接纳各类就业人员110万人，年产值约为256.8亿元。[1]这些电脑设备平均每两年更新一次，对硬件制造、软件开发、物业等产业具有显著的拉动效应。按照国家统计局1：7的比例计算周边行业贡献的统计方法，网吧产业每年为相关产业带来的间接经济收入约1800亿元。

其次，从网吧产业发展到2009年的统计数据看。文化部发布的《2009年中国网吧市场年度报告》（以下简称《年度报告》）指出：截至2009年底，全国网吧总量达到13.8万家，全国网吧电脑终端总量约128万台。网吧产业总产

[1]　文化部，财政部.中国网吧、网络游戏调查报告[R],北京，研究课题报告，2008.

值已达886亿元人民币。全国13.8万家网吧直接就业人员58万人。[1]《年度报告》指出：网吧人力需求仍然旺盛，其中以网吧普通服务人员的缺口最为突出。网吧对相关产业的经济贡献，以平均每台电脑价格3500元计算，2009年网吧为电脑终端厂商带来的产值增加额达到近45亿元。电信运营商为网吧提供基础的互联网接入服务，由于网吧带宽利用率高，业务量大，网吧尤其是连锁网吧已经成为拉动电信带宽需求的重要领域。2009年，全国网吧互联网接入支出大约为20亿元。

最后，网吧产业的赋税贡献。据《中国文化文物统计年鉴》（2002－2007年）提供的数据资料显示，从2001年－2006年，网吧产业缴纳的税收从2001年的1.05亿元上升到2006年的12.8亿元。这里还没有统计近些年来的税收数据。但是，有一点是可以肯定的，网吧的赋税是很高的。2003年，财政部、国家税务总局印发的《关于营业税若干政策问题的通知》（财税［2003］16号）规定：单位和个人开办“网吧”取得的营业收入，按“娱乐业”税目（20%的税率）征收营业税。网吧还要按照营业收入的3%缴纳文化事业建设费，缴纳7%的城建税、2%的教育费附加费；仅营业税、城建税、教育费附加费、文化事业建设费四项税费就达25%；再加上核定征收企业所得税，总体赋税高达35%。除网吧业内人士、相关政府管理人员对这一点有共识以外，税务部门的人员都不否认这一点。

从《调查报告》《年度报告》《文化统计年鉴》可以得出这样几点结论。一是网吧经过近20年的发展已经形成了一个独立的产业形态。二是网吧产业的总产值是在稳步增长的，2009年较2006年增长了2.45倍，尽管没有扣除物价指数上涨因素，但这里也没有增加统计数据不全面、不完整的因素，一些真正的账面产值并没有计算进来。因此，一减一加，大体说总产值指标能够反映出网吧产业的规模是在不断发展和扩大的。三是网吧为我国的税收增长和财政收入的增加作出了积极的贡献。四是网吧产业吸纳了大量人员就业，缓解了我国就业形势严峻的矛盾。五是网吧产业带动了相关产业的发展，其间接经济效益我们也不能忽视。网吧是互联网产业的终端用户，在贡献总产值拉动经济增长的同时，网吧产业链带动了电信、电脑设备、软件系统、餐饮、游戏、电子竞技

[1]　文化部.2009年中国网吧市场年度报告[EB/OL].http://news.xinhuanet. com/eword/2010-06/09/C-12198838.htm.

等一系列相关产业的发展。网吧成为互联网企业关注的重点领域。

改革开放30年来，如果说农村实行包产到户，是我国亿万农民的伟大创举的话；也可以说，在我国的城市中，近20年来，以市民为主创造的新兴的、民营的网吧产业，也为我国的经济发展作出了独特的贡献。

美国经济学家汤普逊指出：“市场经济最重要的特征是，经济资源和生产资料私人所有制，个人选择自由，竞争，利润动机，以及市场需求和供给条件所决定的价格。”[1]在网吧产业发展的近20年历程中，可以清晰地看到这样一个发展轨迹，市场经济的“看不见的手”，以撩人的追求财富欲望的经济机制，指挥着、调动了网吧产业“经济人”追逐利润的无限动力去发展各种网吧业态。在这些年间，他们驰骋大江南北，横贯辽阔疆域东西，从繁华的大都市到乡村僻壤建设了纷繁复杂的各式网吧；在为实现自身的最大化的利益的目标的同时，也在为我国的网络文化产业的发展做着奠基性和开创性的工作。

三、社会贡献

第一，网吧产业的发展促进了信息产业的发展。网吧产业不同于一般的服务性产业。网吧企业在市场经济中是不同于其他类型的一类企业。它是一种特殊的以信息传播介质（互联网）为经营手段的网络信息传播的终端应用企业，它既是一个有形的企业，也是一个有别于有形市场企业的特殊的信息管理企业。因此，网吧产业的发展促进了我国信息产业的发展。

加快信息化进程是世界各国的共同选择。我国高度重视信息产业的发展，并将其列入了国家支柱产业，把信息化提高到国家经济发展战略的高度，做出了以信息化带动工业化，以工业化促进信息化，走新型工业化道路的战略部署。网吧作为信息产业的应用终端，在推动信息产业现代化方面发挥着独特的作用，特别是在“坚持优先抓好信息技术的普及教育，提高国民信息技术应用技能”方面的推动作用显著，具体表现：

一是为信息产业培养了一大批懂电脑、懂网络的初级技术人才，为国家电子政务的培训、推广、认知、参与和使用打下了良好的社会基础。二是网吧产

[1]　汤普逊. 市场经济的特点[EB/OL]. http：//zhidao.baidu.com/link?url=6kpwu5bNYqPqPCOteo3B4tjeUY3ABd7enKTYc7W0jrLvTzZWhwHQsApMgtYwB8uXRJ9—FrpBYa—o0YY9gxgyJq.

业的发展，促进了网络融合，实现了资源优化配置和信息共享。发挥了市场机制配置资源的基础性作用，探索了成本低、实效好的信息化发展模式。营造了人民大众用得上、用得起、用得好的信息化发展环境。

2010年6月，中国互联网信息中心（CNNIC）发布了第26次《中国互联网络发展状况统计报告》（以下简称《报告》），2008年1月第21次—2009年7月第24次《报告》的统计数据显示，2007年—2009年连续3年的时间里，网吧成为网民上网的第二大场所。2009年6月第24次《报告》指出：我国网民3.38亿人，在网吧上网的比例超过1/3（35.5%），网吧网民达到了1.20亿人。网吧超过工作单位成为网民上网的第二大场所。第26次《报告》的统计数据显示，截至2010年6月，在网吧上网网民的比例为33.6%，虽然较2009年的比例有所下降，但是，因总网民达到了4.2亿人，在网吧上网的网民数量却有所上升，达到了1.4亿人，较2009年增加了2000万人。这一庞大的网吧上网人群，说明了网吧在我国人民经济生活中的广泛性、普遍性和重要性。正如《年度报告》所指出：网吧以市场的方式，缩小了城乡信息化差距，填补了数字鸿沟，弥补了信息服务中公共投入的不足。网吧为社会公众提供了便捷的新闻浏览、查阅资料、游戏娱乐、沟通交流等互联网应用服务。

就像国家投入巨资修建了无处不在的高等级公路及其附属的加油站和车站设施一样，网吧产业以民营资本的绵薄之力，修筑了无处不在的信息高速公路的“汽车站”，为我国的信息化建设和互联网经济的发展，做了开创性的基础工作。网吧产业产生的巨大社会效益是我们不能忽略不计的。正如傅才武指出：“网吧具有连接个人与社会、传统与现代的超凡能力，在现代信息传播、资讯普及方面具有传统媒体无法比拟的优势。”[1]

第二，　网吧产业的发展有利于加快国家民主化建设的进程。网吧是了解舆情、沟通民意的重要载体，网吧网民绝大多数是流动人口、在校大学生和农民工阶层等低收入人群。网吧不仅是他们活动的文化场所，还是他们发表舆论的渠道和载体。正如左春和在《网吧与民主》一文中指出：“以网吧为载体的互联网迅速成为了民意表达的主要渠道，利用互联网形成的民主氛围正是民众在参与民主建设的过程。所以，网络民主是极其重要的，也是极其珍贵的。在

[1]　傅才武.网吧作为网络文化载体的形态，特征和功能[J].华中师范大学学报（人文社会科学版），2007（1）：117-123.

民主建设的终极意义上，底层网民通过网络实现了表达的自由，让所有诉求进行淋漓尽致发挥的过程正好是完善了民主机制的过程。为此，网吧充当了网络的重要通道，事实上看网吧也正是底层网民利益表达的绿色通道。”[1]

左春和进一步指出：“网吧深入而广泛地参与了中国的民主化建设，客观上推进了民主进程，扩大了更多的人群的民主政治参与。网吧已不仅仅是一个个势单力薄的经营个体，而是分散在社会各个角落，延伸到城乡四面八方的民主建设的桥头堡。”笔者十分认同左先生的文章的观点。他把网吧的社会价值（社会效益）和民主的关系说得非常透彻和淋漓尽致。我的理解和诠释是，在我国民主化建设的进程中，特别是在公民社会的建立和公民参与的民主化进程中，网吧起着一个特别突出的、非常重要的作用。网吧产业的特殊性以及由此产生的巨大的正社会效益是我们不能否认的。

第三，网吧产业是网络文化的载体和网络文化的消费终端，在推动网络文化产业的发展上起着重要的作用。我们不能否认这样一个事实，网吧是网络文化产业的重要组成部分和网络文化创意产业的发展平台。这两者是可以良性互动、密不可分的。

我们同样不否认这样一个事实，网吧是数字娱乐业、网络教育、电子商务和网络游戏竞技的重要载体。网吧经营者在遵守国家相关法律的前提下，开展信息服务、远程教育、电子政务、电子商务等项业务服务，不但会拓宽网吧的服务领域、提高网吧的增值服务水平、增加网吧产业自身的经济效益，更重要的是网吧产业的发展必然会带动和促进网络文化产业的发展。从网络文化产业到网吧产业的发展，是互联网在传递速度、空间拓展和普及应用等方面取得极大发展的必然结果。网络技术的开发、网络文化的传播与网吧产业的应用息息相关。网吧产业的发展得益于网络文化产业的发展，同时，也推动了网络文化产业向纵深迈进。

四、发展意义

2008年在国际金融危机对我国经济的严重冲击的形势下，网吧产业也受到了严重的影响。从一般发展规律看，当经济出现停滞和衰退时，建立于并依附

[1]　左春和.网吧与文化[M].呼和浩特：内蒙古人民出版社，2010.

于第二产业基础之上的第三产业必然要最先受到破坏和影响。网吧业的产业地位从属于和依附于第二产业的特征更加突出，是建立在第二产业发展尤其是工业发展基础上的。没有第二产业的充分发展，　网吧产业的发展就失去了物质基础、服务领域和发展空间。探根寻源，无论经济繁荣还是衰退，我们应该站在一个什么样的高度上看待网吧产业的发展问题？这涉及我们今后制定什么样的网吧产业政策和目标。答案是我们应该站在时代的高度上看待网吧产业的发展问题。

我们究竟处在什么时代？林炎志判断：我们处在国际垄断资本主义时代，他指出：当今世界，在政治领域、经济领域、军事文化领域，主导者确实是国际垄断资本主义，用国际垄断资本主义命名我们这个时代应该是客观的。国际垄断资本主义的具体形式——跨国公司，已不完全是经济组织(只有在资本主义的中小企业才像是一种纯经济组织，才仅仅是靠竞争取胜的)　，它有一部分利润是来自超经济手段的，是通过政治斗争得来的，这也是我们以国际垄断资本主义来对时代性质进行定义的理由。[1]

在国际垄断资本主义时代，所谓的全球的一体化，本质上是国际垄断资本主义的国际垄断资本联合，在加紧对包括中国在内的发展中国家的资源掠夺，并且在国际贸易中采用各种技术性壁垒阻碍我们的产品出口，削弱我们的国际竞争力。国际金融危机的爆发，本质上是在国际垄断资本市场中，虚拟资本的投机性空前膨胀产生的恶果。我们现在采取的所有经济措施，都是在遏制这种恶果对我们国家金融产业和实体经济（指国民经济的支柱产业）造成的伤害。但是，我们还不能确认国家及其主管部门在遏制这种恶果对网吧产业造成的伤害。

在国际垄断资本主义时代，国际垄断资本对我们采取技术封锁，阻碍我们的信息现代化发展步伐。《2006—2020年国家信息化发展战略》（中办发［2006］11号），针对我国信息产业现代化的第五个问题时指出：“数字鸿沟有所扩大。信息技术应用水平与先进国家相比存在较大差距。国内不同地区、不同领域、不同群体的信息技术应用水平和网络普及程度很不平衡，城乡、区域和产业的差距有扩大趋势，成为影响协调发展的新因素。”[2]

我们应该站在时代的高度看待网吧产业的发展问题。网吧是互联网的应用

[1]　林炎志.没有个人功利的追求[M].郑州：河南人民出版社，2006.

[2]　中共中央办公厅，国务院办公厅.　2006—2020年国家信息化发展战略[EB/OL].http：//www.gov.cn/test/2009—09/24/content_1425447.htm

终端，是网络信息和网络文化传播的重要途径，是文化创意产业的应用平台。加速网吧产业的发展，可以加快我国信息化现代化建设的步伐：缩小我国的信息技术应用水平与先进国家的差距；促进国内不同地区、不同领域、不同群体的信息技术应用水平和网络普及程度；使城乡、区域和产业的差距进一步缩小。网吧产业是我国信息产业协调发展的新的、积极的、促进因素。

我们应该站在时代的高度看待网吧产业的发展问题。网吧产业的发展涉及意识形态领域的斗争。西方时时地观察着中国的变化，尤其在互联网时代。美国《纽约时报》披露，为加强控制媒体，美国将花大价钱在全球控制舆论。就是《纽约时报》，登载了一张漫画，画了几台计算机、几条光缆穿过长城，进入中国大地。光缆像树根一样把中国覆盖了，表明了互联网的渗透。美国前国务卿奥尔布赖特曾说："中国不会拒绝互联网这种技术，因为它要现代化。这是我们的可乘之机。我们要利用互联网把美国的价值观送到中国去。"[1]坚持党在意识形态领域的领导，特别是在网吧产业的建设和发展中开展这项工作有突出重要的意义。国家应该最终出台网吧产业政策，扶持和发展网吧产业。

扶持和发展网吧产业是政府的责任，是网吧产业协会的责任，也是网吧企业的责任。这也更是一项历史责任，因为我们要向历史证明，社会主义的市场经济体制比资本主义的市场经济体制有更多的优越性。社会主义的网络文化产业、网吧产业比资本主义发展得更快、更好、更高、更强。

第二节 经营企业化研究

我国的网吧产业发展面临着非常复杂的经营环境。网吧一方面不能接待未成年人进入，要严格遵守国家的相关规定；一方面黑网吧的泛滥又干扰着正规网吧的正常经营秩序。例如，2007年2月15日，文化部等14部委下发的《通知》（文市发[2007]10号《通知》）规定："对2004年10月18日以来第2次接纳未成年人的网吧，依法责令停业整顿不少于15天并处罚款；第3次接纳未成年人的网吧，依法吊销《网络文化经营许可证》。"为了贯彻了新修订的《未成年人保护法》有关网吧不得允许未成年人进入的法规精神，《通知》与以往

[1] 中国是世界上网民言论空间最宽松的国家.环球视野.[EB/OL].http://www.globalview.cn/ReadNews.asp?NewsID=6864.

相关文件比较，提出了更严厉更细化更周全更明确的惩戒规定。

网吧是生存还是死亡？《通知》对网吧企业经营者的经营素质和经营管理水平提出了相当高的要求，这是一个很严峻的挑战，面对着生死存亡的选择和挑战。网吧必须走企业化的经营之路才能生存和发展下去。就是走由CEO领导的现代企业经营之路。

一、什么是现代企业经营之路

1. 什么是CEO

CEO(Chief Executive Officer)首席执行官（也称行政总裁、总经理或最高执行长官）是在企业中负责日常事务的最高行政官员。在成熟的市场经济条件下，现代企业制度的法人治理结构由股东大会、董事会和高层经理人员三个部分组成。其中，高层经理人员受聘于董事会，在董事会授权范围内，拥有对公司事务的管理权和代理权，负责处理公司的日常经营事务。高层经理人员的总经理（负责人）就是首席执行官（CEO）。

CEO的主要职责是：执行董事会的决议；主持公司的日常业务活动；经董事会授权，对外签订合同或处理业务；任免经理人员；定期向董事会报告业务情况，并提交年度报告。此外，CEO还要营造一种促使员工愿意为企业服务的企业文化氛围，把企业的整体形象展示和推销出去。我国的很多成功企业都实行了首席执行官制度（尽管这一制度与国外的CEO企业制度在产权制度、治理结构以及企业文化等方面还存在着很大的差距，但我们毕竟迈出了企业现代化的经营步伐）。

2. 什么是现代企业制度

中共党的十四届三中全会把现代企业制度概括为“产权清晰，权责明确，政企分开，管理科学”16个字，其基本特征是：（1）产权关系清晰。就是要用法律来界定出资者和企业之间的关系，即产权关系，也就是财产的最终所有权属于谁，财产的法人所有权属于谁，所有权代表人是谁，并明确各自的权利、义务和责任，建立准确反映产权关系的财务会计制度。(2)法人制度健全。法人制度的核心是法人财产制度，法人财产制度的核心是确立企业法人财产权，企业法人拥有全部法人财产权，依法独立享有民事权利，以全部的法人财产，独立承担民事责任，依法维护所有者权益，实现企业财产不断增值。(3)政企职责分开。一是把社会经济管理职能和国有资产所有权职能分开，确立国有资产产权主体，形成国有资产管理和经营的合理形式。二是把政府行政管理职能和企业经营管理职能分开。政府通过政策法规和经济手段等宏观措施调控市场，不直接参与企业的生产经营活动，企业承担的社会职能分别由政府和社会组织承担。(4)经营机制灵活。企业通向市场，按照国内和国际市场需求组织生产和经营，各类企业在市场中平等竞争、优胜劣汰，因此，企业的产权必须是可以流动的并且能通过市场流动。(5)管理科学规范。一是建立科学的组织管理制度。二是建立科学的内部管理制度。三是建立企业规章，使运行机制规范化。

3. 为什么请CEO领导现代企业

现代企业制度的核心是企业领导人的确立（从理论上还有一种说法是消费者构成市场的核心，因此消费者也是现代企业的核心）。CEO是企业领导人与职业经理人两种身份的合一，是对传统公司治理结构的改革。CEO是在公司法人治理结构已建立并运转成熟的基础上出现的。CEO虽不是企业的出资人（在小型企业中，CEO也是企业的出资人），但却对重大决策有拍板权。CEO的设立体现了以人为本和为人力资本合理定价的思想。在成熟的市场环境下，企业家人力资本必然会找到自己的合理价位。人力资本作为一种制度安排进入企业之后，除了获得工资之外，还可以获得产权回报，这引发了企业产权制度的巨大变革。

一个合格的或者优秀的CEO应该具有很多的管理现代企业的优秀品质，各种教科书里多有论述，笔者想借用柳传志的说法给予归纳，柳传志[1]说：做一个好的总裁要做到哪些呢？第一，总裁要明白自己的企业里的事是个什么事；第二，总裁要明白什么样的人能做什么样的事，他应该出现在什么位置上，他具有什么样的特点；第三，你手里边的人是个什么状况，他们和你想要的状况肯定不一样，你必须得明白公司内的关键人员的特性；第四，你用什么样的方法来使用自己手里的人，或者去发现更好的人才。把这几点做好了，总裁就当好了。[2]柳传志说得不错，了解自己和企业，了解和用好企业员工，这是一个

[1] 柳传志.我怎样当总裁[EB/OL]. http://doc.mbalib.com/view/f0adc8638b3922e2de490672de60e079.html

[2] 柳传志.我怎样当总裁[EB/OL]. http://doc.mbalib.com/view/f0adc8638b3922e2de490672de60e079.html

CEO应具备的品质。

笔者为何认为要请CEO领导现代网吧企业，就是认为我们的绝大多数网吧企业还是民营的家族企业。一些理论家认为，在中国的家族企业中，家族必须绝对控股，家族企业的股权安全系数在70%到90%之间，这一说法是有一定道理的。但是，家族企业要想做大做强，股权就需要不断稀释，就要引进现代企业经营制度。现在的问题是，我们既要坚持（也不得不坚持）家族制，又要建立现代的企业制度，在这二者之间如何找到一条相容的解决办法？笔者认为就是请CEO来经营企业。如果出资人自己兼任CEO的话，也要按照CEO的标准来经营现代企业。我们探讨请CEO经营网吧，实际上是在探讨将网吧推向正规化、企业化和现代化的企业管理之路。

二、为什么要走现代企业经营之路

2007年3月初，为研究网吧长效管理机制的课题，笔者与时任北京网吧协会的刘宝华秘书长有过一次深入交谈。刘秘书长对网吧产业管理的强烈的责任心、对促进网吧产业健康持续发展的执着的使命感，给我留下了非常深刻的印象。他对我们两人合作的北京网吧产业的一篇文稿（我撰写的部分）给予了积极的肯定和鼓励后，同时也指出了一个重要的硬伤，就是让我将文稿中的10多处的“网吧业主”改为“网吧经营者”。他指出无论网吧企业大小、无论是单体经营还是连锁经营网吧，网吧都是企业，“网吧经营者”是对网吧企业的所有者和实际的管理者的尊重。刘秘书长的指正令我难忘，他是真正站在网吧经营者的利益上和真正尊重网吧企业才说出这一重要的区别的。

从“网吧业主”到“网吧经营者”是网吧产业发展的必然趋势。“网吧业主”的含义是什么？是一种小作坊、小生产的经营方式和生产规模。在网吧产业发展的初期，搭一个草台班子开一个网吧，掘资本原始积累的第一桶金不足为奇，也是一个必经的发展阶段。但是，网吧业经过近20年的发展历程和大浪淘沙，在这个行业中还在坚守和发展的网吧经营者（他们绝大数是家族私营企业），面对更加激烈的市场竞争环境，面对国家相关政府部门不断地严格要求的各项惩戒性政策，面对不断流失的员工和变化了的客源实际情况，面对诸多亟待解决的现实问题，经常要思考或者说不得不思考的问题，就是网吧生存最需要解决的问题、最大的难题、最需要克服的障碍是什么？换句话说，决定网吧生存以及能否持续发展的最关键因素是什么？

“木桶定律”回答了这个问题。这一定律可以简单表述为木桶能装多少水，不取决于最长的木板，而取于最短的木板。这一定律实质是说劣势决定优势，劣势决定生死，这是管理学上最知名的法则之一。如果我们把网吧企业比喻为一个大木桶的话，那么资金、劳动力资源、设备、房屋、企业经营制度就是构成这个木桶的木板，任何一块木板的短缺都会影响到网吧企业的发展。笔者认为，当前我国网吧木桶的短板就是没有一个好的由CEO领导的现代企业制度来经营网吧。对照现代企业制度的定义和优秀企业（包括优秀网吧企业）的经营状况，我们会看到很多网吧企业尚有很大的差距和很多的问题。

我们纵观网吧企业的诸多问题，可以分为内部和外部两大类问题。内部问题是企业自身的问题，是主观的、内因问题，是网吧企业的主要矛盾和主要问题。外部问题是网吧企业的客观的、外因问题，是网吧企业的次要矛盾和次要问题。内因决定外因，主要矛盾决定次要矛盾。这并不是说外因和客观不重要，笔者想要表达这样的观念，就是网吧企业的诸多问题应该先从自身寻找根源，通俗地说就是打铁先要自身硬。这些问题特别是内部问题之所以产生的根源是没有一个好的由CEO经营的现代企业制度造成的。

没有一个好的由CEO经营的现代企业制度，从内部问题讲主要表现在：一是家族成员和非家族成员的复杂关系掺杂在一起搅乱了正常的企业的员工之间的关系，使得企业无法正规化管理。刘宝华秘书长在调查北京的网吧时遇到过的一个案例就能说明问题。北京某网吧企业由于投资人将网吧经营权交给了自己的亲属，而该亲属没有管理经验，员工对她意见非常大，在一个周五晚上下班后，骨干员工集体辞职，周六日网吧生意最好的时间，该网吧没有服务人员和网络管理人员，对自身经营造成很大损失。二是企业管理的随意性，使得企业没有健全的规章制度。由于很多网吧企业靠的是个人的本事和能力发展起来的，往往都是这些个人说了算，就使得企业难以实现制度化经营和管理。没有制度，自然就是随意管理，朝令夕改、无章可循就成了家常便饭。企业的重大决策就是一个人拍脑袋说了算，也就谈不上管理的科学性。三是产权不清晰，由于家族企业无章可循，在投资时可以共患难，在分享利润时就会产生诸多问题和矛盾。四是任人唯亲和排外性使企业无法留住和寻找到合适的人才。五是由于上述的非正规化的企业经营问题，使得企业的经营管理人员的素质十分低下。就拿北京网吧产业人员构成来看，主要有管理人员、技术人员和服务人员，其中前两种人都需要很强的专业技术。北京某网吧的负责人分析说：“目前网吧产业经营业务得不到迅速拓展的重要原因就是人才问题。第一，网吧产业的社会声誉不佳，许多优秀人才不愿意进来；第二，网吧产业整体工资水平不高，对优秀人才的吸引力不够；第三，网吧产业的发展前景不明朗，职业未来空间看不到。如果政府不够重视这些问题和相应的政策，网吧产业将不会有太大的发展。”从这位网吧负责人的谈话中，我们清晰地了解到，由于网吧企业的非正规化经营，造成了网吧产业无法吸纳到大量的优秀人才加入到这个行列中来。

由于网吧企业没有实行由CEO经营的现代企业经营制度，突出表现了一些网吧所有者和经营者的主体自律意识差，使得一些网吧管理者明知未成年人持他人身份证进网吧，常常不闻不问不管；明知某些网络游戏有血腥、暴力和黄色内容，仍然提供给用户使用；营业时间没有放开时，有些网吧不顾用户生命安全，紧闭门户提供通宵服务。

由于网吧企业没有实行由CEO经营的现代企业经营制度，突出表现了网吧投资人及经营者投身网吧产业之中，始终都没有一种长期从业的职业感和归属感。网吧产业是一个高投入、产品技术更新换代很快的产业，但是投资人的投资行为的短期化、投机化并且短期套现行为不断发生后，对这一产业的有序经营和持续发展带来了非常不利的恶劣影响。这种现象正像北京的一家网吧负责人所说的：“网吧产业的生存与发展基本上靠直接融资，主要来源于企业的多年积累、合伙人或网吧业主的自有资金等。这些靠直接融资来的钱，追求的是收益，一旦有风险，就会立即被抽走，因此这种状况对网吧产业的发展非常不利。”

没有一个好的由CEO经营的现代企业制度，从外部问题讲主要表现在：一是社会保障制度不完善，网吧企业中从业人员的工资待遇、“养老、失业、医疗和住房公积金”等三险一金没有保障，导致企业在吸引人才、留住人才方面有很大难度，企业也因人才流动过大而影响其稳定持续的发展。二是企业从业人员在申报户籍管理、档案存放、计算工龄、评职定级和子女入学等问题无法解决；三是网吧产业非常需要的包括投融资、担保、设备采购等企业急需的投融资政策没有向网吧产业倾斜，也使得产业的发展受到了阻碍。我们不能否认，企业的外部问题和外部环境等客观因素不是企业本身所能左右和掌控的。但是，我们同样不能否认的是在网吧产业中，有一些按现代企业制度经营的连锁和单体网吧企业，他们克服了企业外部环境的不利因素，把网吧经营到了极致，取得了令人信服的业绩。

林炎志在《要造就小气候来影响大气候》一文中指出："复杂的大环境对小环境的品质也是一种压迫，这种压迫是一种考验，是一种挑战与筛选，是一种锻炼与提高。它是使小环境质量更高，更坚实。"[1]我以为这段话就是对网吧产业中的领头羊，那些连锁化、集团化、规模化、专业化和品牌化的网吧企业，那些优秀的单体网吧企业的一种很中肯的评价。是他们在不利的外部环境中，不断创新进取，在不断地营造着有利于网吧产业发展的小气候来影响着政策大气候和环境，向着有利于整个产业发展的方向努力着。是他们在使企业在经营的过程中，在不断地向着现代企业的经营之路迈进。他们的努力取得了积极的成效。中共党的十六大明确指出："必须毫不动摇地鼓励、支持和引导非公有制经济发展。个体、私营等各种形式的非公有制经济是社会主义市场经济的重要组成部分，对充分调动社会各方面的积极性，加快生产力发展具有重要作用"，要"充分发挥个体、私营等非公有制经济在促进经济增长，扩大就业和活跃市场等方面的重要作用"。笔者认为，我们国家的各级政府部门都会认真落实党中央的战略部署，有利于网吧产业发展的宏观经济政策在网吧企业自身的努力和推动下，会早日出台也会不断出台的。

从以上论述中，我们可以得出结论，无论是单体网吧还是连锁网吧，无论是大型网吧还是小型网吧，无论是出资人自任CEO还是聘请CEO，我们都应该走现代企业经营之路，这是给企业带来的光明和健康持续发展之路。

三、如何走现代企业经营之路

网吧企业无论大小，无论是单体经营还是连锁经营无论发展得程度如何，都面临着要生存、要竞争、要持续发展的同样的问题。达尔文在《物种起源》这部书中说过这样一段话（大意）：最剧烈的斗争是发生在同一种群之间，它

[1] 林炎志.树坚不怕风吹动[M].北京：光明日报出版社，1994.

们生存在同一环境中，取食同一种食物，受到同样的天敌的威胁。《通知》发布后，各方经营者站在各自的角度（利益）上，对《通知》会有着各自的解释。笔者认为，政府主管部门认识到了网吧企业恶性竞争的不利后果，提出了网吧企业合作经营互利双赢的思想，正如《通知》指出的："鼓励网吧经营单位之间，通过收购、兼并、联合、重组、参股、控股等方式合作。"形成共识、合作经营、共同维护行业形象、实行现代企业经营制度，是各网吧企业明智的经营策略。如何走CEO领导的现代企业经营之路，笔者认为网吧企业的CEO应该做到如下几点或者按照此方向努力。

1. 要自觉地维护网吧产业的形象

我们用2007年全国网吧产业自律大会上的《网吧自律宣言》表示维护网吧产业形象的主要内容：

坚持守法经营，拒绝违规经营，遵守《未成年人保护法》恪守《条例》（国务院第363号令），承担起义不容辞的社会责任，正确处理商业利益与公众利益的关系，主动接受政府监管，积极协助政府打击黑网吧，共促网吧产业良性发展。

提倡行业自律，人人从我做起，按法律、法规和行业规则办事，公平有序竞争，维护市场和谐稳定，维护网吧产业形象。

倡导自主创新，坚持学习交流，推进连锁化、集团化、规模化、专业化、品牌化进程，与产业链上下游资源共建共享、优势互补、精诚合作，实现共赢。

提倡和谐、文明兴办网吧，关爱未成年人健康成长，引导未成年人远离经营性网吧，改善网吧文明上网软环境，提倡人文关怀，杜绝各类安全隐患，保障消费者权益。

《网吧自律宣言》有着现代企业经营管理内容的丰富内涵，也是现代网吧企业经营制度的基本道德规范，是良好网吧形象的标准尺。关键是我们的网吧企业如何遵守这一宣言？更关键的是我们的网吧企业如何自觉遵守这一宣言？

什么叫自觉？马克思曾经说过，最蹩脚的建筑师也有比蜂蜜高明的地方。蜂蜜是非常高明的建筑师，它可以用最少的材料获得最大的空间。在这个问题上，人类曾一度没有蜂蜜算得准确。马克思说人高于蜂蜜的地方就在于，人在建造房屋之前，建筑师头脑里已经设计出了这个房子，而蜂蜜不是，它是完全按照遗传因素自发造就蜂房的。人的这种设计房屋的本领就是自觉。这种自觉维护产业行动的思想是一种理念，是一种信仰。这个理念就是我要为自己好，就要为别人好，我为别人好才能最终为自己好。这种信仰就是我要做好做强网吧企业，在网吧产业中站稳脚跟，就要按照《网吧自律宣言》去做。德国大哲学家康德说过，道德管行为动机，法制管行为结果。《网吧自律宣言》是道德约束，《通知》是法制，这两者一前一后，相互支持和呼应，是辩证的统一。我们只有把法制（《通知》）内化为网吧企业的道德（《网吧自律宣言》），内化为网吧企业的行动才能有效。

网吧企业的CEO有了坚定的信念和自觉的行动，才能组织起一支坚强的队伍（而不是乌合之众），建立起真正的现代企业，在纷繁复杂的激烈的市场竞争中，利于不败之地。

2. *在企业中建立起真正的激发员工参与的激励机制*

建立激发员工参与的激励机制是“我为人人、人人为我”的和谐社会理念思想的体现。这种机制反映在企业投资上，应遵循多元投资的原则。就是请企业员工、企业的经营者共同参股投资，形成一种企业员工和企业出资人、经营者相互监督与相互扶持的局面，不仅有利于企业的稳定，更有利于企业的长期发展。

这是一种内在的动力机制。企业出资人和企业员工如果仅是雇工关系，就不利于激发经营者与企业职工的积极性。如果让企业经营者与企业员工的相当一部分收入不只是来自工资，而且是来自分红，他们就会发挥出主动性和创造性。这种机制也是民主经营、和谐经营企业的思想的体现。

我们的网吧产业、我们的网吧企业，请CEO来建立、领导和经营一个现代的网吧企业，形成一整套先进的现代企业的组织原理、组织方法和企业文化制度，就可以建立起一支坚强的队伍。这支队伍就可以站稳脚跟，就可以发展壮大。我们的网吧产业，我们国家的文化事业就会蓬勃发展、兴旺发达。

第三节　经营多元化研究

网吧是数字娱乐业、网络教育、电子商务和网游竞技的重要载体，是一个多功能的互联网应用终端。开发网吧的多种功能，实行多元化经营，可以促进网吧产业健康持续发展。而网吧多功能的开发，要跟国家的网络文化建设工作紧密结合起来，自觉主动地将网吧产业的发展纳入到网络文化建设工作中来，并以此为契机，深入持久地开展网络文化创意运动，提升产业层次，树立良好形象，就能收到好的效果。

一、国家支持政策

网吧产业搞多元化经营，有很多的支持政策及依据。2007年4月23日，胡锦涛总书记主持召开中共中央政治局会议，研究加强网络文化建设工作(以下笔者把这次会议简称“4.23会议”)。“4.23会议”强调，网络文化建设和管理，要坚持社会主义先进文化的前进方向，坚持正确的宣传导向，坚持把社会效益放在首位，坚持一手抓建设、一手抓管理。会议强调要大力发展网络文化产业，发展网络文化信息装备制造业。各级党委和政府要加强对网络文化建设和管理的领导，加大保障力度，加强队伍建设，完善工作机制，促进网络文化建设和管理法制化，推动中国特色网络文化繁荣发展。

“4.23会议”是一个激励产业发展的战略决策会议，有三点重要的内容：一是党中央高度重视网络文化产业工作，把网络文化产业放在坚持社会主义先进文化的前进方向，放在巩固马克思主义在意识形态领域的指导地位这样一个战略高度来看待；二是党中央审时度势，郑重决定要大力发展网络文化产业，推动中国特色网络文化繁荣发展，要求各级党委政府在组织领导、队伍建设和工作机制等方面加大网络文化产业建设的保障力度；三是党中央强调网络文化产业建设要一手抓建设，一手抓管理（法制化的管理）。这个会议是关系到我国网络文化产业发展战略方向和发展进程的一次极其重要的会议。随着时间的推移，会议的重要性和深远意义会日益凸现出来。

2007年2月初，文化部等14部委印发的《通知》（文市发[2007]10号），与“4.23会议”一脉相承。《通知》的主旨是侧重于网吧的严格监管工作。但是，监管的内容有了创新，是在网吧建设基础上的监管。在“着力推进网吧存量市场结构调整”的章节中，突出了网吧建设的内容，与“4.23会议”精神完全契合。

“4.23会议”讲建设，强调建设与管理并重；建设在前管理在后，只有建设才能管理，只有产业发展才谈得上管理；同时，没有管理，没有良好的市场秩序，产业就没不可能顺利地建设和发展。这两者是相辅相成的。网吧产业发展的万紫千红、百花争艳的春天在网络文化工作的推动下就会到来。

基于网吧产业和网络文化产业是可以良性互动、密不可分的客观事实，我们要发展网络文化产业就一定要利用好网吧这块阵地，国家相关部门就要鼓励和发展网吧产业。网吧产业发展一靠政策，二靠投入（包括资金、科学技术和高素质的人力资源投入），三靠有效的发展途径。从政策方面看：2006年初，中共中央国务院发出《关于深化文化体制改革的若干意见》，明确提出要大力推进文化产业升级，用先进科学技术促进文化产业发展；2006年9月，中办、国办印发《国家“十一五”时期文化发展规划纲要》，把积极发展网络文化产业作为未来五年文化产业发展的重要内容；《通知》要求不断提升网吧服务水准和行业形象，鼓励依托网吧依法开展信息服务、远程教育、电子政务、电子商务等增值服务；“4.23会议”更突出强调大力发展网络文化产业和网络文化信息装备制造业。从这一系列的政策可以看出，我们国家已经从注重产业监管发展到注重产业建设，政府管理工作真正完成了科学发展观的转变。一系列的网络文化发展政策都为网吧产业的发展提供了有利的支持和政策依据。

随着“4.23会议”精神的深入贯彻，随着时间的推移和新的情况出现，特别是随着网吧经营者自身的努力，笔者坚信促进网吧产业发展的有利的政策还会不断地出台的。现在的关键是在于网吧经营者如何通过自身的努力，如何寻找一条有效的途径，来壮大和发展网吧产业。笔者认为，请网吧经营者深入持久地开展网络文化创意运动，将这一运动纳入到网络文化建设工作中来，是最终推动网吧产业发展的一条有效途径。

二、经营多元化内容

网吧产业要理解网络文化创意活动。网吧产业要实现多元化的经营，一方面要与网络文化产业的发展紧密地联系起来，一方面要搞网络文化创意活动，遵循网络经济发展的客观规律。在信息经济和网络经济时代，信息技术、传媒技术的革命，引发了巨大的社会文化革命。互联网在传递速度、空间拓展和普及应用等方面取得极大发展，要求网吧产业顺应这一变化。网络技术的开发与网吧产业的应用息息相关。网吧产业的发展得益于这场革命，同时，也推动了这场革命向纵深发展。

网吧产业要研究网络文化创意活动。在信息和网络经济时代，信息技术在内容产品生产、传播和消费上的应用等方面，极大地提高了网络文化产品的生产能力，促进了网络文化产业的发展。网络文化产品以创意为动力，将各种“文化资源”与最新数字技术相结合，融会重铸，建立了新的生产和消费方式，产生了新的产业群落，培育出新的消费人群，并以高端技术带动传统产业实现数字化更新换代，创造出了惊人的经济社会效益，已逐步成为当代社会发展中的主流产业，赋予了文化产业新的时代内涵，最终形成了网络文化产业。网吧产业只有融入进来，并继续深入开发适合产业特点的网络文化创意活动，才能实现多元化经营。

网吧产业要开展网络文化创意活动。绝大多数的网吧产业的管理者和网吧经营者，都认为网吧是数字娱乐业、网络教育、电子商务和网络游戏竞技的重要载体。网吧经营者在遵守国家相关法律的前提下，开展信息服务、远程教育、电子政务、电子商务等项业务服务，不但会拓宽网吧的服务领域、提高网吧的增值服务水平、增加网吧自身的经济效益，更重要的是网吧产业的发展必然会带动和促进网络文化产业的发展。现在的问题是，网吧产业要把促进网络文化产业的发展同促进自身的发展联系起来。笔者认为深入开展网络文化创意运动，是一条最有效的途径。在知识经济时代，网吧企业发展的资源基础从传统的资金和人力资源投入转为知识资源的投入，对知识、技能的拥有，对文化创意的需求就成为产业发展的关键。我们要提高网吧企业与网吧产业的竞争力，就要学习和创新，就要发展网络文化创意运动。

网吧产业的网络文化创意运动应该是以创造、创新为根本手段，以网络文化内容和创意成果为核心价值，以知识产权实现或消费为交易特征，为社会公众提供文化体验的具有内在联系的互联网的公共上网服务。按照中央办公厅、国务院办公厅印发的《国家“十一五”时期文化发展纲要》精神，网吧产业的网络文化创意运动可以包括以下主要的内容。

一是发展现代网吧连锁经营的企业，促使网吧企业自身得到发展。可以以资本为纽带，建立母子公司体制的直营连锁网络，或通过品牌、商号、配送、管理技术等联结方式发展特许经营网络，形成一批区域性甚至是全国性的网吧连锁企业，使网吧企业的形象得到提升，网吧企业的服务质量和服务内容因此得到提高和发展。

二是积极探索、创新和发展文化电子商务平台，开发出多种面向消费者的新型文化电子商务模式。在现代化的网吧内，构建网络文化产品和文化生产要素交易平台，降低交易成本，促进网络文化产品流通。充分发挥网吧企业在电子商务开发应用中的积极作用，用先进技术和现代生产方式改造传统文化生产和传播方式，创新文化传播方式和手段，推进网络文化产业和信息化的建设，推动文化业态创新。

三是将网吧塑造成为远程教育的基地。网吧不仅是娱乐中心，还是远程教育的终端。在知识经济和全球化的今天，知识是最重要的资源，知识生产和占有能力是区域经济发展和企业发展的重要标志。学习、创新与经济发展的关系密不可分。学习和创新是经济发展的前提，经济发展是学习和创新的结果。随着人们对知识、学习、创新和经济发展过程认识的加深，远程教育会越来越受到重视。开发网吧远程教育的前景十分光明。

四是将网吧整合为数字内容服务平台。这一数字服务平台，在开发文化数据处理、存储和传输服务、移动文化信息服务、网上文化交易、数字互动体验服务、数字远程教育及数字娱乐产品等增值业务方面，可以开发和拓展出多元化的服务领域。这一数字平台在政府相关部门的大力支持下，在解决了“知识版权”“产品资费”等相关问题后，将海量的电影、电视剧、体育和游戏节目都纳入平台中，使得文化科技、影视制作、音乐制作、时尚设计、艺术创作、工艺美术、广告创意、动漫游戏等文化类创意企业的文化作品，有了广大的客户群体和应用载体；从而扩大文化创意产业在全社会的影响力和带动力，进一步利用文化创意成果拉动相关服务业和制造业的发展。

三、经营多元化途径

网吧产业在确定了多元化经营的主要内容项目后，就要研究通过什么途径来完成这些项目内容。通过开展网络文化创意活动是最有效的途径，这说起来不容易做起来就更难。这需要政府部门主导，并与网吧产业的经营者、管理者来共同努力推动这项活动持续开展下去，有以下几条途径。

1. 营造发展文化创意活动的环境氛围

培养开展网络文化创意活动的环境氛围是十分重要的，重要性在于它既是文化创意运动的基础条件，也是发展文化创意运动的因素。它包括社会制度、法律体系、社会心理、社会习俗、经营文化、社会网络等软性因素；也包括基础设施、劳动力、技术等硬性因素。笔者主要侧重于软性因素来分析。

一是要提高网吧企业的创新能力。网吧企业经济效益的高低，不仅取决于企业的商业区位变化，还取决于企业获取新知识、新技术的能力；取决于企业获取知识的途径和交流知识的网络。因此，培养发展文化创意活动的环境氛围，促进网吧企业间的相互依存与交流，提高网吧企业的创新能力是非常重要的。很多实践经验证明，最有经济效益的网吧企业，也正是那些文化创意活动搞得最好、拥有非常大的创新能力的网吧企业。他们自主培养出了良好的文化创意活动的环境氛围和高质量的创新环境。这些网吧企业敢于冒风险、迅速应对技术变化、具有开明态度和合作精神，始终保持了一种卓越的创新能力。

二是政府要为发展文化创意活动积极创造条件。要为网络文化创意活动的发展，促进网络文化产业的繁荣，在体制和机制上建立一整套管理制度，保障网吧企业的合法经营权益，保障文化创造者的知识产权。比如，政府可以落实培育创新型网吧企业的相关政策，改善对创新型网吧企业的信贷服务和融资环境，扶持这些创新型企业发展。网络文化还是一种新的文化形态，政府在管理上还有许多新的政策问题需要探讨和解决。网络文化市场如何发展？网络文化产业如何壮大？还有许多新的课题亟待研究与解决，特别是我们应提高网络文化产业管理者的素质，以适应新的形势对政府管理者的需要。尽管在政府管理者面前还有诸多的困难和问题需要去解决，我们都要按照党中央的战略部署去做，积极地以创新精神为网络文化产业的发展创造条件，营造适于网络文化产业发展的环境氛围。

2. 坚持正确的舆论宣传导向

我们的社会舆论和媒体对网吧企业接纳未成年人的违法行为和违法案件给予充分的批评和曝光是正确的，也是应该的。但同时，我们的舆论也要宣传那些优秀的网吧连锁企业和网吧单体企业，宣传他们在开展网络文化运动中的积极的做法和优秀的案例。在舆论宣传中，正面宣传和负面报道二者不能偏废。我们应该认识到，正面宣传是在构筑正面的阵地，是在插正面的旗帜，是在组织优秀的队伍，使广大的网吧企业有学习的榜样，使大家趋之、聚之、敬之、仰之。从正面宣传网吧企业在发展网络文化产业过程中的成功案例，应该是我们的优势和正确的舆论导向。正面宣传会促使广大的网吧企业受到正面的教育和启发，这是我们维护和发展网吧产业，最终为网络文化产业做出积极贡献的正确选择。这也是为网吧产业的建设和发展营造有利的发展环境。

网吧产业的发展到了一个非常关键的时期。这也是一个优秀的网吧企业家辈出的时期。愿我们的网吧企业家们带领自己的团队，在中国市场经济和网络文化产业深入发展的非常时期，勇敢地、执着地、坚定地、深入地和持久地开展网络文化创意活动，承担起为中国的网吧产业航船向光明的方向行使，拓展出新的航道的历史重任。

第四节　产业发展问题分析

我国网吧产业发展了近20年，自2005起就出现了盈利能力下降的趋势。特别是近年来，移动互联网、智能手机、平板电脑等互联网、IT行业新技术新产品日新月异地发展，对网吧产业更产生了巨大冲击和影响；导致网吧数量和客流量双双减少，出现了不可逆的“双衰”局面。网吧产业不但要自救，还要寻求政府的帮助，否则产业停滞发展、萎缩衰退的局面不可逆转。这将导致各种尖锐社会矛盾以极端的方式爆发，政府建立的网吧监管体系将形同虚设、难以维系。国家出台扶持、发展和振兴网吧产业的规划政策是我们的当务之急和首要任务。

一、盈利能力下降

纵观我国网吧产业这些年的发展，盈利能力却不断下降处在停滞徘徊不前的状态。《中国网吧、网络游戏调查报告》指出：我国网吧产业进入到“微利时代”。[1]5年前网吧上网费的价格是10～15元／小时；目前已下降到平均2元/小时左右；网吧产业的盈利水平整体下降，投资回收周期由以前的1年

[1]　文化部，财政部.中国网吧、网络游戏调查报告[R].北京：研究课题报告，2008.

拉长到3年。

据北京市网吧协会2006年的调查结果显示，北京市网吧年营业收入平均为24.29万元/家，利润总额平均为2.97万元/家。整个行业处于微弱盈利状态，现在的盈利状况依然没有改变，扣除物价上涨指数因素，盈利水平更加薄弱。

据广州市文化娱乐业协会2008年对广州市做的《网吧生存调查报告》显示，在增加的各项成本费用中，仅宽带收费一项就不断增加。2003年，使用的网吧宽带一般是4兆，费用是3000元/月；2005年，使用的网吧宽带提升到10兆，优惠价是6800元/月（原价是8000元/月），2008年中国电信网吧大联盟成立，使用的地域网宽带提升到100兆，优惠价是8600元/月（原价每月过万元）。不断上涨的开支，不断下降的上网收费，使网吧经营者对网吧的投资要二年半到三年才能还本；而三年后，网吧的设施又得更新换代了。

《网吧生存调查报告》指出：经过多年的努力，广州市的网吧产业，进入了规模经营、规范经营的阶段。然而，正是这个被誉为朝阳行业的互联网上网服务营业场所，却因为不堪重负而奄奄一息，成为社会上受到偏见，经营上受到干扰，经营者没有钱赚，打工者工资低下，发展前景暗淡的夕阳行业。

《中国网吧、网络游戏调查报告》之江苏篇指出：由于高税率、低利润，致使网吧产业内的大企业退出，小企业退化。大多数单体网吧为了躲避高额税收，注册性质为个体工商户，无必要的财务制度，致使行业外的大额资本持有者不能获得明确的网吧产业营收状况，无法将资金注入网吧产业。其他一些分省调查报告都指出了网吧利润下降的严峻形势。[1]

由河南省网协及新疆、山东部分省区的连锁网吧等共计30家单位，做了7480份有效调查问卷，在其撰写的《2008年度中国网吧产业研究报告》中指出：2008年网吧盈利水平分析的结论是网吧利润下滑迅速。调查数据显示：43%的网吧盈亏平衡，34%的网吧选择了盈利还可以，8%的网吧亏损，14%的网吧盈利很好。2007年数据显示，21%的网吧盈亏平衡，2008年这一数据上升22%，再次说明2008年网吧产业竞争加剧，价格战普遍，导致网吧利润普遍下滑，受金融危机影响，华南一些地区网吧收入下降较快，导致盈亏平衡的网吧数量骤增。

北京华电兴业网吧何经理说：“网吧产业的成本在增加，上网收入却在减

[1] 文化部，财政部.中国网吧、网络游戏调查报告[R].北京：研究课题报告，2008.

少，利润也因此大幅下降。10年前一台电脑每天可以挣20元，现在一台电脑一天的利润能达到六七元就算不错了。”[1]正如这位经营者所说的，网吧目前是高成本、高税率、低利润。

文化部《2011中国网吧市场年度报告》指出：“2011年，我国网吧产业已经全面进入微利时代。其中，年净收入在10万元以内的网吧已占全国网吧总数的59.2%；年净收入在10万元—30万元网吧占比由2010年的28.6%减至2011年的18.0%；2011年亏损的网吧占比为9.6%。”[2]

二、产业规模缩减

近年来全国网吧市场规模在不断缩减。文化部《2011中国网吧市场年度报告》指出：“2011年我国网吧市场规模同比下降19.7%，为619.05亿元，整个网吧产业进入微利时代。”[3]这一报告指出，2009年、2010年、2011年三年网吧市场规模分别达到了886亿元、771亿元和619亿元。产业缩减是明显的。

文化部《2012中国网吧市场年度报告》指出：“受移动互联网的冲击、经营成本上扬及用户数量下降等因素影响，2012年，我国网吧市场收入总规模为537亿元，同比下降13.2%，但降幅较2011年有所放缓。”[4]这一数据显示，我国网吧产业的规模进一步缩减。

中国互联网上网服务营业场所行业协会发布的《2013中国互联网上网服务行业年度报告》显示：“截至2013年底，我国互联网上网服务企业数量为13.5万家，终端台数1180万台，用户1.19亿人。受移动互联网冲击、经营成本上扬及用户数量下降等因素的影响，上网服务行业市场收入总规模为520亿元。”[5]这一数据还在说明，我国网吧产业的规模在进一步缩减，只是下降的速度有所放缓。

以上的经济数据说明了两个问题：一是我国网吧产业的盈利能力的下降是

[1] 郭人旗.网吧行业从朝阳到夕阳[N].中国文化报，2013—02—18（004）.

[2] 文化部文化文化市场司.2011中国文化市场报告[M].北京：人民出版社，2012.

[3] 文化部.2011中国网吧市场年度报告[R].[EB/OL]. http：//www.gov.cn/gzdt/2012—04/12/content_2111905.htm

[4] 周志军.文化部2012年中国网吧市场年度报告出炉[N].中国文化报，2013—05—02.

[5] 周志军.2013中国互联网上网服务行业年度报告发布[N].中国文化报，2014—04—24.

全面性的（覆盖了全国）、持续性的（至少有3年以上），如果不制止网吧产业经济下滑态势，我国的网吧产业将出现停滞不前甚至衰退的局面；二是经济发展放缓的形势已经影响到了网吧产业的发展，我国区域经济最发达的珠三角城市群及代表城市广州都已经不能承受如此的打击，处在无钱可赚不能盈利的状态，无奈地发出了“网吧产业是夕阳产业”的叹息，更何况其他地区的城市呢。

三、负面的社会经济影响

经济衰退负的社会影响从宏观方面看是直接影响社会稳定，使各种社会矛盾格外的激化。《瞭望》新闻周刊登载的《预警群体性事件》指出：“全球性的经济衰退对我国经济的负面效应将继续蔓延，其影响有可能从经济面扩展到社会面。在经济困难加剧、社会保障问题严重的情况下，企业裁员破产、劳资争议等矛盾纠纷显著增加，引发的群体性事件呈上升之势。同时，经济压力影响社会各群体心态。尤其社会困难群体在生存压力下，所累积的不满情绪容易借‘非直接利益相关事件’，引发群体性冲突。”[1]

经济衰退的负面的社会经济影响是引发群体性冲突的判断是有一定的道理的。我国农民的谈判地位日趋提高，他们的诉求很快会成为“国是”得到国家的重视，主要原因之一农业是国民经济的基础性、支柱性产业，“三农”问题涉及几亿农民的利益和国家的整体利益。我国的网吧经营者和广大的网吧从业者的谈判地位还比不上我国的农民阶级，他们的诸多合理诉求没有得到国家的重视。但是，我们不容忽视的是网吧经营者的谈判手段却是比我国的农民先进和高出了很多倍，他们的利益诉求通过自身掌握的互联网应用终端——网吧，可以到达想要到达的任何地方。他们“闹事”的能量是没有人可以估量的。所以，我们应抱着敬畏之心对待网吧产业的经营者和从业者。

汪丁丁在《市场经济与道德基础》一书中，对经济衰退时期的社会经济现象是这样描述的：“市场导向的行为模式和‘金钱话事’的标准渗透到中国社会生活各个领域中，与原有的价值观念和精神取向发生了严重冲突……经济合作、创新行为、大规模投资，正日益变得复杂化、网络化和敏感化，很难想

[1] 董瑞丰. 预警群体性事件[J]. 瞭望，2009，(1).

象在一个价值失落因而行为高度短期化的社会里，人际关系的信任程度能够支撑大范围的交易与稳定的行为预期。”[1]经济衰退的现象在网吧产业中表现为投资人的投资行为的短期化、投机化，短期套现后带来的巨大社会隐患非常严重。没有投资人愿意关注员工的社会保险和福利，造成网吧产业从业人员大多数没有社会保险和福利保障。无私无畏是一种力量，无退路可走也是一种力量和巨大的破坏能量。

经济衰退负的经济影响从微观方面看，对于网吧产业来说有三个方面的负面影响：一是在网吧产业内形成了盲目的和恶性的竞争局面。违规经营行为必将出现，政府提高执法成本后造成了巨大的社会资源浪费，也牺牲了网吧产业应有的规模经济效益。选择生存还是违法？结论是生存下来就必须违法。

二是黑网吧的大量出现严重干扰了网吧市场的经营秩序。不但严重干扰了网吧市场的正常的经营秩序，而且在未成年人进入、网吧安全方面形成了巨大的社会隐患，给网吧产业带来的负面社会影响将直接导致正规网吧的经济效益进一步降低。

我国的网吧产业已经走过了自发性的发展阶段，在产业处于停滞和衰退的困难时期，我们的政府部门应该尽早制定出振兴网吧产业发展规划来，为产业发展中的突出问题把脉，寻找出促使产业走出困境的对策，打破产业多年来沉闷徘徊不前的局面，引领产业由自发性发展向自觉性发展的方向前进。

四、促进产业发展的思考

笔者认为我国的网吧产业的发展已经从自发性发展走到了自觉性发展的阶段，就是说政府要担负起发展网吧产业的历史责任来。针对我国网吧产业停滞和萎缩的局面，要尽早、尽快制定出我国网吧产业振兴规划。为此，有几点思考。

第一，要明确网吧产业是我国国民经济的支柱产业。发展网吧产业首先要明确我国网吧产业的产业地位。我国网吧产业应划归于信息产业类。乌家培认为：“信息产业的定义是信息产业实际活动的理论概括，要反映实际、服务于实际”“并在实践中发展信息产业的理论”。[2]这一论断是正确的。网吧产业

[1]　汪丁丁.市场经济与道德基础[M].上海：上海人民出版社，2007.

[2]　乌家培.研究要从实际出发——复文戈先生关于产业概念与信息产业范围之答[J].情报资料工作，1995，(5)：8—11.

是互联网的应用终端，与信息产业唇齿相依、休戚与共、息息相关。有学者将我国的信息产业进一步细划为多种产业，笔者认为与网吧产业联系比较密切的信息产业项目，是其中的计算机技术设备制造业、通信与网络设备制造业、电子技术设备制造业、信息基础设施业、信息生产产业、信息传播产业、信息服务业和系统集成服务业等。

加快信息化进程是世界各国的共同选择。我们国家高度重视信息产业的发展，并将其列入了国家支柱产业，把信息化提高到国家经济发展战略的高度，做出了以信息化带动工业化，以工业化促进信息化，走新型工业化道路的战略部署。到2020年，我国信息化发展战略目标是：综合信息基础设施基本普及，信息技术自主创新能力显著增强，信息产业结构全面优化，国家信息安全保障水平大幅度提高，国民经济和社会信息化取得明显成效，新型工业化发展模式基本建立，国家信息化发展的制度环境和政策体系基本完善，国民信息技术应用能力显著提高，为迈向信息社会奠定坚实的基础。网吧产业的发展对这些战略目标的实现，是一个极大的推动和促进。随着网吧增值业务领域的拓展和持续开展，网吧将由纯粹的服务性产业向生产性服务业的方向发展，这是一个渐进的发展过程，也是一个历史发展的趋势。

在我国的经济活动中，我们也有充分的理由说明网吧产业在我国信息化发展中所起的重要作用。2009年1月，中国互联网络信息中心（CNNIC）发布的第23次《中国互联网发展状况统计报告》指出：截至2008年12月31日，中国网民规模达到2.98亿人，普及率达到22.6%，超过全球平均水平；网民规模较2007年增长8800万人，年增长率为41.9%。中国网民规模依然保持快速增长之势。

报告指出：家庭、网吧是网民上网的最主要的两个场所。但是对不同身份的网民，其上网地点存在着非常明显的差异，其中，体力工作者和下岗失业人员更多的是在网吧上网。网民上网地点，如图21所示。

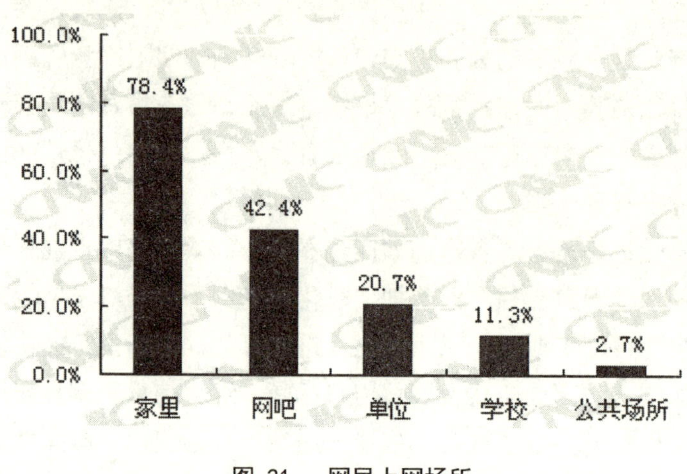

图 21　网民上网场所

从图21看出，网吧还是我国网民的第二大类上网场所。按照报告提供的数据测算，在网吧（包括曾去网吧）上网的网民达到了1.26亿人。这一庞大的网吧上网人群，说明了网吧在我国人民经济生活中的广泛性、普遍性和重要性。

尽管第23次的发展报告是过去时，在第30几次的报告后，网吧上网的人群规模有了起伏，随着智能手机上网人群的扩大，在网吧上网的人数会有减少；但是，网吧是互联网的应用终端，已经覆盖了我国的各个城镇，服务了上亿的上网人群的客观事实是大家有目共睹的。况且，网吧作为网络媒体的很多功能还可以继续开发出来。随着网吧业内人士的不断努力，其在信息产业中的作用会愈来愈重要。

综上所述，我们有理由说网吧产业是我国支柱产业——信息产业的重要组成部分。我们有理由说网吧产业在为我国的支柱产业信息产业的发展作着很大的贡献。信息产业与汽车工业、装备制造业、纺织品工业具有同等重要的地位。我们应该站在历史的高度，用发展的眼光看待网吧产业，就会认同这一产业的重要性，发展的紧迫性和必要性。

第二，要强化发展网吧产业的“府际关系”的理论研究和实践探索工作，使振兴网吧产业规划的国家政策尽快出台。在理论上，我们国家如何协调好各行政机关之间的“府际关系”是一个亟待解决的课题。林尚立指出：“各级、各类政府为管理复杂的社会公共事务所形成的关系也是十分广泛的。它包括权力关系、职能关系、政策关系、监控关系、税收关系、预算关系、公务合作关系、法律关系、司法关系，等等。虽然政府间行政关系所包含的内容十分广泛，但从决定政府间关系的基本格局和性质的因素来看，政府间关系主要由三重关系构成：权力关系、财政关系和公共行政关系。”[1]从本质上说，这些关系就是一个利益关系。我们处理好“府际关系”，国家相关部门统一出台调动网吧发展的优惠政策，就可以解网吧产业的燃眉之急，比如从税收方面考虑，给网吧产业一些减免政策。

张紧跟在《当代美国地方政府间关系协调的实践及其启示》一文中指出：“美国是一个联邦制国家，由于复合共和制安排所形成的多中心体制使得地方政府间关系非常复杂存在着摩擦和冲突。在发生矛盾或需要合作的州之间，建立了一种新型的协调机制。这种协调的方式一是通过签订具有约束力的双边或多边法律协定或行政协议来实现，具有法律效力。据此协议，各州之间形成了一种正式的和稳定的州际合作。二是设立跨州合作的委员会，作为各州之间相互交流、协调与合作的机构。三是建立州政府之间的合作网络，用服务协定作出政府之间合作的制度安排，有三种方式，其一是政府间的服务合同，其二是联合服务协定，其三是政府间服务转移，将一个政府的职责长期转让给另一个政府。”[2]这种契约式的合作，形成了良好的制度环境和比较规范的行为主体。国家网吧产业政策的制定，涉及国家发展改革委、财政部、工信部、国家税务总局、国家工商局和文化部等多个政府部门，国家应该创新管理体制，借鉴美国州际合作的经验，建立网吧产业发展的协调工作机制，为网吧产业的国家政策尽早出台做出制度性安排。我们的各相关政府部门应该看到网吧产业在推动我国信息产业和网络文化产业发展中所起的突出重要的作用。温家宝总理出访英国在剑桥大学演讲的一段话，可以为这种作用做出诠释。温家宝指出：“进入21世纪，经济全球化、信息网络化，已经把世界连成一体，文化的发展将不再是各自封闭的，而是在相互影响中多元共存。一个国家、一个民族对人类文化贡献的大小，越来越取决于她吸收外来文化的能力和自我更新的能力。”[3]

从理论研究到实践探索，国家网吧主管部门文化部市场司，应担当协调

[1]　林尚立. 国内政府间关系[M]. 杭州：浙江人民出版社，1998.

[2]　张紧跟. 当代美国地方政府间关系协调的实践及其启示[J]. 公共管理学报，2005，（1）.

[3]　温家宝. 用发展的眼光看中国——在剑桥大学的演讲[EB/OL]. http：//news.xinhuanet.com/world/2009-02/03/content_10755604.htm

各政府部门扶持和发展网吧产业的重任，正确处理好政府部门之间的“府际关系”，包括权力关系、财政关系和公共行政关系；协调多家部门对权限进行定位和分割，各司其责，提高工作效率，以使国家的网吧产业政策早日出台。

第三，国家网吧产业振兴规划近期要考虑解决产业停滞发展的迫切问题，遏制和扭转产业萎缩的状况。国家网吧产业振兴规划的制定是一个庞大的系统工程，要考虑长期发展的目标、市场配置基础性资源和国家宏观调控等重大的发展措施，每一项措施后都要有一个数据支持系统做论证。但是，近期的发展目标比较明确，就是要遏制产业滑坡的局面发生，促使产业“稳定与发展”“充实与提高”；采取综合措施，遏制恶性竞争，促进网吧经营者的收入增加。比如：政府负有监管网吧安全运营的职责，安全运营的基础设备和运转费用就应由政府的财政转移支付承担，减轻经营者的经济负担。诸如此类的切实可行的措施我们都应给予考虑，为网吧产业的平稳发展提供有利的保障。

“沉舟侧畔千帆过，病树前头万木春”，网吧产业在国家的扶持和帮助下，一定能够克服经济发展下滑带来的困难，开创蓬勃发展的新局面。

第五章 网吧产业发展研究

网吧产业发展研究的内容很多，主要焦点问题集中在连锁经营、高端网吧、产业升级和农村网吧发展等方面。这些突出问题实际与政府的产业发展政策息息相关，谈这些内容实际是要讨论政府在这些相关方面的产业政策。

第一节 连锁经营研究

自2003年以来，文化部等部委大力推动网吧产业实施连锁经营的政策，取得了一定的成效。这一政策的贯彻落实对规范网吧有序经营、树立网吧形象起了一定的推动作用。这其中的成效和问题值得总结和研究。

一、政府连锁经营政策

1. 概念由宽变窄

自2003年至今，文化部等中央相关部委，发布了一系列的网吧管理政策文件，有10个政策文件涉及网吧连锁经营政策问题，有4个政策文件专题发布网吧连锁经营政策，如表12所示。

表 12 我国网吧连锁经营政策文件统计表

发文时间	文件名称	发文部门	主要内容
（1）2003年（4月22日）	《关于加强互联网上网服务营业场所连锁经营管理的通知》（文市发［2003］15号）	文化部	促网吧连锁经营，力争规模化、连锁化、主题化、品牌化，全国连锁企业10家，各省3家，停止审批非连锁经营的网吧
（2）2004年（10月18日）	《关于进一步深化网吧专项整治工作的意见》（文市发［2004］38号）	文化部、国家工商总局、公安部、信息产业部、教育部、财政部、国务院法制办公室、中央文明办、共青团中央	各地可在本地区网吧总量规划内，审批网吧连锁经营企业新设直营连锁门店；对网吧连锁经营企业，其在省（自治区、直辖市）范围内直营连锁门店必须达到其在该省（自治区、直辖市）门店总数的10%以上，才可按照从严审批的原则审批其新设特许连锁门店
（3）2005年（4月12日）	《关于进一步深化网吧管理工作的通知》（文市发［2005］10号）	文化部、国家工商总局、公安部、信息产业部、教育部、财政部、国务院法制办公室、中央文明办、共青团中央	鼓励和支持网吧连锁经营企业收购、兼并、联合、重组、参股、控股现有网吧，要求文化、工商、公安等部门依法为其办理证、照变更手续

续表

发文时间	文件名称	发文部门	主要内容
（4）2006年（6月22日）	《关于对江苏省文化厅有关规范性文件转送函的复函》（国法秘函[2006]227号）	国务院法制办公室秘书行政司	不再执行2003年4月22日文化部发布的《关于加强互联网上网服务营业场所连锁经营管理的通知》（文市发[2003]15号）的规定
（5）2007年（2月15日）	《关于进一步加强网吧及网络游戏管理工作的通知》（文市发[2007]10号）	文化部、国家工商总局、公安部、信息产业部、教育部、财政部、监察部、卫生部、中国人民银行、国务院法制办公室、新闻出版总署、中央文明办、中央综治办、共青团中央	2007年全国网吧总量不再增加，各地均不得审批新的网吧。对连锁网吧由事前的行政许可调整为事后的行政确认
（6）2008年（7月7日）	《关于网吧管理工作有关问题的通知》（文市发[2008]25号）	文化部、国家工商总局、公安部	稳步推进网吧连锁化、规模化、专业化、品牌化，积极培育和扶持若干经营规范、业绩明显、声誉良好、品牌价值高、核心竞争力强、市场影响力大的网吧连锁经营企业，努力通过市场机制和政策激励扶持改善、优化网吧市场结构，提高连锁网吧的市场占有率，改造和提升网吧产业
发文时间	文件名称	发文部门	主要内容

续表

（7）2009年（3月19日）	《关于贯彻落实中共中央办公厅、国务院办公厅关于进一步净化社会文化环境促进未成年人健康成长的若干意见的通知》（文市发［2009］8号）	文化部、国家文物局	严把网吧审核关，强化退出机制。积极推进网吧连锁化、规范化，以经营规范、制度健全的连锁网吧挤压非法网吧的生存空间
（8）2009年	《关于进一步净化网吧市场有关工作的通知》（文市发［2009］9号）	文化部、国家工商总局、公安部、工业和信息化部、中国关心下一代工作委员会	积极优化网吧市场结构，综合运用经济、行政等多种手段扶持连锁网吧的发展。各地经文化部已批复的总量布局规划指标，应全部用于网吧连锁企业的直营门店布点。要严格规范网吧连锁企业的经营行为，杜绝“假连锁”“假加盟”等现象。各地要积极借鉴有关地方网吧连锁试点经验，创新体制机制，使连锁企业发挥更大的示范效应和带动作用

续表

发文时间	文件名称	发文部门	主要内容
（9）2009年（9月7日）	《〈网吧连锁企业认定管理办法〉的通知》（文市发［2009］35号）	文化部	由企业总部或其分公司、子公司全额投资或控股开设的直营门店开展互联网上网服务经营活动的投资管理企业。特许或加盟等形式的连锁网吧经营单位不在本办法调整范围内
（10）2010年（2月）	《全国网吧连锁企业认定工作申报指南》	文化部市场司	全国网吧连锁企业注册资金不少于5000万元，不少于30家，在3个省有直辖店

2003年4月22日，文化部印发了《关于加强互联网上网服务营业场所连锁经营管理的通知》（文市发［2003］15号）（以下简称《连锁经营通知》）。这是我国出台的第一个网吧连锁经营的政策文件，意义重大。《连锁经营通知》表述的网吧连锁经营概念是：指若干互联网上网服务营业场所在连锁经营企业总部的统一管理下，严格按照连锁经营的组织规范，统一经营方针、统一服务规范、统一形象标识、统一营业场所风格，并且统一上网首页和统一计算机远程管理的经营组织形式，主要包括直营连锁和特许（或称加盟）连锁两种组织形式。

网吧连锁经营的政策依据来源于《国务院办公厅转发国务院体改办国家经贸委关于促进连锁经营发展若干意见的通知》（国办发[2002]49号）。国办49号文件中，连锁经营是指："通过对若干零售企业实行集中采购、分散销售、规范化经营，从而实现规模经济效益的一种现代流通方式，主要有直营连锁、特许连锁、自由连锁等类型。实行统一采购、统一配送、统一标识、统一经营方针、统一服务规范和统一销售价格等是连锁经营的基本规范和内在要求。促进连锁经营发展对我国生产、流通、消费以及整个国民经济发展具有重要意义。”国务院办公厅的企业连锁包括了直营连锁、特许连锁和自由连锁这三种形式。文化部要求的网吧连锁仅有直营连锁和特许（或称加盟）连锁两种形式。

2009年9月7日，文化部印发《〈网吧连锁企业认定管理办法〉的通知》（文市发[2009]35号）（以下简称《管理办法通知》）指出：网吧连锁企业是由企业总部或其分公司、子公司全额投资或控股开设的直营门店开展互联网上网服务经营活动的投资管理企业。特许或加盟等形式的连锁网吧经营单位不在本办法调整范围内。

网吧连锁经营的概念从直营连锁和特许（或称加盟）连锁两种组织形式，演变为仅存直营门店一种形式。这一条是针对大量假连锁的情况制定的。

2. 市场准入政策

2003年的市场准入标准在《连锁经营通知》中规定：省内连锁经营企业，注册资本不得少于1000万元；不少于10家直营连锁门店。连锁经营企业总数量不超过3家。全国连锁企业注册资本不少于5000万元；不少于两个省（自治区、直辖市）内拥有不少于20家直营连锁门店。地方和全国连锁企业的直营连锁门店不得少于连锁门店总量的10%。才允许办特许（加盟）企业。连锁经营企业数量原则上不超过10家。

2009年的市场准入标准在《管理办法通知》中规定：地方连锁企业注册资金不少于1000万元；直营门店数在本行政区域内不少于5家或省级文化行政部门规定的最低数量。全国连锁企业注册资金不少于5000万元；全资或控股的直营门店数不少于30家，且在3个以上（含3个）的省（自治区、直辖市）设有直营门店。

从以上规定看，地方连锁企业的准入更宽了，5家直营门店就可以成为连锁企业；但是，全国的准入标准更严了，需要在3个省以上，需要有30个直营店。而地方和全国办连锁企业的总数量没有了限制。

3. 强化连锁经营政策

从文化部等相关部委的印发的有关网吧连锁经营的文件看，国家始终都把推动网吧连锁经营当作指导网吧产业发展的一项重要理念、方针和任务看待，不遗余力、不断强化。强化连锁经营政策有如下特点。

●在2004年的38号文件中，就强调推进网吧连锁，提升行业形象。引导网吧向规模化、连锁化、主题化、品牌化方向健康发展。

●在2005年的10号文件中，鼓励和支持网吧连锁经营企业收购、兼并、联合、重组、参股、控股现有网吧，要求文化、工商、公安等部门依法为其办理证、照变更手续。

●在2007年的10号文件中，要求在现有网吧存量市场中推进连锁化、集团化、规模化、专业化、品牌化，不断提升网吧服务水准和行业形象。对网吧连锁经营单位的管理由事前的行政许可调整为事后的行政确认，按照“成熟一个，规范一个，确认一个”的原则管理。

●在2008年的25号文件中，努力通过市场机制和政策激励扶持改善、优化网吧市场结构，提高连锁网吧的市场占有率，改造和提升网吧产业。

●在2009年的9号文件中，要求综合运用经济、行政等多种手段扶持连锁网吧的发展。已批复的总量布局规划指标，应全部用于网吧连锁企业的直营门店布点。

●在2009年《管理办法通知》中，强调各级文化主管部门在制定网吧总量布局规划时，优先考虑发展网吧连锁企业。网吧连锁企业可依据有关政策开展直营门店布点工作。

按照《管理办法通知》和上述相关网吧管理政策规定：国家扶持和鼓励网吧的连锁化、规模化、专业化、品牌化，支持和引导非连锁网吧向连锁业态发展。这一大政方针的实行，实际上从政策上讲，已经没有了单体网吧的建立和发展的空间。现有的单体网吧也要向网吧连锁经营形式过渡。

2011年1月在11日，文化部、国家工商行政管理总局在合肥召开了全国规范网吧经营秩序经验交流会。在这次会上，文化部副部长欧阳坚[1]表示：大力推进网吧连锁经营，力争到2015年，集团化、规模化、专业化、品牌化的网吧达到80%以上，逐步消除单体网吧。欧阳坚指出，国家取消单体网吧发展连锁网吧的最终目的，是要网吧管理日趋规范，达到案件数量下降、违规举报下降、提案议案下降、负面报道下降“四下降”，以及监管水平提升、连锁比例

[1]　文化部：5年内全国逐步取消单体网吧[EB/OL]. http://www.pcpop.com/doc/0/622/622037.shtml

提升、服务质量提升、行业形象提升“四上升”的目的。但是，我们连锁经营的方针究竟贯彻得如何呢？

二、各地实践与问题

1. 采取的主要措施

为贯彻文化部的网吧连锁经营政策，各地采取各种经济措施加快推进网吧连锁经营进程，以提高网吧连锁经营率。举以下几种媒体介绍的成功范例：

●上海市以不允许单体网吧入市为手段，推行连锁经营。自2003年停止审批非连锁经营网吧，2005年开始对被吊销网络文化经营许可证后留出的额度全部用于发展连锁门店。截至2009年末，网吧连锁经营企业达15家，网吧连锁经营门店514家，连锁比例已达到34.8%。

●辽宁省采取政策吸引和行政引导相结合、政府推动与市场机制相结合的办法，推动连锁经营。政策引导包括为连锁企业提供优惠政策，如请网络运营商给连锁企业降低运行费用，开展增值业务，增加经营项目。这些措施使得辽宁省的网吧连锁经营率基本达到了100%。

●长沙市采取了降低连锁企业的网络服务收费标准10%，降低营业税率（营业税每台终端收8—10元）等办法，推动连锁网吧企业发展。

总之，全国各地、各级行政部门、采用各种行政手段和经济手段推动了网吧连锁经营的进程，提高了网吧连锁经营率。现在，我国的网吧连锁经营究竟到了何种程度？单体网吧就真的从内心里认同网吧连锁经营的形式吗？依靠连锁经营就能解决产业中的固有矛盾吗？我们强制推行连锁经营会产生何种后果？

2. 连锁经营效果不理想

一个突出的指标是网吧连锁经营率。我们以网吧连锁经营的企业数量，去除以网吧总数量就得出了连锁经营率的指标数据。2010年6月8日，文化部发布《2009年中国网吧市场年度报告》指出：2009年全国连锁网吧企业数量超过150家，其直营门店超过4500个。全国大部分省、自治区和直辖市均有连锁网吧企业分布。其中，网吧连锁企业数量最多的三个省份分别为湖南、河南、上海，连锁网吧企业数量分别为15家、14家和13家；其次为辽宁、浙江、湖北、山东四省，连锁网吧企业数量分别为8家、7家、7家和5家；而经济欠发达的西部地区，连锁网吧数量则较少。目前，全国与区域性连锁网吧发展缓慢。[1]

我们按照文化部《管理办法通知》规定，直营店才是真正的连锁企业，2009年4500家除以全国13.8万家的总数量，得出我国的连锁网吧经营率只有3.26%。这一比率虽然低，但却是扣除了所谓的加盟店的数量，没有水分是真实可信的。

2010年4月1日，由文化部和中央文明办共同主办的全国推进网吧连锁工作现场经验交流会在辽宁省鞍山市举行。在这个会上文化部公布：截至公布日，全国约有13.4万家网吧，有1.09万家实现了连锁经营，占总数的8.2%。从2009年底的3.26%，在不到4个月的时间里，网吧连锁经营率升到8.2%。[2]尽管我们的连锁经营率总体水平不高，但这一发展速度是惊人的。这里如果不是直营的数据，有加盟店的数量，就与政府的愿望相悖，与单体网吧的愿望也不一致。

3. 连锁经营经济效益不高，单体网吧没有加入的意愿

从2003年至今，单体网吧没有加入连锁经营的意愿的重要原因有几个：其一，连锁网吧经营给单体网吧的加入带来了很大的负担，比如要收加盟费。其二，连锁经营并没有给单体网吧的经营带来清晰的盈利模式，或者说没有给他们带来更高的收益。其三，连锁经营中统得过多管得过死，也给单体网吧的加入形成了障碍。

4.连锁统一经营无法面对多元化的市场需求

随着我国城市化进程的推进，一线特大城市，二、三线中小城市网吧整体经营环境变得复杂了，顾客的来源和需求多样化了，这就要求多种经营模式和多种规模的经营业态出现。连锁经营的统一理念无法面对多元化的上网需求变化。

比如北京上海城市中心区人口外迁，形成了中心区域空心化的状况，网吧规模可能萎缩，要向高端化发展吸引高端人群。而二、三线城市，在城乡接合部地区、小乡镇并不需要大规模的网吧，更适合单体网吧的发展。如果取缔

[1] 文化部发布2009年中国网吧市场年度报告[EB/OL]. http://www.gov.cn/jrzg/2010—06/08/content_1623190.htm

[2] 全国推进网吧连锁工作现场经验交流会在鞍山举行[EB/OL]. http://media.people.com.cn/GB/40606/11281578.html

单体网吧，就给黑网吧的发展留下了空间。我们这些年的经验是黑网吧越打越多，越打越黑。白与黑之间我们如何找平衡点呢？

有一位加拿大籍作家雅各布，1961年写作了一部《美国大城市的死与生》[1]。在这部著作中，她对二战后1950年—1960年美国大城市实施的旧城改造运动(主要指公共住房建设、城市更新、高速路计划等产生的城市衰败和凋敝现象)，提出了深深地质疑。这种大规模改造计划缺少弹性和选择性，排斥中小商业，必然对城市的多样性带来了破坏。她指出：多样性是城市的天性。她要唤起人们对城市复杂多样性的认识和热爱。

我们现在实施的强制网吧连锁经营，会不会如同20世纪50—60年代美国实行的大规模的旧城改造运动一样呢？毕竟市场经济的需求也是多样性的。多样性也是市场经济的天性。

三、连锁经营政策评价

1. 不宜提出消灭单体网吧的目标

我们推行网吧连锁经营的目的，是为了提升产业的整体形象。但是，实施这样的政策我们还需要观察。特别要用这样一把尺子来衡量——连锁经营能遏制黑网吧泛滥吗？至少在近几年内甚至十几年内，我们还是要实行两条腿走路的方针。一条腿是“稳妥、慎重地发展网吧连锁经营”，一条腿是“不禁止、不放弃”单体网吧的经营。如果我们把给连锁网吧的鼓励政策给那些守法经营的单体网吧，这些单体网吧一样可以健康有序地发展下来。

2. 尊重单体网吧经营者的选择

就像尊重中国农民的选择一样，也要尊重城市市民的选择。按照我们国家市场经济制定的一系列法规规定，守法的网吧经营者有权选择自己的经营方式。

我们不能忽视这样一个事实，网吧产业是一个以信息传播为手段的比较特殊的产业。我们不能用计划经济的思维模式管理这个产业，特别是在市场经济条件下。管理这个产业我们要有敬畏之心，要寻求多种方法、路径和思维模式。

[1] 简·雅各布斯（金衡山译）.美国大城市的死与生[M].南京：译林出版社，2008.

3. 网吧连锁经营政策与已发布实施的市场经济法规有冲突

1993年，我国出台了《中华人民共和国反不正当竞争法》。该法第一条规定：为保障社会主义市场经济健康发展，鼓励和保护公平竞争，制止不正当竞争行为，保护经营者和消费者的合法权益，制定本法。第七条规定：政府及其所属部门不得滥用行政权力，限定他人购买其指定的经营者的商品，限制其他经营者正当的经营活动。很明显，网吧连锁经营政策与我国的反不正当竞争法规有矛盾。

2008年，我国出台了《中华人民共和国反垄断法》。该法第一条规定：为了预防和制止垄断行为，保护市场公平竞争，提高经济运行效率，维护消费者利益和社会公共利益，促进社会主义市场经济健康发展，制定本法。第三条规定，本法规定的垄断行为包括：（一）经营者达成垄断协议；（二）经营者滥用市场支配地位；（三）具有或者可能具有排除、限制竞争效果的经营者集中。第四条规定：国家制定和实施与社会主义市场经济相适应的竞争规则，完善宏观调控，健全统一、开放、竞争、有序的市场体系。第五条规定：经营者可以通过公平竞争、自愿联合，依法实施集中，扩大经营规模，提高市场竞争能力。很明显，吧连锁经营政策与《国家反垄断法》有抵触。

4. 重要的产业政策和措施，需要征求产业协会的意见才能出台

网吧产业协会是市场经济主体围绕自身的经济利益所组织起来的非营利性组织，是联系政府组织和会员企业的桥梁和纽带。没有产业协会参与的政策和措施的制定是不完整的。社会主义市场经济是法制经济，也是合作经济。笔者主张政府创新网吧管理体制，建立一个政府主导的与产业经济组织和谐合作的管理体制。政府与网吧产业组织之间的相互独立、相互合作、相互促进、相互监督的新型合作体制的建立和运行，可以保障政府管理体制的高效运转和国家宏观调控经济政策的有效实施，可以协调社会关系、整合社会资源，促进企业诚信守法经营，最终形成网吧市场繁荣的良好局面。

第二节 高端网吧研究

文化部《2010网吧市场年度报告》披露：2010年网吧市场规模为771.169亿元人民币，相比2009年886亿的市场规模下降了12.96%。[1]如果考虑了通货膨胀因素，按照可比价格计算，市场规模下降幅度还将更大。这一指标反映和证明了我国的网吧产业已经处在了紧缩状态。令人欣慰的是产业界内有识之士，从没有放弃促进网吧产业不断发展的努力。更感可喜的是随着酒店式网吧、网咖式网吧、3D网吧和竞技网吧等高端业态网吧的出现，无疑对推动网吧产业走出困惑与困境起到了积极的作用。高端网吧业态的发展值得关注和研究。

一、高端网吧的基本特征

高端网吧是指具有先进性、控制力的知识密集、技术密集、资金密集的，以创新的盈利模式获取高附加值的网吧企业。

第一，具有先进性。这种先进性表现在它是依靠优秀企业家领导的、运用现代企业制度管理的网吧企业。何谓现代企业制度？中共十四届三中全会把现代企业制度概括为16个字——“产权清晰，权责明确，政企分开，管理科学”。

网吧产业萎缩的原因很多，可以归结为内部和外部两类原因。内部是网吧自身的问题和主要矛盾，是自身可以控制改变的。

外部问题是网吧企业的客观的、外因问题，是次要矛盾和次要问题。内因决定外因，主要矛盾决定次要矛盾。这并不是说外因和客观不重要，而是说网吧企业的诸多问题应该先从自身寻找根源。内部问题之所以产生的根源是没有一个好的现代企业制度造成的。当前我国网吧木桶的短板就是没有一个好的企业家领导的现代企业制度来经营网吧。高端网吧的最基本特征和第一位的特

[1] 深化管理长效机制，文化部发布2010年中国网吧市场年度报告[EB/OL]. http://culture.people.com.cn/GB/87423/14172045.html

征，就是先进性，表现是用现代企业制度管理网吧。

第二，具有控制力。现代企业制度是由优秀企业家来制定、执行和管理的。优秀企业家的控制力表现在网吧企业的投资人和经营者在自己的网吧中都有一种长期从业的职业感和归属感。我们看见的普遍现象是家族式的网吧随时在倒闭和易主。网吧产业投入高、产品技术更新换代快，家族式经营必然使得投资人的投资行为短期化、投机化，致使短期套现的现象不断发生。这对网吧产业的有序经营和持续发展带来了非常不利的影响。

第三，以创新的盈利模式获取高附加值。网吧产业内的官产学研的人士都在考虑的一个问题是如何提高网吧的附加值，以突破仅靠收取上网服务费的这种单一经营的局面。2007年2月，文化部等14部委印发《通知》（文市发[2007]10号）。《通知》以官方的立场，首次提出了增值服务的概念，包括有信息服务、远程教育、电子政务、电子商务等内容；开展增值服务的目的是不断提升网吧服务水准和行业形象。行业内的人士把网吧发展15年来已实行的和可实行的增值服务划分了10类项目——食品百货、游戏点卡、网吧主页、网吧影视、数码冲印、娱乐平台、广告平台、教育培训（包括远程教育）、商务办公和主题活动。高端网吧是把增值服务做到了极致，以清晰的盈利模式开展多种经营活动。

发展高端网吧有积极意义。

第一，高端网吧的最可贵之处在于创新。企业只有不断创新才能发展，这是产业不断发展的动力源泉。高端网吧创新了企业经营的组织制度，把一个草台班子式、小作坊式的网吧变为一个现代企业制度式的经营企业，甚至达到了真正意义上的连锁集团，确实使得网吧企业走上了正规化、品牌化、集团化的发展道路。

高端网吧创新了盈利模式。这种盈利模式使得网吧产业收入结构不再单一，并且在收入结构的调整和演进中使自身的竞争力不断加强。高端网吧的创新为未来的发展埋下了宝贵的种子。

高端网吧的最可贵之处就在于拥有很大的创新能力。自我培养出了创新环境。高端网吧企业敢于冒风险、迅速应对技术变化、具有开明态度和合作精神，始终保持了一种卓越的创新能力。最重要的是创新和构造了新型的网吧产业的收入结构，以自身的方式在趋利避害，维护自身的“金本位”的币值稳定。

第二，高端网吧的发展为产业发展树立了正面的、积极的、向上的形象和榜样。长期以来网吧产业的负面宣传占居主导地位，特别是产业发展的积极信息见诸于各种媒体的不多。高端网吧的发展应该有利于改变负面报道的不利局面。树立起业内人士发展产业的信心。正面宣传的意义在于像林炎志指出：正面教育构成正面阵地，是插自己的旗帜，组织自己的队伍，使中间群众趋之，聚之，敬之，仰之的地方。如果网吧产业没有正面的宣传和形象，就会使产业没有发展的目标和前进的方向。[1]

二、有利发展因素

发展高端网吧有有利的发展因素。第一，网吧网民在稳步增长。2011年1月，中国互联网信息中心（CNNIC）发布了第27次《中国互联网络发展状况统计报告》(以下简称《报告》)，《报告》统计数据显示：我国网民总数量达到了4.57亿，在网吧上网的人数比例超过1/3（35.7%），较2009年的35.1%增长了0.6%个百分点，网吧网民达到1.63亿人，较2009年的1.20亿人，增加了4300万人。网吧网民的增加为高端网吧收入的增加奠定了数量基础。

《报告》统计数据显示：除家庭上网外，网吧上网的人数比例超过工作单位上网人数的比例。在公共场所，网吧上网排在第一位，是网民上网的第一大场所。这说明了网吧在我国人民经济生活中的广泛性、普遍性和重要性。正如《2009年中国网吧市场年度报告》指出：网吧以市场的方式，缩小了城乡信息化差距，填补了数字鸿沟，弥补了信息服务中公共投入的不足。网吧为社会公众提供了便捷的新闻浏览、查阅资料、游戏娱乐、沟通交流等互联网应用服务。

第二，我国流动人口数量庞大，为网吧网民的增加提供了充足的后备资源。2011年4月28日，国家统计局发布了《2010年第六次全国人口普查主要数据公报》：我国总人口为13.397亿人(不含港澳台)，其中居住地与户口登记地所在的乡镇街道不一致且离开户口登记地半年以上的人口为2.61亿人，其中市辖区内人户分离的人口为0.3995亿人，按大数算扣除0.4亿人，农村流动人口

[1] 林炎志.树坚不怕风吹动[M].北京：光明日报出版社，1994.

为2.21亿人。我们扣除老人、孩子、文盲和不上网的人数比例60%，可上网的人数比例为0.884亿人。这是一个庞大的数量。

第三，我国2008年统计数据显示，我国城市有655座，城市化水平达到了45.68%。有百万人口以上的特大城市122座。[1]虽然，我们不能统计出农村与城市流动人口在特大城市居住的信息。但是，上述的数据都为高端网吧的发展提供了支撑资源。

第四，有国家政策支持。有如下几点：其一，从党的大政方针的层面说。中共中央《关于制定国民经济和社会发展第十二个五年规划建议》第（16）项指出：全面提高信息化水平。推动信息化和工业化深度融合，加快经济社会各领域信息化。发展和提升软件产业。积极发展电子商务。加强重要信息系统建设，强化地理、人口、金融、税收、统计等基础信息资源开发利用。[2]这一重大决定，是我们发展高端网吧产业的重要依据。网吧产业是信息现代化的终端和重要的应用平台。按照这一内在的逻辑推理，高端网吧没有发展的政策障碍。现在的问题，一方面在于国家各有关部门如何落实国家的大政方针，把对网吧产业的扶持特别是对高端网吧的支持化为具体的行动；另一方面网吧企业如何在开创自己的事业中，把好看的花嫁接为好吃的果，这需要企业有开拓精神和意识。

其二，从中央政府（国务院）的层面说。国务院推出了一系列的区域经济发展的政策，有利地推动了我国城市化的发展进程。例如：2008年9月国务院印发《关于进一步推进长江三角洲地区改革开放和经济社会发展的指导意见》；2009年4月，国务院印发《关于推进上海加快发展现代服务业和先进制造业建设国际金融中心和国际航运中心的意见》；2009年5月、6月、7月、9月，国务院常务会原则通过《支持福建加快建设海峡西岸经济区意见》《江苏沿海地区发展规划》《辽宁沿海经济带发展规划》《促进中部地区崛起规划》。这些规划的批复和政策的出台，将带动上述地区的经济发展，推动了这些地区的城市化进程。这些发展规划都会对网吧产业的发展起到有利的促进作用。

其三，从政府部门层面说。国家文化部等部委出台了有利于高端网吧发展

---

[1] 刘铮，周英峰.我国2008年统计数据显示，我国城市有655座.2009—09—18.[EB/OL]. http：//www.360doc.com/content/10/0428/18/22690_25318613.shtml

[2] 中共中央.关于制定国民经济和社会发展第十二个五年规划建议.[EB/OL]. http：//news.xinhuanet.com/politics/2010—10/27/c_12708501.htm

的政策。一是2007年印发《通知》(文市发[2007]10号)，提出允许和鼓励网吧开展增值服务。高端网吧依据这一政策可以开展以上网服务为主业，延伸出多种经营的网吧业态。

二是2009年印发《管理办法通知》([2009] 35号)，要求各地开展连锁经营。由企业总部或其分公司、子公司全额投资或控股开设的直营门店开展互联网上网服务经营活动的投资管理企业。连锁经营是促进发展高端网吧的重要契机。通过连锁经营，连锁企业集团实行集中采购、分散销售、规范化经营，从而实现了规模经济效益；通过连锁经营，连锁企业集团实行统一采购、统一配送、统一标识、统一经营方针、统一服务规范和统一销售价格实现网吧的正规化、集团化、规模化、专业化、品牌化。通过真正的连锁经营，网吧企业从本质上说完成了从小作坊式的经营，向现代化的企业改造升级的过渡。最终提升了网吧产业的服务水准和产业形象。

特别是通过连锁经营，连锁企业集团通过收购、兼并、联合、重组和直接投资改造陈旧的小型网吧，在适宜的城市、区域，开办了一些高端网吧企业。而此时，各地方政府，比如上海、辽宁、湖南都各自出台了扶持和优惠政策，比如：发放连锁经营网吧牌照、降低连锁企业的网络服务收费标准、允许批准企业开展增值服务。而高端网吧可以利用这些有利和优惠的政策，促进自身的发展。

第五，网吧企业自身有内在的发展动力。其一，高端网吧的发展，服从和服务了产业发展的规律。产业经济从农业到工业、从工业到服务业，有一个不断递进和强化到第三次产业的过程和规律。工业化发展带来了城市化的发展，城市化带来了商业的发展，商业化带来了服务业的发展，而以信息服务为主要特征的网吧产业，在现代化的信息社会中不可或缺。这时的高端网吧产业的发展强化了信息化水平的提升，发展有其内在的动力。

其二，高端网吧在产业内部有竞争优势。它具有吸附高附加值的能力，具有吸引资本投入和提升服务品质的较高能力，创造出一业为主多种经营的局面，形成一套较为清晰的盈利模式，使自己在产业内部的竞争中占据有利位置。这也是高端网吧得以发展的动力。

综上所述，高端网吧的发展有这些有利于自身发展的外部环境和条件、国家支持政策和内在的发展动力。因此，高端网吧的发展显现了端倪和发展活力。

三、不利因素分析

高端网吧产业是相对低端的、小作坊式的网吧而言，或者说是我们对其今后发展的预期。与我们常说的高端现代农业、先进制造业、高端流通业和高端服务业不可同日而语，其知识密集还是理论上的概括，高附加值也是在日常消费领域增加收入。因此，高端网吧在不是主导产业和不具有创造真正的高附加值时，其发展还要受到牵制，有一些障碍性因素。

第一，宏观经济形势走向不确定和专业门槛限制。高端网吧的发展受到整个国家经济形势的影响，存在着很大的不确定因素和经济风险。2010年我国的网吧网民的数量较2009年是增长的；但是，产业总体收入却呈下降趋势。呈现出增产不增收的局面。这其中固然有产业整顿的因素，但是整体性经济效益持续性下降是重要的原因。这其中包括通货膨胀和内需不振等不利因素带来经济滑坡。正如刘振华所说，中国的经济增长在很大程度上是货币推动；由此带来很多问题，包括中国经济的真实产出和通货膨胀。[1]网吧产业在产业链上还处于依附和低端的位置。因此，发展高端网吧产业有不确定的、不利的宏观经济因素影响和投资风险。

第二，高端网吧产业的发展也有很大的政策性障碍因素，有专业门槛的限制。高端网吧要追求多种经营和多种高附加值的服务业态，会有政策性壁垒的限制；有些行业市场进入门槛太高，周期太长，限制了网吧产业的多种经营。中国行政体制改革研究会秘书长汪玉凯指出：“表面上看，我国行政审批制度不断地改革、不断地取消审批事项，但实际上，企业负担并没有减少，政府官员通过审批途径的‘寻租’合作愈演愈烈。”[2]

第三，企业自身制度缺陷限制。其一，没有建立产权清晰的现代企业制度。发展高端网吧没有建立产权清晰的现代企业制度，是推动这一业态发展的最大的、自身性的障碍因素。其二，家族企业控股与股权稀释的矛盾不好解决。我们没有建立一个真正的产权清晰的现代企业制度的根源，在于我们不能有效地、合理地解决家族企业控股与股权稀释的矛盾。我们绝大多数网吧企业

---

[1] 刘振华，中国经济增长的真相(1).[EB/OL].http：//6109.163.com/zhenhua-liu/blog/static/171806318201132755454321/.

[2] “盖章成本”越盖越高 审批“寻租”愈演愈烈[N].经济参考报，2011—05—06.

还是民营的家族企业。一些理论家认为，在中国的家族企业中，家族必须绝对控股，家族企业的股权安全系数在70%到90%之间，这一说法是有一定道理的。但是，家族企业要想做大做强，股权就需要不断稀释，就要引进现代企业经营制度。这其中就产生了矛盾。这一矛盾至今没有解决的办法。

第四，向生产性服务业转型限制。高端网吧打造的还是娱乐性的服务平台，还没有对第二产业的发展起直接的推动作用。娱乐平台依附于整体经济的发展，是被动型发展模式。目前，笔者观察的高端网吧业态，有装网络电话的、有装小型院线的，很少有建立生产性的服务平台的。网吧何时才能有生产性服务业的功能？这是一个很大的难题值得深入研究和破解。

所谓生产性服务业是为其他产业生产商品和服务而非直接向个体消费者提供服务的产业，是随着社会分工的进一步细化而从生产企业内部职能中分离出来的新兴产业。它是与制造业直接相关的配套服务业，是从制造业内部生产服务部门而独立发展起来的新兴产业。

国家统计局将生产性服务业分为交通运输、房地产服务、商务服务、金融服务、信息服务和科研六个行业。这些行业有些与网吧确实是关联度不高。但是，电子商务、远程教育、信息服务、现代物流可以与网吧产业对接，其意义是与第二产业融合性强。

总之，高端网吧打造的娱乐性服务平台，是处在被动型发展模式的第三产业的末端，在构建主动性发展模式的过程中，在跨进生产性服务业并与第二产业相融合的过程中的限制性因素很多，转型非常困难。

第五，高端网吧自身发展有局限性。服务对象有局限性。笔者以为高端网吧目前服务的对象是收入阶层较高的白领阶层，服务对象有很大的局限性。

服务区域有局限性。高端网吧集中在特大城市。现实是大量流动人口还是在中小城市聚集，对低端网吧的市场需求较高。低端网吧在中小城市和农村集镇地区发展更适应小城市和农村集镇对网吧运营成本不太高的客观需求。

高端网吧的市场空间扩张、市场容量和市场需求有局限性。由前面两点原因引申出来服务区域集中在特大型城市中的高端网吧，市场的空间扩张是有限的；市场的容量是有限的；市场的需求是有限的。我们对高端网吧的发展还要进一步观察，总结经验。以高端网吧带动低端网吧发展这也是一个需要破解的难题。

四、发展途径研究

高端网吧产业的发展途径：一靠政策，二靠投入（包括资金、科学技术和高素质的人力资源投入），三靠有效的发展模式，很多企业还在这条途径中进行着探索和尝试。笔者的建议有如下几点：

第一，政府应该支持高端网吧的发展，把支持的产业政策更加细化。我国的国民经济各领域还是政府在主导着。特别是在微观领域内这种主导在短期内还不能改变。因此，高端网吧要想顺利发展需要政府各部门给予支持和帮助、解决问题、排忧解难。这样高端网吧才能顺利发展。如何请政府支持，比较可行的办法是产业协会出面，搭建政府与企业沟通的平台。

第二，高端网吧企业真正建立现代企业制度，首先要明细产权制度。现代企业制度的核心是企业领导人的确立，即首席执行官（CEO）的确立。这是企业领导人与职业经理人两种身份的合一。在成熟的市场环境下，企业领导的人力资本必然会找到自己的合理价位。人力资本作为一种制度安排进入企业之后，除了获得工资之外，还应获得产权回报。这就需要明确产权制度。进一步说，还可以建立新的产权制度，就是请企业员工、企业的经营者共同参股投资，形成一种企业员工和企业出资人、经营者相互监督与相互扶持的局面，不仅有利于企业的稳定，更有利于企业的长期发展。纽约股票交易所的墙上有一句话“保护小股东的利益就是保护了所有股东的利益”，这句话有深刻的道理在里面。

第三，建议高端网吧在发展中搭建生产性服务平台。这是提高企业竞争力，在与第二产业的融合和链接中成为真正的高端企业所要走的必由之路。

总之，高端网吧的发展有几个方向：一是在所有制上以国有、民营等各种所有制的企业形式发展高端网吧产业；二是在经营形式上以连锁经营和单体经营的形式发展高端网吧；三是以高端网吧的发展为契机，带动低端网吧，实现高端与低端网吧共同发展。这样，就促进了网吧产业的竞争力不断提高，产业后备资源更加丰富。

第三节 产业转型升级研究

移动互联网、智能手机、平板电脑等互联网IT行业新技术新产品日新月异地发展，对网吧产业产生了巨大冲击和影响；导致网吧数量和客流量双双减少，出现了不可逆的“双衰”局面。为救网吧产业于危难之中，文化部提出了“转型升级、提升形象”的产业发展目标，努力将网吧打造成适合不同受众的多功能文化休闲场所。产业转型升级还有很多议题值得深入探讨。

一、转型升级的主要内容

文化部市场司李雄司长对产业升级有一个描述，他指出：“为打破僵局，寻找新的营收增长点，近年来，网吧产业进行了一些有益的尝试和探索，一是将网吧与大型文化休闲场所相配套，融入购物休闲娱乐一站式服务；二是以卫生舒适的环境吸引客源，设置不同标准、配置的区域以满足用户的不同需求；三是跨业态经营，如与餐饮、培训、游戏等产业融合，降低机时费的营收占比，拓宽盈利渠道。”[1]这三种模式的升级只是初步的，李司长认为只是“场所环境的改善、服务质量的提升和业态的简单融合”。他进一步确定的转型升级的目标是：“努力寻找突破点，打破原有的业态界限甚至行业界限，加强与上下游产业链的合作，实现从单一向多元消费平台的转变，从粗放型增长到集约型增长的转变，使网吧成为适合不同受众群体，兼具上网服务、社交、休闲娱乐及教育培训功能，在文化消费中起积极引领作用的休闲场所。”

文化部理解的转型升级有两个步骤：第一个步骤是经营环境的改观和业态的简单融合；第二个步骤是将网吧升级为具有多种经营（多种功能）的集约经营的网吧。这一总结，指出了我国网吧产业的种种弊端，并给这一弊端开出了治病的药方。这个药方对症下药是可取的，但有一定的局限性，还不能解决根本性问题。

[1] 李雄.在全国网吧行业转型升级论坛上的讲话[J].中国网吧，2014，(1).

二、转型升级的主要问题

第一，网吧开发多种经营功能有专业门槛的限制。网吧升级转型追求多种经营和多种高附加值的服务业态，会有政策性壁垒的限制；有些行业市场进入门槛太高，周期太长，限制了网吧产业的多种经营。这个难题如何破解，需要文化部与多部委协商，特别是与工商总局协商，在以互联网接入服务这个主业不变的前提下，发展“一业为主，相关的多种经营业务”。这是一个很大的难题，在理论上要破解为什么要“一业为主、多种经营”，在落脚点上我们还是要落在信息服务业态上面，文化娱乐只是兼业的形态；只有往信息服务业态这个方向发展，网吧产业才能完成质的飞跃，实现真正意义上的华丽转身。在实践上要闯关、探索，搞好顶层设计，协调其他部委为网吧战略发展铺就道路。

第二，网吧产业转型升级有悖其他产业转型升级的一般发展规律。从一般意义来说，产业转型升级总是跟技术创新联系在一起的。傅家骥《技术创新学》一书认为：在影响产业升级和结构转换的主要因素中，技术创新是核心因素。他指出：“没有技术创新，就没有产业结构的演变；没有产业结构的演变就没有经济的持久增长。”[1]这一判断无疑是正确的。技术创新使得近20年的世界经济发生了巨大的变化，以自然资源为基础的经济逐渐转向以知识为基础的经济。主要特征：一是以信息、计算机和通讯为基础（ICT），极大地减少了储存、输送、转移和综合信息的成本，并使网络无处不在。二是创新过程使得产业升级步伐加快。国外学者认为，产业升级过程就是制造商成功地从生产劳动密集型低价值产品向生产高价值的资本或技术密集型产品这样一种经济角色转换过程。我们以铁路运输业的牵引机车为例，从蒸汽机车、内燃机车发展到高速铁路机车，无不渗透着技术进步与创新的元素。

但是，我们观察网吧产业的转型升级的背景，却是与其密切相关的互联网技术和电子计算机技术的发展，在替代网吧的很多功能，逼其“转型”。网吧与其他一般服务产业的融合，就这些产业来说，并不是高新技术的产业，没有高新技术的发展在里面。如果我们将连锁网吧的发展算作组织制度创新的话，也很牵强，因为连锁经营并不是新鲜的事物。从严格意义说，网吧产业转型升

[1]　傅家骥.技术创新学[M].北京：清华大学出版社，1998.

级，应该叫“转型降级”更为贴切。这种降级不是贬义，而是在寻找更多的发展和生存机会。昔日高端大气上档次的网吧，与一般服务业结合成为明日黄花，这是市场经济的选择。

三、赋予转型升级新的内容

在网吧产业界内各方人士都在热议产业转型升级时，我们应该集思广益，给这个命题赋予更多的、更合理的内容，只要是有益于产业发展就好，不必要拘泥于形式和称谓。因此，笔者有以下认识。

第一，产业转型向生产性服务业方向发展。从国家统计局到文化部都认定网吧是娱乐性的服务平台，税收也把网吧定位于娱乐类服务业。这种性质的平台没有对第二产业的发展起直接的推动作用，依附于整体经济的发展，是被动型发展模式。

就目前一些转型升级的所谓高端网吧来说，有装网络电话的、有装小型院线的，就是没有建立生产性的服务平台的。因为网吧向生产性服务业转型很难。

网吧为什么要向生产性服务业转型？所谓生产性服务业是为其他产业生产商品和服务而非直接向个体消费者提供服务的产业，是随着社会分工的进一步细化而从生产企业内部职能中分离出来的新兴产业。它是与制造业直接相关的配套服务业，是从制造业内部生产服务部门中独立发展起来的新兴产业。

国家统计局将生产性服务业分为交通运输、房地产服务、商务服务、金融服务、信息服务和科研六个行业。这些行业有些与网吧确实是关联度不高。但是，电子商务、远程教育、信息服务、现代物流可以与网吧产业对接，其意义是与第二产业融合性强。

网吧向生产性服务业转型，是在构建主动性发展的模式，是在跨进由生产性服务业与第二产业相融合的发展过程中。这是一种真正的产业转型升级；理论设想不难，实际操作困难；限制性因素很多，转型非常困难。但是，这是一种发展方向。

第二，转型升级要打破制度限制的藩篱。我们无论发展生产性服务业的网吧，还是发展休闲娱乐性服务业的网吧，都是要搞“一业为主，多种经营”。

这种发展模式受限于《条例》(国务院第363号令)，及地方衍生出来的更严苛的管理办法。怎么办?

《中共中央关于全面深化改革若干重大问题的决定》(2013年11月12日中国共产党第十八届中央委员会第三次全体会议通过) 指出："（15）全面正确履行政府职能。进一步简政放权，深化行政审批制度改革，最大限度减少中央政府对微观事务的管理，市场机制能有效调节的经济活动，一律取消审批，对保留的行政审批事项要规范管理、提高效率；直接面向基层、量大面广、由地方管理更方便有效的经济社会事项，一律下放地方和基层管理。"[1]这一表述言简意赅，内容丰富深刻，就像三月的春风细雨一样，给严冬中的网吧带来了春的生机和活力。修订《条例》正逢其时。在经营上网服务的主业同时，给予网吧相关的其他服务权限。这一条应该可以考虑。当然，修订《条例》是一个系统工程，需要修订的地方很多，更需要相关部委协调配合。只是在涉及网吧产业升级转型时，这一点很重要，所以就突出强调一下。

网吧产业虽然处在比较艰难的发展时期；但是，有政府部门的支持帮助，有中国网吧协会的坚强领导，产业就一定会有更大的发展。因为，这种发展，已经从自发发展走向了自觉发展的阶段。这种发展，更理性、更从容、更坚定。

第四节　发展农村网吧研究

我国的网吧产业近些年来处在低谷滑坡状态。一些大城市中心区域由于大规模的城市功能改造，很多网吧关停并转，甚至涌现了"关门潮"现象。为打破这一沉闷徘徊不前的局面，文化部出台了"转型升级"的政策，以促进产业持续健康发展。如何促进产业升级？我们的视野应该更宽阔，把重点由全国600多座城市转向两万多个乡镇、转向广阔的农村。大力开发、开拓农村网吧市场，这是促进我国网吧产业出现转折与转机的重要途径。

[1]　中共中央关于全面深化改革若干重大问题的决定辅导读本[M].北京：人民出版社，2014.

一、农村网吧作用

生产性服务业是为其他产业生产商品和服务而非直接向个体消费者提供服务的产业，是随着社会分工的进一步细化而从生产企业内部职能中分离出来的新兴产业。农村网吧不同于城市网吧的重要一点就是在发挥着生产性服务业的作用。这样的鲜活的例子让人振奋。

耿国勇在《农村网吧 天地广阔》一文中，就热情地描述了这样的例子：“‘过去信息不通，农产品卖价低；现在只要鼠标一点，收购商就来到家门口。去年我通过互联网卖蔬菜就净赚4万多元。’日前，湖南祁阳县浯溪镇长流村村民陈二元在‘农民网吧’运用互联网发布大棚反季蔬菜供货信息时，脸上写满了喜悦。

近年来，湖南祁阳县委、县政府以农村党员干部现代远程教育为依托，通过整合资源，投资400余万元在全县20个镇村建立了农村党员干部现代远程教育接收点20余个，配备电视、电脑、投影等设备200余台，为农村党员干部和群众提供了一个学习政治、政策和科技文化的新平台，农民称之为‘农民网吧’。目前，在这些网吧，不少党员与群众结伴上网，联手研究农村种、养、加工项目达1000余个；较年轻的农民还通过远程教育上网上大学。据悉，‘农民网吧’已使该县1万余名农民走上了脱贫致富之路。”[1]

耿国勇进一步举例子：山东省阳谷县十五里园镇牛吴村里开设了一家免费网吧销售农产品，实现了农副产品的科技增收。阳谷县当地有关负责人介绍，由于采用了“网吧+基地+协会+项目”的模式，加速了阳谷县农村经济的发展，仅2007年夏天就为当地农村增收4800万元，有不少村民甚至养成了每天必须上网查阅市场信息、价格走势的习惯。还有一些可喜的例子限于篇幅不能一一列举。

农村的网吧为什么能发挥生产性服务业的作用，需要进一步从理论上分析。在传统的农产品销售中，农民作为农产品的生产主体，处在非主导地位上，农产品销售存在着发散型“蛛网波动”的现象。许多农产品陷入了从“涨

[1] 耿国勇.农村网吧 天地广阔[EB/OL]. http://www.ccmedu.com/bbs/dispbbs.asp?BoardID=20&ID=60146&replyID=&skin=1.

价——扩大规模——跌价——市场紧俏——又涨价”这一恶性暴涨暴跌的循环怪圈过程。即农产品的价格与产量变动相互影响，引起规律性的循环变动。1930年美国的舒尔茨、荷兰的J·丁伯根和意大利的里奇各自独立提出，由于价格和产量的连续变动用图形表示犹如蛛网，1934年英国的卡尔多将这种理论命名为蛛网理论。

在传统的农产品销售过程中，产生蛛网现象恶果的原因有以下几点。在产前环节，单独的农户对市场信息的获取渠道单一，而且滞后失真，生产无序竞争。在产中环节，生产无技术指导。在产后环节，加工无技术标准。在流通环节，存在多级批发商。在销售环节，不了解需求方的信息要求。而产生这一现象的根本原因是农民处于非主导地位上。

而具有生产性服务业的农村网吧出现，彻底颠覆了传统的农产品的销售方式。农村网吧在农产品直销的过程中，发挥了电子商务平台的巨大的技术支撑作用。在这个平台上，农民由非主导地位向主导地位过渡。农产品在产业链上的产前环节，以产定销，品种和产量有规划。在产中环节，需求方（农民生产合作社、大型超市）对生产有要求和指导。在产后加工环节，产品有品牌、有精细包装。在流通环节，产销两个领域直接对接，减少了批发环节。在这一个生产流程中，农民网吧都起到了不可替代的信息技术的指导作用。农民是最讲究实际用处和实际利益的，只要对发展生产有利，他们就会把网吧的功能拿来利用。

中国互联网络信息中心(CNNIC)2011年8月发布的《2010年中国农村互联网发展状况调查报告》（以下简称《2010年农村互联网报告》）指出：“通过政府主导、社会参与，在农村地区，信息服务的普及率显著提升，农民自发使用信息技术的意识加强。‘沙集模式’成为农村自发应用信息化手段的典型代表。农民通过自发、自主地应用市场化的电子商务交易平台变身为网商，不再与大市场相隔离，而是直接对接市场，主动掌握信息，成为自主经营按需生产的平等的市场主体，带动农村地区制造及其他配套产业发展。‘沙集模式’直接改变了农村产业结构，促进了产业结构升级，同时带动了周边地区信息化使用深度，信息化的应用和效应得到了体现。”[1]这一表述，说明了农村互联网的发展对农村经济的发展起到了非常重要的作用。这也是对我国农村网吧开发

[1] 中国互联网络信息中心. 2010年中国农村互联网发展状况调查报告[R].[EB/OL]. http://www.cnnic.net.cn/hlwfzyj/hlwxzbg/201109/P020120709345273379676.pdf

生产性服务业功能的最佳评述。

我国社会经济发展不平衡，突出表现就是城乡之间存在着巨大的数字鸿沟，农产品销售信息渠道不畅的矛盾日益突出。要解决这一问题，推动农村信息化的建设，开发农村网吧市场是重要的途径之一。农村网吧的生产性服务业的功能要较城市突出，这是我们推动农村网吧发展，建设农村电子商务平台的直接动力。说套话，农村网吧可以为社会主义新农村建设作出独特的贡献；说直白的话，农村网吧可以让农民增产增收。这也是我们急切地把目光热烈地投向农村网吧的重要原因。

二、市场发展前景

第一，我国农村网民和农村网吧网民数量庞大。中国互联网络信息中心(CNNIC) 2014年1月发布的第33次《中国互联网络发展状况统计报告》指出：“截至2013年12月，我国网民中农村人口占比28.6%，规模达1.77亿，相比2012年增长2101万人。”[1]报告所指的农村网民是指“过去半年主要居住在我国农村地区的网民”，这一数据显示了我国农村网民的数量是惊人的。在这些农村网民中，网吧网民的数量也是巨大的。

《2010年农村互联网报告》指出：“截至2010年底，农村网吧网民人数为5056万人，与2009年底相比略有增长，这是源于农村整体网民基数的扩大。”[2]报告所指“网吧网民指在网吧上网的网民，但不限于仅在网吧上网的网民”。这一含义指农村网民除在网吧上网外，还有可能是在家上网或者是利用手机上网；但是，有一点是肯定的，这些网吧网民上网的地点一定是在农村，因为农村网民的含义是半年内居住在农村的网民。《农村互联网报告》指出：“截至2010年12月底，农村网民规模已达1.25亿。”[3]

(CNNIC)2013年6月发布的《2012年中国农村互联网发展状况调查报告》（以下简称《2012年农村互联网报告》）指出：“截至2012年12月底，农村网吧网民规模为3580万人，比2011年减少718万人；而同时期农村家庭上网的用

[1] 中国互联网络信息中心.中国互联网络发展状况统计报告[R].[EB/OL].http://www.cnnic.net.cn/hlwfzyj/hlwxzbg/hlwtjbg/201403/t20140305_46240.htm

[2] 注见前页[1].

[3] 注见前页[1].

户规模达14077万人，增长2344万人，年增长率为20.0%。”[1]这一数据显示出我国的农村网吧网民的规模在减少，这是在用户规模增加的前提下的减少，其中的重要原因是：很多农村网民移居到城市，使得农村网民占比没有显著提升；再有就是上网渠道更加多样，比如手机上网的随身化，就克服了传统通过电脑接入互联网的上网方式，受到网络线路铺设成本较高、终端设备昂贵、设备操作相对复杂、使用场所固定等因素的限制。尽管这样，1.77亿的农村网民和3580万的农村网吧网民的数量为农村网吧市场的发展，依然提供了一个庞大的客户群体。

第二，我国农村互联网基础设施建设有了初步的发展规模。这为农村网吧的建设提供了物质保障。《2010年农村互联网报告》[2]指出：根据《2010年全国电信业统计公报》显示，随着西藏最后一批行政村开通电话，我国已全面实现了“村村通电话、乡乡能上网”的“十一五”农村通信发展规划目标。全国范围内100%的行政村通电话，100%的乡镇通互联网（其中98%的乡镇通宽带），94%的20户以上自然村通电话，全国近一半乡镇建成乡镇信息服务站和县、乡、村三级信息服务体系。此外，已有19个省份实现所有自然村通电话，75%的行政村基本具备互联网接入能力。此外，在“信息下乡”方面，建成“农信通”“信息田园”“金农通”等全国性农村综合信息服务平台，涉农互联网站接近2万个。建成乡镇信息服务站20229个、行政村信息服务点117281个，网上建成乡镇涉农信息库14137个、村信息栏目135478个。《2012年农村互联网报告》[3]指出：2012全年新增通宽带行政村1.9万个，行政村通宽带比例从年初的84%提高到87.9%；全年新增1.1万个自然村通电话，全国20户以上自然村通电话比例从年初的94.7%提高到95.2%；全年新增2005个乡镇实施信息下乡活动，新建乡信息服务站2050个、村信息服务点29622个、乡级网上信息库9940个、村级网上信息栏目66780个。开展信息下乡活动的乡镇比例达到82%。这些宝贵的、不断增加的农村互联网基础设施建设资源都为我们建设农村网吧，特别是以信息服务功能为主的网吧建设打下了一个良好的物质基础。

第三，我国网吧产业布局十分不合理。城市特别是大城市密度过高，而农

[1] 中国互联网络信息中心. 2012年中国农村互联网发展状况调查报告[R].[EB/OL. http://www.cnnic.net.cn/hlwfzyj/hlwxzbg/ncbg/201311/P020131127389304711108.pdf

[2] 同上.

[3] 同上.

村网吧密度偏低。《中国网吧、网络游戏调查报告》指出："据文化部文化市场中心统计的数据，全国约有依法设立网吧12万家，按全国13亿人口计算，网吧的平均密度为10800人一家。按照我们所调查的8个地区数据统计，省会城市网吧平均密度大于全国平均水平，约8000人一家，为全国平均密度的135%。地级城市平均密度最大，约6000人一家，是全国平均密度的180%。县级城市平均密度为13200人一家，为全国平均密度的80%，而县城及乡镇网吧密度最小，为17500人一家，为全国平均密度的62%。"[1]这是按照人口计算的网吧密度。显然仅凭这一个指标规划或者布局网吧还需要商榷。但至少这一指标反映出我国农村地区网吧分布偏少的状况。这最终说明，农村网吧有很大的发展空间。

第四，国家政策鼓励农村发展互联网经济。2010年，中共中央国务院《关于加大统筹城乡发展力度进一步夯实农业农村发展基础的若干意见》（中央一号文件）提出："推进农村信息化，积极支持农村电信和互联网基础设施建设，健全农村综合信息服务体系的要求。"这为农村互联网经济的发展，为农村信息化和电子商务平台的建设，为农村网吧市场的开拓提供了政策依据。

三、面临主要问题

发展农村网吧有机遇和有利的发展形势，但也有很大的阻力。特别是发展生产服务性质的农村网吧还要涉及多个政府部门的职责。文化部是网吧的主管部门，从文化的角度出发管理网吧，更注重的是网吧的文化功能。而发展具有生产服务业性质和具有信息服务性质功能的网吧，要归农业部和商务部来管理。

有一个例子可以说明问题。《中国网吧、网络游戏调查报告》之"黑龙江省网吧调查报告"指出："建立农村信息服务站是根据中央一号文件关于加快农村信息化建设的重要举措。

黑龙江省农村'科技信息服务站'，由农业委员会、网通公司和省农业信息中心（科技局）联合建立，几乎每一个乡镇甚至村都有一家。黑龙江通信已建成农村信息服务站2174个，行政村渗透率达到22.7%。

'科技信息服务站'均由个人投资，是以盈利为目的的服务场所，是市场

[1]　文化部，财政部.中国网吧、网络游戏调查报告[R].北京：研究课题报告，2008.

化运作模式，政府起协调作用，每个服务站的机器台数为5—20台。目的是为农民查阅信息提供便利，为农村经济提供信息服务。其初衷是好的，如果做好了，就是一件造福农民兄弟的好事。农民的发财致富，农村经济的发展，离不开对农业科技和经济市场信息的了解。

但是‘科技信息服务站’的地点一般都设立在农民自己家中，其实农民会上网的很少，也不会花钱上网娱乐，那么农民上网查阅信息的就很少，也就是说农村科技信息服务站并未达到其初始目的。但是科技信息服务站是自负盈亏的个体工商户，为了收回成本和赚取收入，它把主要服务对象转向未成年的孩子们，孩子们在那除了打游戏，真不知道还有什么别的事情可做。

农村科技信息服务站由农业行政主管部门行使管理职能，文化、工商部门管不了，基本处于管理真空状态。文化部门在农村的执法力量很薄弱，以前的镇级农村文化站有的被撤消了。农业主管部门与文化工商等部门是平级的。现在‘科技信息服务站’的状况是其设置部门无管理之权，坚持行管理之权，但又无管理之专门队伍，而文化部门既有管理之权，又有用于管理之队伍，但其行使管理权限时，这又不是网吧。农村信息服务站现在几乎变成了计时收费的黑网吧。”[1]

这个案例说明，发展具有网吧性质的农村科技信息服务站是归农业部管理，而建立农村“农产品商务信息公共服务平台”归商务部。而最终要以网吧的形式完成上述功能，却是要由文化部来完成。而这个“科技信息服务站”流变为黑网吧了，责任就落在了工商总局的头上。

一个生产性服务业的农村网吧的建设，要涉及多个政府部门的职责。我们在这个方面还没有什么管理经验可谈。更大的困惑的是，农村黑网吧的泛滥，我们还没有治理良策。我们在探讨建立农村网吧，特别是在农村网吧中要引进信息服务功能时，就遇到涉及多部门管理的问题。

四、发展途径研究

推动农村网吧特别是生产性服务业的农村网吧发展，尽管会有很大的问题，会遇见很多的阻力；但是，建设农村网吧有利于促进我国农村经济和农村

[1] 文化部，财政部.中国网吧、网络游戏调查报告[R].北京：研究课题报告，2008.

信息化的发展，缩短城乡之间的“数字鸿沟”，切实有效地将互联网资源优势引入到农民的生产、生活中。有着诸多的好处，利弊比较，利大于弊，我们就应该推动这项事业不断前进。

第一，我们应该创新工作机制。文化部在推动我国网吧产业发展中，建立了良好的“府际关系”。甚至有14个部委都加入了网吧管理工作中来，建立了部际沟通工作机制。相信农村网吧遇到的多部门职责问题，文化部门一定可以在有关部门的支持下，有效解决这个问题。

第二，加强调研，了解全国发达与不发达的不同地区，农村网吧的实际运行情况。这一工作，可由中国网吧协会组织各地网吧协会来完成。文化部以购买服务的方式，给予中国网吧协会以充足的经费支持，完成农村网吧发展的调研工作。调研的主要内容包括：①农村网吧是以乡镇的文化工作站为支点，还是以农村科技信息服务站为支点，还是以农民专业合作社建立的电子商务平台为支点。这一情况比较特殊，要摸清好的经验，总结失败的教训。②农村网吧的规模，在发达与不发达地区分别达到了多少台。③农村网吧的信息服务需求的类型及比例，如就业务工、科技服务、农产品销售、农业生产资料供应、娱乐等。④农村网吧成为生产服务业的信息类网吧类型及情况。⑤农村黑网吧的存在形式与查处情况。总之，调研为发展农村网吧提供科学依据和决策信息。

第三，制定农村网吧市场准入条件及运营标准的试点工作方案。在不同地区试行。中国网吧协会在文化部指导下，开展分类指导，总结试点经验，成功后加以推广。

第四，总结解决突出问题的经验。主要内容有：①农村留守儿童的上网问题如何解决，比如绿色网吧的设置问题。②农村网吧的管理问题，包括安全运营和防止未成年人进入问题，奖惩机制的研究，管理队伍的建设等。③农村黑网吧的查处问题。

不断开拓农村网吧市场，这条路尽管漫长曲折，但坚持走下去，我们不断探索由小到大、由少到多、由点到面、由低级到高级的发展经验，就一定能促使我国的网吧产业持续健康地走向良性循环的发展道路。

第三篇 网吧产业政府管制研究

第六章 政府管制概论

我国改革开放30年来市场经济日益发展，在市场配置资源的市场经济机制作用下，网吧产业得到了长足发展。中国的网吧在世界上数量最多、规模最大、设备最好，这是有目共睹的不争事实。但是，由于市场机制的自发性、盲目性和局限性的因素所致，网吧产业的市场失灵现象凸显，企业追求利润最大化与社会公众的利益目标相冲突，市场经济无法解决个人价值与社会价值取向的尖锐矛盾，表现为网吧违规经营容留未成年人、黑网吧泛滥和网吧公共安全存在着诸多隐患等问题。这种情况下就需要政府制定行政规制，采用政府管制的办法管理和解决市场失灵问题。

第一节 政府管制概述

我国网吧产业的政府管制与产业的发展如影随行，规定着产业的发展方向和进程，影响着产业的组织形态和组织规模，决定着企业的进入与退出、兴衰与成败等经济发展的重大问题。在当前世界经济衰退的严峻形势下，为振兴网吧产业的发展，解决产业长期以来盈利能力下降的深层次矛盾，我们有必要进一步正确认识和处理好网吧市场的发展与政府管制的关系，在追求市场效率和社会公平正义之间形成产业和谐与平衡发展的良好局面。

一、管制历程回顾

一般学者认为政府管制（政府监管），指具有法律地位的、相对独立的政府管制者（机构），依照一定的法规对管制对象所采取的一系列行政管理与监督行为。政府管制一般包括经济管制和社会管制两个方面的内容。经济管制是政府通过行政立法、行政裁决和行政监察手段对市场微观经济运行的干预；社会管制是以保障消费者的安全、健康，防止灾害为目的，对企业的服务质量以及伴随着其提供的各种服务活动进行管制。简洁地说：政府管制就是指政府相关部门根据法律法规采取的管理与监督措施，干预经济活动与社会生活的行为。

我国网吧产业的政府管制可以分为非严格管制和严格管制两个时期。非严格管制期（1996年11月—2002年5月）。在这一时期，“要想发、开网吧”，各类的民营资本看中了网吧产业，投资回报率高、回收期短是这一时期网吧产业的发展特点，民营资本纷纷投入网吧产业，显示出民营经济的巨大活力和创造力。由于政府没有设置市场准入门槛，网吧业无序发展，终于导致市场经济弊端的火山喷发。

严格管制期（2002年6月至今）。2002年6月16日（星期六、农历端午节）凌晨2：40分，在北京学院路20号无证经营的蓝极速网吧内，两名未成年人恶意纵火，导致12人受伤、25人死亡，造成了极其恶劣的影响。自此，政府在全国范围内拉开了严管网吧的序幕，我国的网吧产业进入了严格管制期。笔者将我国中央政府对网吧产业（在非严格监管时期和严格监管时期的主要文件列表：第三章第一节表6、表7，第二节表8；描述了自1998年—2009年的管治内容），自2010年—2013年的管制文件，如表13所示。

表 13　严格监管时期长效管理阶段的我国网吧产业政府管制文件与主要内容表（2010年—2013年）

发文时间	文件名称	发文部门	主要内容
（1）2010年（2月）	《全国网吧连锁企业认定工作申报指南》	文化部市场司	全国网吧连锁企业注册资金不少于5000万元，不少于30家，在3省有直辖店
（2）2011年（4月14日）	《关于全国网吧连锁工作推进情况的通报》（办市发[2011]13号）	文化部办公厅	创新连锁新模式，多行业融合，拓展连锁网吧业态，鼓励多样化连锁方式

续表

发文时间	文件名称	发文部门	主要内容
（3）2012年（9月27日）	文化部《关于实施〈内地与香港关于建立更紧密经贸关系的安排〉补充协议九》和《〈内地与澳门关于建立更紧密经贸关系的安排〉补充协议九有关事项的通知》	文化部	允许香港、澳门服务提供者在内地独资设立互联网上网服务营业场所
（4）2013年（10月15日）	《关于开展无照经营网吧整治工作的通知》	公安部、工业和信息化部、文化部、国家工商总局	适时调整网吧总量和布局规划，合理确定网吧市场准入标准，加大无照经营网吧查处取缔力度，深化网吧管理长效机制

我国的网吧管制主管部门经历了很大的变动。从表6、表7、表8和表13中，可以看出我国政府管理网吧，从1998年至2013年有一个全面的发展历程。

1998年主管部门是信息产业部，至2002年《通知》（文市发[2002]10号）文件确定：各级文化行政部门是网络文化市场的主管部门。《条例》（国务院第363号令）第四条进一步明确规定："县级以上人民政府文化行政部门负责互联网上网服务营业场所经营单位的设立审批，并负责对依法设立的互联网上网服务营业场所经营单位经营活动的监督管理。"《条例》规定了网吧的主管部门是文化部。近20年来政府的网吧管制政策主要由文化部单独或牵头制定，国家工商局仅在2007年单独出台了治理黑网吧的政策。

从我国政府管制网吧的基本历程看，这是一个不断试错和不断深化的过程，后一项规定一定较前一项规定更加具体、更加完善。管制政策包括市场准入、营业管制和市场退出三项内容。

市场准入。在非严格管制期，从没有准入门槛到设置了较低的准入门槛，有安全运营等5项标准不高的规定。市场准入在严格管制期，自《条例》（国务院第363号令）始，设置了很高的、纷繁复杂的进入标准，按照《条例》规定审批时间至少要45个工作日。此后，网吧牌照的发放一直采取的是严标准、紧运行的机制。《网吧管理工作通知》（文市发[2008]25号）文规定："对原有规划数量与现实市场需要矛盾比较突出，且目前市场秩序较为规范、网吧接纳未成年人现象得到有效遏制的地区，可修订规划。"这一新的举措为网吧的市场准入带来了希望。

营业管制。对网吧经营者的要求包括不得让不满18周岁的未成年人进入，营业时间限制，一系列安全运营的规定，对上网消费者的身份证等有效证件登记、核对和保留60天的记录，不得经营非网络游戏等。

市场退出。对网吧经营者违规接纳未成年人进入的最高行政处罚是吊销《网络文化经营许可证》，令其退出网吧产业。2007年2月，《通知》（文市发[2007]10号）重申了（[2004]38号）的规定：对一次接纳8名以上（含8名）未成年人或在规定营业时间以外接纳未成年人的网吧，依法吊销《网络文化经营许可证》。2008年7月，《网吧管理工作通知》（文市发[2008]25号）重申文市发（[2007]10号）规定，并进一步规定：对累计两次和3次接纳未成年人的网吧，实施责令停业整顿或吊销《网络文化经营许可证》。

国家网吧管制政策有很多、很大的争议，但有两点是毋庸置疑的：一是国家坚定地支持网吧产业发展的政策不会改变。当"蓝极速事件"爆发，网吧产业面临着生存还是死亡，考验着政府的执政能力的时候，政府做出了支持网吧产业生存和发展的重大决策，正如庹祖海司长指出："在网吧是开还是停，是发展还是不发展的问题上，从中央到地方，近几年都有很多不同的意见。有人主张全部取缔，我们不同意，认为还是要趋利避害，加强管理，按中央的十六字方针来管理。"[1]二是政府保护未成年人健康成长的刚性政策不会改变。"净化未成年人成长环境"，是政府追求社会公平与正义的必然选择。

政府日趋严厉的网吧管制政策的实施收到了成效，近年来绝少再发生过恶性的、群发性的、几人以上包括未成年人在内的死人伤人事件。网吧经营更加规范，为产业有序发展奠定了基础。

[1]　庹祖海，网络文化综论[J].网吧经营，2009，（3）.

二、管制问题分析

网吧管制政策是利益攸关者博弈后的产物。任何国家都不可能有很多时间、金钱和智力资源去无止境地争论以达到制定最理想的政策目的。因此，需要我们评估政策实施过程中的问题，为下一个政策的制定提供更合理的依据。网吧产业管制政策的问题可概括如下。

第一，市场准入问题。自2002年以来，网吧牌照的停止审批和禁限控制发放最具争议。陈清泰指出："政府深度的介入微观经济领域，削弱了对市场和环境监管的职能，同时又扭曲市场信号，误导企业。"[1]提高市场准入门槛，严格限制网吧开办条件是非常正确的；但是，停发网吧开业牌照的弊端却是明显的：一是在全国各地形成了炒卖网吧牌照的地下黑市。网吧牌照成为了有配额限制的稀缺资源。二是网吧牌照的禁限发放导致部门利益的追逐和权力寻租的腐败问题。吴敬琏指出：我们应建立"有限政府"，限制各级政府配置资源和干预企业微观决策的权力。

第二，网吧运营问题。政府推行网吧连锁化、集团化、规模化、专业化、品牌化的政策是要有利于管理、提升行业的发展水平和避免企业间的恶性竞争。但是，连锁经营所带来和产生的问题要比解决的问题多得多，这里的弊端和问题是值得深入探讨的。一是连锁经营的强制实施，提高了网吧的运营成本，降低了网吧企业的利润收入。由于经营规模的扩大和营业设备以及加盟费用的增加，在无法保证客源（网吧上座率低下）的情况下，降价成了网吧间的主要的竞争方式，网吧微利由此产生。二是规模连锁经营的高投入，给网吧固定成本折旧和行业设备更新带来了压力，使得网吧成本回收期限人为的延长，不利于行业的投资和长期发展。三是全国各地的情况千差万别，用一种刚性的经营模式代替多种经营方式不利于全行业的发展。

第三，黑网吧屡禁不止问题。上表列出的一系列政策都把打击和取缔黑网吧作为重点内容来抓，也确实收到了很大的效果。但是，黑网吧就像是舀不干的水、扑不灭的火一样顽强地孳生着。究其原因，这与我们的网吧政策过于刚

[1]　陈清泰.政府深度介入微观经济领域削弱监管职能[EB/OL]. http://news.xinhuanet.com/video/2007—03/17/content_5858883.htm

性也有一定的关系。黑网吧产生最根本的直接原因有四个：一是在网吧市场供需不平衡、求大于供的情况下，对全国一亿多流动人口中的网民来说，他们需要上网，比如在小城市、城乡接合部、城市的远郊区和农村集镇中，他们要去网吧上网。这些地区也往往是管理的薄弱地区。二是在我国劳动力资源几乎处于无限供给的状态下，一些闲散劳动力不开黑网吧让他干什么去呢？三是网吧市场准入机制的问题，正规网吧的申办手续烦杂，并且进门门槛太高。四是正规网吧守法经营的成本太高而黑网吧违法经营的成本过低。

第四，政府管制政策采用专项治理的路径效果有限问题。网吧违规经营，政府专项治理；再违规经营，继续专项治理。这样无止境地循环下去的运动式的治理模式，什么时候才能终结？政府这种管理网吧的内在逻辑和现实基础是什么？运动式的网吧专项治理没有可持续发展和监控的动力机制，长时间运行问题和局限性凸显出来。我们不放弃专项治理的办法，但是我们不能总用专项治理的方式管理网吧。我们还是应以科学的法律法规及其实施细则为依法行政的准则，实行网吧的常态和长效管理机制，让守法经营者不必在惴惴不安的整治环境中度日。

第五，政府管制的多部门合作与协调困难问题。文化部虽是网吧管理的主管部门，但相关管理问题涉及了15个政府部门。网吧是一种特殊的以信息传播介质（互联网）为经营手段的网络信息传播的终端应用企业，它既是一个有形的企业，也是一个有别于有形市场企业的特殊的信息管理企业，所以管理部门较多与企业性质有关。“多头管理”需要归口和专业化管理，但是弊端很多，政府各部门多重多层交叉执法、实际工作很难协调，导致行政执法成本很高。我们需要协调好各行政机关之间的“府际关系”，包括权力关系、职能关系、政策关系、监控关系、公务合作关系、法律关系等。

三、解决问题思路

政府管制的理想状态或者说问题最少的情况应该是建设成了服务型政府。政府寓管理于服务之中，更好地为企业和社会公众服务。这种理想状态就是达到了市场追求效率，政府追求公平的双重目标。网吧产业的政府管制目标既要追求公平又要兼顾效率。这样的条件约束就要求政府不断创新管理方法和提高管制水平，并考虑这样两个原则。

一个原则是政府管制要了解和适应市场经济的规律和特点。企业是市场经济的主体，市场在资源配置时发挥着重要的作用，政府管制的主要职能是市场监管和建立良好的市场经济秩序。这样市场管制的规则就需要政府从直接管制微观市场转变为间接调控市场。

一个原则是政府管制要制定超越利益集团的监管规则。这就给所有的企业以平等发展的机会，并创造了良好的发展氛围，给企业营造了一个充满了经济活力的发展环境，企业就可以向着可持续发展的路子走下去。有了良好的发展环境，企业就有了提高创新能力和管理水平的条件，就可以探索多种经营和多种管理的模式。

针对网吧产业管制中突出的实际问题，笔者向政府管理部门郑重提出一个建议——适度开放网吧市场，用新增正规网吧打击黑网吧。这是解决黑网吧屡禁不止的最有效的、最根本的、最彻底的途径。

适度开放网吧市场，这就是说要降低市场准入标准和门槛，简化新增网吧无论是单体网吧还是连锁网吧的审批程序。因为，政府信息化建设水平提高很快，我们有技术条件和能力缩短新网吧的审批时间。开放网吧市场，可以解决黑网吧所带来的很多问题。开放网吧市场可以解决严峻的就业形势问题，为大量闲散劳动力解决就业岗位。开放网吧市场可以提高网吧产业的整体经营规模，提高产业的整体发展水平，进而提高网络文化产业的整体经济实力。我们在开放网吧市场的同时，制定、执行更为严格的营业管制、市场退出标准，这就是宽进严出。

政府提高管制能力的有效途径是整合行政资源，降低行政成本，提高行政效率和服务水平。建立健全社会公示、社会听证等制度，形成公民参与和管理公共事务的良好机制。适度开放网吧市场，政府管制就开辟了新的解决问题的思路和途径。

第二节　整治黑网吧研究

网吧产业发展近20年来黑网吧就像正规网吧的孪生姐妹一样，甚至说就像影子一样伴随着正规网吧“茁壮”成长。我们整治了黑网吧多少年，黑网吧就存在并继续发展了多少年，真是“野火烧不尽、春风吹又生”。政府治理整顿黑网吧的问题，值得研究。

一、政府如何整治黑网吧

政府整治黑网吧，动员了尽可能多的部门参与其中，包括文化、公安、工商、信息产业、教育、财政、国务院法制办、共青团中央、中央文明办、中央综治办、监察部、卫生部和新闻出版总署，甚至非政府机构“中国关心下一代工作委员会”都参与了进来；采取了尽可能多的行政手段；连续不间断治理达十几年之久；管理力度可以直追和媲美党中央国务院下达的一号文件（管理农业）的程度了。政府整治黑网吧的详情在印发的一系列文件中体现了出来。

1.　什么是黑网吧及其归属哪一个政府部门管理

2002年6月16日，因两名未成年人纵火，导致北京“蓝极速网吧”25人死亡的惨剧发生，致使政府在全国范围内清剿黑网吧（包括整顿正规网吧）。2002年6月29日，文化部、公安部、信息产业部和工商总局印发的《关于开展“网吧”等互联网上网服务营业场所专项治理的通知》指出：“坚决取缔非法经营的‘网吧’等互联网上网服务营业场所。对无证无照或证照不全，非法开办‘网吧’等互联网上网服务营业场所的，由文化行政管理部门会同工商行政管理部门、公安机关一律予以取缔，没收从事违法经营活动的全部器材和违法所得。”这是笔者查寻的政府文件中，第一次给黑网吧下的定义，是“无证无照、证照不全、非法开办”的网吧。这一定义的积极意义就在于政府第一次提出了“无证无照”网吧是相对正规网吧而言的；第一次提出了整治黑网吧是文化部牵头，会同工商、公安三个部门一起来管。整治黑网吧文化部负有第一责任。而正规网吧的准确表述，在2002年11月15日起施行的《条例》（国务院第

363号令）中做出了严格的限定：有《网络文化经营许可证》和营业执照。从政府文件出台的时间顺序判断，“无证无照”（黑网吧）的管制在前，“正规网吧”的严格表述在后；《条例》施行之前，文化部负有查处黑网吧的第一责任。

《条例》指出：“公安机关负责对互联网上网服务营业场所经营单位的信息网络安全、治安及消防安全的监督管理；工商行政管理部门负责对互联网上网服务营业场所经营单位登记注册和营业执照的管理，并依法查处无照经营活动；电信管理等其他有关部门在各自职责范围内，依照本条例和有关法律、行政法规的规定，对互联网上网服务营业场所经营单位分别实施有关监督管理。”它的积极意义就在于，国务院对于网吧的政府管理部门的职责做出了明确划分，其中黑网吧（“无照经营的网吧”）归工商部门查处。

2004年2月13日，文化部、国家工商总局和公安部等中央9部门印发的《关于开展网吧等互联网上网服务营业场所专项整治的意见》（以下简称《专项整治意见》）指出：“特别是黑网吧已成为社会公害，人民群众对此反映十分强烈。坚决取缔无证照或证照不全的黑网吧，整治以电脑学校、劳动职业技术培训班、电子阅览室、计算机房等名义变相经营网吧的行为。”这是政府文件中第一次将“无证无照”的网吧直接表述为黑网吧；并进一步将黑网吧的表现形式概括为以电脑学校、劳动职业技术培训班、电子阅览室、计算机房等名义变相经营的网吧。

2004年7月29日，北京市高级人民法院依据《条例》制定的《关于整治网吧等案件的若干意见（试行）》指出：“对于设立互联网上网服务营业场所应依法取得《网络文化经营许可证》和营业执照，未依法取得《网络文化经营许可证》和营业执照或者证照不全的互联网上网服务营业场所属于黑网吧。”北京市高法指认的黑网吧的概念是严谨和准确的，即无证无照或者证照不全的都属黑网吧。

2007年5月22日，国家工商总局印发的《关于开展查处取缔黑网吧专项行动的通知》（工商个字［2007］105号）指出：“黑网吧是指违反《条例》（国务院第363号令）的规定，擅自设立的互联网上网服务营业场所。”这一表述虽然是正确的、概括性的，但是与北京市高法的表述相比，北京市高法的概念更直接、更明确。

2.　整治黑网吧，政府部门的分工

《专项整治意见》指出：“坚决取缔黑网吧。对擅自设立互联网上网服务

营业场所，或擅自从事互联网上网服务经营活动的，由工商行政管理部门或由工商行政管理部门会同公安机关依照《条例》的规定坚决予以取缔，查封其从事违法经营活动的场所，扣押其从事违法经营活动的专用工具、设备。文化行政部门一旦发现黑网吧，要及时书面通报工商行政管理部门，由工商行政管理部门或工商行政管理部门会同公安机关予以取缔，并将结果抄送文化行政部门和公安机关。”依据《条例》精神，这是政府文件中，第一次就黑网吧的管理权限由工商、公安和文化部门分别划定了各自的具体职责。文化部门发现了黑网吧，要报告给工商部门，由工商部门单独或者会同公安部门来处理。文化部门就是扮演一个通风报信儿和事后知会的角色。

3. 整治黑网吧，基层政府部门的职责

2004年10月18日，文化部、国家工商总局和公安部等9部门，印发的《关于进一步深化网吧专项整治工作的意见(文市发[2004]38号)》指出：“坚决取缔黑网吧。对黑网吧要坚持露头就打，坚决不留死角。要严防黑网吧向城乡接合部、农村转移蔓延。对前一阶段已取缔的黑网吧，要采取‘回头看’的形式，防止其死灰复燃。要发挥基层工商所、派出所等基层管理部门的作用，保证对黑网吧的及时发现、及时查处。要加强对高校上网场所的管理。对利用学校网络教室、计算机房和图书馆电子阅览室等场所变相经营网吧的，要予以查处取缔，此类设施一律不得出租、承包变相经营网吧，违者要追究其主管单位的责任。”这一文件是《专项整治意见》的继续和深化；强调了基层工商所、派出所查处黑网吧的职责；并对黑网吧的整治形势作出了一个大体判断：存在着死灰复燃的现象，存在着向城乡接合部、农村转移蔓延的趋势，存在着管理上的死角（学校网络教室、计算机房和图书馆电子阅览室等）。这一文件第一次承认了黑网吧是打不尽的，整治工作存在着反复性。

4. 整治黑网吧实行属地管理，与政府业绩挂钩，管理力度加大

2005年4月12日，文化部、国家工商总局和公安部等9部门印发的《关于进一步深化网吧管理工作的通知》(文市发［2005］10号)指出：“工商行政管理部门要加大取缔黑网吧的力度，对黑网吧坚持露头就打，坚决不留死角。对已取缔的黑网吧，要进行‘回头看’，防止死灰复燃。”这份文件，强调了网吧管理要落实属地管理制度，地方各级政府对网吧管理负有重要职责，将网吧管理的内容纳入各级政府的文明指标、社会治安综合治理考核评价体系中。网吧

管理与政府业绩挂钩，力度空前。这一文件第一次将条条（部门）和块块（地方）的管理相结合，强调了地方政府的责任，真正实现了无缝隙管理。

5. 整治黑网吧，制定了量化处罚标准；要根治黑网吧生存的条件和环境

2007年2月15日，文化、工商和公安等13个部门印发的《关于进一步加强网吧及网络游戏管理工作的通知》（文市发[2007]10号）指出："坚决取缔黑网吧。根据《条例》第27条和最高人民检察院、公安部《关于经济犯罪案件追诉标准的规定》第70条的规定，对无照经营网吧的，个人非法经营5万元以上，或违法所得1万元以上；单位非法经营50万元以上，或违法所得10万元以上的，工商行政管理部门要按照《行政执法机关移送涉嫌犯罪案件的规定》将案件移送公安机关，追究非法经营犯罪嫌疑人的刑事责任。"这一文件第一次将黑网吧的经营数额作为追究犯罪嫌疑人刑事责任的依据；把黑网吧的经营者作为犯罪嫌疑人对待，打击力度空前提高。

10号文件指出："根治黑网吧生存的条件和环境。对明知是黑网吧而为其提供互联网接入服务的，通信管理部门按照《电信业务经营许可证管理办法》第4条、第36条的规定，责令其改正，予以警告，并处5000元以上3万元以下罚款；工商行政管理部门按照《无照经营查处取缔办法》第15条的规定，责令其立即停止违法行为，没收违法所得，并处2万元以下罚款，对为存在重大安全隐患的黑网吧提供上述条件的，并处5万元以上50万元以下的罚款。

通信管理部门要根据有关部门提供的黑网吧及其互联网接入服务提供者名单，被吊销《网络文化经营许可证》或责令停业整顿的网吧及其互联网接入服务提供者名单，通知并监督互联网接入服务提供者立即终止或暂停接入服务。

对明知是黑网吧而向其租赁经营场所的，工商行政管理部门按照《无照经营查处取缔办法》第15条的规定予以查处。"

10号文件，第一次把打击黑网吧与要铲除其生存环境结合起来，就是要追究网络运营商的责任，通信管理部门和工商部门都要对其课以高额度罚款。对于黑网吧的场所提供者，也要查处（注：《无照经营查处取缔办法》第15条规定的处罚是2万元，为危害人体健康、存在重大安全隐患、威胁公共安全的无照经营行为提供生产经营场所的并处5万元以上50万元以下的罚款）。

6. 整治黑网吧，政府在打持久战

①2008年7月7日，文化部、国家工商总局和公安部印发的《关于网吧管理工作有关问题的通知》（文市发[2008]25号）指出："工商行政管理部门要保持打击黑网吧的高压态势。要在总结网吧专项整治工作经验的基础上，部署更有针对性的措施。加大巡查次数和巡查力度，加强日常监管。以农村、城乡接合部、学校周边及各类变相黑网吧为重点，继续开展查处和取缔黑网吧专项整治行动。"这一文件指出了黑网吧依旧是在农村、城乡接合部、学校周边地区猖獗，要有针对性更强的措施，就是强化巡查力度。

②2009年3月28日，文化部等5部门印发的《关于进一步净化网吧市场有关工作的通知》（文市发［2009］9号）指出："各地工商、公安、文化、通信部门要进一步增强取缔黑网吧的责任感和紧迫感，将取缔黑网吧作为网吧管理头等大事来抓。"其主要措施并没有实质性变化。

③2013年10月14日，公安部、工业和信息化部、文化部和国家工商总局印发的《关于开展无照经营网吧整治工作的通知》指出："加大无照经营网吧查处取缔力度，对不符合设立条件和在限定时间内未申领《网络文化经营许可证》和营业执照的，及拒不停业或屡关屡开的，由工商行政管理部门依法进行取缔，并通报电信主管部门要求互联网接入服务提供者停止接入服务。"这份文件是一个创新：一是改黑网吧的提法为"无照经营网吧"，但是对于其黑网吧的实质内容并没有改变；二是建立无照经营网吧整治协作机制，主动开展对无照经营网吧的摸排和线索搜集工作，对于跟踪回访中屡关屡开的，要依法加重处罚；三是深入研究网吧市场发展规律，正确处理宏观调控与市场机制的关系，改进网吧市场准入政策（适时调整网吧总量和布局规划、合理确定网吧市场准入标准），对符合设立条件的无照经营网吧会同有关部门在2013年11月底前进行合理消化。这份文件在严堵严查黑网吧的基础上，制定了疏导的策略，适当放宽了网吧入市标准。

梳理政府近20年来严厉查处黑网吧的举措，有如下几个要点：第一，确定政府的职责。制定网吧管理《条例》（国务院第363号令），确定什么是黑网吧；政府各部门确定了查处黑网吧的分工及各自的职责；实行属地管理，将查处黑网吧纳入地方政府的职责及考核指标，并与政府绩效挂钩；确定基层派出所、工商所的职责；建立了条条块块相结合的无缝隙的长效管理机制。第二，确定查处黑网

吧的地域范围及主要形式。农村地区、城乡接合部地区、学校周围地区、居民住宅是主要查处地域；黑网吧的形式包括高校上网场所、学校网络教室、计算机房和图书馆电子阅览室等各类变相黑网吧。第三，确定黑网吧经营者的量化惩处标准。数额巨大或者危害公共安全的，追究刑事责任。第四，铲除黑网吧的生存环境。包括追究互联网运营商、向黑网吧出租房屋者的责任。第五，黑网吧的查处始终就没有间断过。上述的查处文件从2013年一直追溯到2002年，几乎年年都在整治，如果再加上国家工商局和地方政府的一系列文件，可以编辑一本“黑网吧整治文件汇编”了。从管理者到被管理者，从黑网吧的滋生环境的各个环节政府的文件都考虑到了，但是查处整治黑网吧的效果并不理想。

二、整治效果为什么不理想

政府整治黑网吧的效果不理想是不争的事实。笔者以北京市为例说明问题。据北京市文化执法总队统计，2012年检查网吧1.92万家次，排查安全隐患4523家次。执法人员共取缔“黑网吧”437家，拘留“黑网吧”经营者359人，依法扣押计算机8958台、服务器123台，罚没款90.83万元。[1]北京市网吧协会提供的资料，2013市公安系统年查处的黑网吧为164家，还不算市执法总队的统计数据。北京是首善之区，黑网吧屡禁不止的状况尚且如此，更遑论其他地区了。政府管不住黑网吧的原因大概可以归为以下几点。

一是黑网吧隐蔽在暗处，不易察觉。其深藏在居民区、农村边远地区的集镇里，以家庭作坊的形式存在，到处都分布着、安插着违法者的集宿营和经营为一体的黑网吧，没时没晌全天候经营着。执法人员在明处，很难找得到这些躲在暗处的黑网吧。

二是黑网吧的经营成本与违法查处成本都不高。一个50平米的黑网吧配置25台电脑，以平均上机率80%、3元／小时的标准收费，每台电脑工作10小时计，一天收入600元。而一个正规网吧，300平方米的营业面积，在扣除了各种税费后，年利润大体在8.6万元。这样一算每天的收入也就在两百多元，怎能抵得上黑网吧的利润呢。而大量的农村闲散劳动力、下岗职工、待业学生，不

[1] 王晟.2012年取缔黑网吧437家收缴非法出版物200余万件[N].京华时报，2013-01-03.

开黑网吧、不开黑出租车又让他们干什么去呢？这也是黑网吧死灰复燃的一个重要原因。黑网吧的投资回收快，违法经营查处成本低，查抄封门后可以另起炉灶。尽管我们量化了黑网吧的处罚标准，但是执行的效果很不尽如人意。

三是我们国家有大量的、需要在小城镇和城乡接合部地区的网吧上网者，大量的流动人口就是这些上网者的后备军。国家卫计委发布的《中国流动人口发展报告2013》显示：2012年我国流动人口数量达2.36亿人，相当于每6个人中有1个是流动人口。[1]《报告》显示，从流动人口的总量上看，新生代流动人口已经成为流动人口的主体，流动人口正在经历代际更替。2012年流动人口的平均年龄约为28岁，超过一半的劳动年龄流动人口出生于1980年以后。与上一代相比，新生代流动人口的外出年龄提前了7岁，流动距离更长，流动原因更趋多元。这些80后的流动人口与他们的父辈不同，他们的价值观念、行为模式、生活态度、思维方法、情感表达与他们的父辈是有区别的。他们除了像他们的父辈那样需要在城里衣食住行外，还要了解外面的世界，还要有更丰富的精神生活。他们还需要“声色犬马”，他们是网络社会的网络劳工，他们离不开互联网。在大量的农村小城镇中、在城乡接合部地区没有正规的网吧，他们只能到黑网吧上网。有这些后备大军的需求存在，黑网吧一定是舀不干的海水，扑不灭的烈火。

2014年1月，中国互联网信息中心发布的第33次《中国互联网发展状况统计报告》显示：截至2013年底，我国农村网民的数量达到了1.77亿。2003年国家统计局发布，截至2002年，我国有建制镇达到了1.9万个，小城镇累计转移农村富余劳动力1.27亿人。[2]上述数据说明，庞大的农村上网人群，在庞大的农村集镇的黑网吧上网，就凭我们有限的工商执法人员，如何查处这样大量的黑网吧呢？正如田野在《沈阳地区农村网吧管理问题的研究》一文中指出：“以新民市文化市场执法队为例，全市网吧场所总数为59家，其中农村网吧29家，分布在25个乡镇中，而执法队全队共13人，执法车辆仅一台，虽然对农村网吧的管理一直没有松懈过，可是受执法条件及人员数量的制约，对农村网吧的监管有盲点，不到位。”[3]正规网吧都管不过来，黑网吧就更难以顾及，这是黑网吧屡禁不止的又一个重要原因。

[1]　国家卫计委：2012年我国流动人口数量达2.36亿人[EB/OL]. http://news.sina.com.cn/c/2013—09—10/102228178705.shtml

[2]　中国互联网信息中心. 中国互联网发展状况统计报告[R].[EB/OL]. http://www.cnnic.net.cn/hlwfzyj/hlwxzbg/hlwtjbg/201403/t20140305_46240.htm

[3]　田野.沈阳地区农村网吧管理问题的研究[D].长春：吉林大学，2009.

三、我们如何认识黑网吧

1. 黑网吧有负效应（负功能）

政府不遗余力地打击黑网吧的原因，就是黑网吧有外溢的负面效应。比如，黑网吧大量接纳未成年人进入，使许多中小学生迷恋网络，逃学旷课，贻误学业；黑网吧大量传播有害信息，败坏社会风气，影响社会稳定和社会主义精神文明建设，影响未成年人的身心健康；一些未成年人为获取上网资金从事盗窃、抢劫等违法犯罪行为；黑网吧大多经营场地狭窄，电线杂乱，闭锁门窗，存在严重的人身及消防安全隐患。黑网吧的存在，严重影响了正规网吧正常经营秩序，已经成为社会公害。这些说法都是对的，这也是我们打击黑网吧的动力源泉。但是，从我们不成功的监管治理黑网吧的政策来看，我们还应换一个视角看问题。

2. 黑网吧有正效应（正功能）

社会学家郑也夫在分析腐败现象时，认为腐败也有正功能。他在《腐败的正负功能》一文中指出："为什么亿万人在某种情形下选择了行贿的手段，说明了腐败必有其功能。并且这种庞大的社会现象，这种频繁的社会活动的功能必是复杂的。以为腐败只有消极的作用，将是肤浅的。第一个认识腐败的积极功能的学者是莱福(Nathanial H.Leff)，他认为，腐败是一种保障系统，可以抵制政府推行的坏政策。它通过贿赂动摇这一政策。比如智利和巴西的农产品价格问题。政府总想压低价格，而低价格不利于调动农民的积极性。农民通过腐蚀官员抑制了低价政策。七十年代中国知青返城的浪潮大概可以为莱福提供又一论据。在返城办理中很少有人不送礼行贿。违背人心的上山下乡运动不是在公开的反抗中而是在行贿与腐败中瓦解掉的。以至亨廷顿说：'如果政府是僵化和过于集权的，那么廉洁一点还不如腐败一点好。'"[1]

郑也夫的这一观点给我们以很大的启发。就是黑网吧并不仅有副作用，它也有积极的因素在里面。它的顽强生存，有些时候它也要以腐败的方式来生存（监察部来参与打击黑网吧的政策制定就是一个佐证）在给我们以警示，就是我们的打黑政策存在着很大的问题和误区，就是高压打击政策是收效甚微的。我们要制定疏堵结合的政策，特别是要用疏的政策来遏制黑网吧的泛滥。大量

[1]　郑也夫. 腐败的正负功能[J]. 读书，1993,（5）：81—85.

的黑网吧存在，在抵消和瓦解我们的一系列打黑政策，逼迫我们改弦更张，另立旗帜，这大概就是黑网吧的正功能吧。

如何用疏的政策解决黑网吧的问题，2013年10月14日，公安部、工信部、文化部和工商总局印发的《关于开展无照经营网吧整治工作的通知》开了一个好头。这份文件提出："在全国范围内开展无照经营网吧专项整治工作，力求在适当放宽总量，改进网吧区域布局和准入政策的同时，加大对无照经营网吧的执法力度，建立疏堵结合、标本兼治、部门联动的长效工作机制。"这一个变化是非常可喜的，尽管疏的政策力度还不够大，今后的路还很漫长；但是，坚冰已经打破，航船已经起航。中国网吧协会任重道远，大家都期待着在协会的正确领导下，在各有关政府部门的大力支持下，我们能够尽早制定促使黑网吧合法化的政策。这样的话，我国网吧产业的发展高潮就会早日到来。

第三节　政府创新管制能力

政府管制能力是行政机构制定出科学合理的社会经济发展目标，用政治、法律、行政和经济的手段调动社会资源以实现目标的能力。王绍光、胡鞍钢认为：政府能力包括汲取财政、宏观调控、合法化和强制能力。[1]黄小云认为：政府能力包括政府的经济管理能力、政治和社会管理能力、行政组织管理能力。[2]改革开放后，我们国家政府在机构改革、加快职能转变、依法行政、改革和完善政府决策机制，推进行政管理方式创新等方面迈开了实质性的步伐，政府能力进一步得到提高和加强。同样，在网吧产业中，政府能力和管理水平也需进一步提高，包括如何把专项整治的运动式管理和长效机制的常态管理有效地结合起来，如何处理好政府之间及政府管理部门之间的"府际关系"。

一、专项治理成效有限

自2002年"蓝极速"网吧事件后，政府就采取了一波又一波的暴风骤雨

[1]　王绍光，胡鞍钢．中国国家能力报告[M].沈阳：辽宁人民出版社，1993.

[2]　黄小云.政府能力论要——论当代中国政府的有效性[EB/OL]. http://www.docin.com/p—391657924.html

式的网吧专项治理整顿工作。相关的政府文件从发布到实施，非常详细地记载了从中央到地方，从9个政府部门到14个政府部委，从行政措施到技术手段，要求各级政府和有关部门解决未成年人进入网吧、网吧违规经营和网吧安全问题。我们动用了大量的人力物力和财力。追根溯源，我们将不健康的网络游戏和未成年人网瘾问题也一并考虑到了由政府部门统筹来解决。甚至由监察部门出面监察行政执法管理部门的腐败问题。这些专项治理措施的执行收到了成效：在全国范围内，我们遏制住了重大恶性网吧案件的发生；在全国很多地区，我们也阻挡住了大部分的未成年人进入网吧。

但是，我们也应该看到，在一些地区还有一些突出的问题我们没有解决好：一是政令不畅、执行不力；二是工作有布置、无检查，工作不落实；三是形式主义和弄虚作假的事例时有发生。这些问题直接导致政府的执行力和公信力不高。每次专项治理后，网吧违规经营的问题依然能查处到。网吧专项治理的成效是有限的。就拿网吧市场非常规范的北京来说，据北京市文化执法总队统计：2007年上半年，北京市12318举报电话共受理了512件网吧违法违规事件，其中举报未成年人进入网吧的事件为423起，占全部违法违规事件的82.6%。[1]就全国而言，据记者周润健、宋常青在天津、兰州等城市的一些网吧调查时发现：不少网吧都违反了网民到网吧上网要实行实名登记制度的规定，不要求其出示实名证件，这给未成年人进入网吧打开了方便之门。文件规定网吧零时至8时停止营业，在兰州的网吧却通宵经营。[2]这样做的结果是未成年人进入网吧如入无人之境。网吧管理者重收费轻管理是网吧违规经营的主要原因。再有就是管理者乱收费乱罚款使严肃的执法管理工作形成了儿戏。更有甚者，执法者遇到违规的“实际问题”时变通性很大，主要形式之一就是“降格处理”，比如应该吊销执照的仅仅象征性地罚款了事。因此，一些网吧就开始搞“小动作”，使各种管理监控设备的作用弱化甚至沦为摆设。还有的网吧将屏蔽有害信息的软件偷偷卸载下来以保证网速；有的网吧自己出钱办理“实名卡”，分发给不愿意办理上网卡的网民，网民离开时再将该卡交还网吧，这些循环使用的上网卡就是用来应付检查的。

[1] 北京严查接纳未成年人网吧处罚力度进一步加大[EB/OL]. http://bj.bendibao.com/news/200781/24880.shtm

[2] 周润健，宋常青.暗访网吧暑期违规现象.2007—08—15.[EB/OL]. http://news.xinhuanet.com/life/2007—08/15/content_6529956.htm

违规经营—专项治理—再违规经营—继续专项治理，这样无止境地循环下去的运动式的治理模式，什么时候才能终结？什么时候我们才能走到尽头？政府这种管理网吧的内在逻辑和现实基础是什么？陈潭指出："常态社会表征为制度规范、社会理性、政局稳定，常态社会的国家治理要求维护型公共政策及常规性的、程序化的公共管理。"[1]自1978年改革开放后，我们国家已经放弃了以阶级斗争为主的大规模的政治运动，国家进入了以经济建设为主的常态社会。这就是说，在改革开放的今天，政府管理国家面对各种社会问题，应该用常态化的制度解决。

为什么在常态社会下，我们国家的网吧专项治理却采用的是一种"运动式治理"模式？采用这一治理模式，有其内在的客观原因吗？答案是肯定的。我们实行网吧专项治理的第一个重要的客观原因，是在我国政府机构改革的非常时期，我们遇到了网吧问题，需要用非常的手段来解决。

但是，运动式的网吧专项治理没有可持续发展和监控的动力机制。这种管理网吧的方式的长期运行，就会暴露出很多问题，显示出它的明显的局限性来。众多政府部门的管理者和被管理者在反复的运动式的检查和被检查中都疲惫不堪了。随着市场经济的深入发展，随着我国政府机构改革和职能调整的日益完善，国家治理的社会基础开始发生了根本性的变化。我们治理网吧的方式也需要作出相应的调整与变革。国家应该更多地通过常规化的法律法规、制度规范和合法程序来管理网吧。

冯贤亮指出："作为一个平稳运行的常态社会，政府力量是社会调控力量的核心主体，社会也迫切需要常规化与科层化的管理来提高国家治理绩效，通过制度化与法治化的框架为人们提供稳定的行为预期，进而为社会的平稳运行提供一个监视性的制度框架。"[2]

强世功指出："法制的兴起意味着国家治理技术的转型，它意味着国家采用一种精巧的新型技术对社会进行更为精致的治理。法律成为国家的基本治理工具，成为国家支配社会的新手段。'法律的治理化'意味着政治通过法律治

[1]　陈潭. 社会转型与公共政策创新——以人事档案制度为例的分析[J]. 湖南师范大学社会科学学报，2004,（ 5 ）.

[2]　冯贤亮. 明清江南地区的环境变动与社会控制[M]. 上海：上海人民出版社，2002：463.

理技术渗透到社会生活。”[1]我们不放弃专项治理的办法，但是我们不能总用专项治理的方式管理网吧。在全国范围内，我们应以科学的法律法规及其实施细则为依法行政的准则，实行常态的长效机制管理网吧，使得国家的意志可以有效地传达和管理到千千万万家网吧，使那些守法经营的网吧企业，不必在惴惴不安的整治中度日。

二、部门合作问题凸显

管理网吧的政府部门有文化部、国家工商行政管理总局、公安部、信息产业部、教育部、财政部、监察部、卫生部、建设部、中国人民银行、国务院法制办公室、新闻出版总署、中央文明办、中央综治办、和共青团中央多达15个政府部门。网吧产业不同于一般的服务行业，网吧企业在市场经济中是不同于其他类型的一类企业。它是一种特殊的以信息传播介质（互联网）为经营手段的网络信息传播的终端应用企业，它既是一个有形的企业，也是一个有别于有形市场企业的特殊的信息管理企业。它除了与市场经济密切相关外，更与国家的信息产业化、国家的网络文化产业的有序发展和未成年人的健康成长密切相关。网吧企业与通信管理、工商、公安、消防、税务、财政、法制办、教育、精神文明办、团委等10多个部门紧密联系是正常的，某个方面或环节出现问题，就会直接影响网吧的正常运行，同时还可能会影响到社会稳定和国家网络安全、信息安全和文化安全。因此，在我国当前行政管理体制下，按照“谁审批、谁负责”的原则，网吧产业出现“多头管理、多龙治水”的多部门管理是可以理解的。

“多头管理”体制的好处是归口管理、专业化管理。但是，它的弊端也十分明显。一是政府各部门授权单位重复、多重多层交叉执法，这在一定程度上导致了管理滞后。二是在实际工作中会出现一些很难协调的情况。三是这种管理体制导致了行政效率低下，行政执法成本很高。由于公安、消防、文化、工商、税务、技监、质监等多个部门都在管理网吧，多头管理的弊端显而易见；因此，对网吧乱收费乱罚款在个别管理部门不可避免。

[1] 强世功.法制与治理：国家转型中的法律[M].北京：中国政法大学出版社，2003：15—16.

殷星辰在《关于首都文化市场行政执法中的几个法律问题》的报告中指出：文化市场行政执法机构与其他行政机关还没有建立制度性的协调机制。现有法律法规和规章都没有专门对行政机关的协调执法进行明确规定和划分。这样会在实际执法中出现一些问题。比如对无证文化产品经营行为的查处上，执法主体一般是工商行政管理部门，同时也包括其他行政机关。根据《无照经营查处取缔办法》第四条第二款之规定，对于未取得许可审批手续而从事无照或超范围经营的行为，“公安、国土资源、建设、文化、卫生、质检、环保、新闻出版、药监、安全生产监督管理等许可审批部门也应当依照法律、法规赋予的职责予以查处”。[1]由于执法部门的不统一，对于同一经营者违法行为的查处，有可能被不同的行政管理部门重复查处，从而造成重复给予行政处罚。这就违反了《行政处罚法》第二十四条“对当事人的同一个违法行为，不得给予两次以上罚款的行政处罚”的规定，可能侵犯行政相对人的合法权益，引发行政诉讼纠纷。为此，执法部门之间应明确执法权限的划分，同时也要加强沟通和交流，防止重复处罚的行为，尽量避免和化解纠纷。我们要协调好各行政机关之间的“府际关系”，提高行政效率、效能和绩效。这是提高政府能力最重要的措施和途径。“府际关系”良好就可以促进政府制定出更科学的网吧管理规范。

三、政府创新管制能力

面对政府管理网吧中遇到的体制性问题，我们只有创新管制体制，采取综合措施实施政府能力建设战略，才能提高政府处理公共危机、科学决策和执行政策等各项政府能力。创新体制是手段，提高能力是目的。创新管制体制，包括以下几点内容。

第一，创新政府管制体制，我们应适应市场经济的特点。就是企业是市场经济的主体，市场在资源配置时发挥着重要的作用，政府管理的主要职能是市场监管和建立良好的市场经济秩序。它有两个重要的内容，一是政府要依法行政，行政权的行使必须受法律约束，在法律允许的范围内行使；二是市场监管要制定超越利益集团的监管规则。

[1] 殷星辰，汤道刚. 试析北京市文化市场综合执法改革面临的法律困境与对策建议[EB/OL]. http://www.17net.net/Article/Class7/701/09554213640.html

第二，创新政府管制体制，我们要给企业创造良好的发展氛围。一是积极引导企业向着可持续发展的路子走下去，二是给企业营造一个充满经济活力的发展环境，三是提高企业的创新能力和管理水平，支持企业探索多种经营和多种管理的模式。

第三，创新政府管制体制，我们要完善监管规则，健全监管执行机制。有效的监管治理要求监管功能的实现不仅要注重各种措施的设计、实施以及监管措施之间的协调配合，还要注重解决更为宽泛的问题，如透明度、可问责性、效率、适应性和一致性。这就要求公安、信息、文化、工商、消防等相关部门在“多头管理”的状况下，联合做好统一协调工作，把经营许可与经营管理分开；对多家部门的权限进行定位和分割，各司其责，避免执法混乱，降低网吧产业的守法成本；解决交叉环节管理的责、权、利问题，及时查堵管理漏洞，减少行政管理成本，提高行政管理效率。

第四，创新政府管制体制，我们应做出制度安排。其中最重要的一条是我们的现行的政出多门的法律规章与党和政府的改革目标不相符。2007年，为了加快建设法治政府、全面推进依法行政的要求，国务院决定对现行行政法规、规章进行一次全面清理。相信这种清理以后还会进行。时任国务院法制办主任曹康泰表示：“及时清理行政法规、规章，是维护法制统一和政令畅通、推进依法行政、建设法治政府的客观要求和重要措施。”[1]这是新中国成立以来对现行法规规章最彻底、力度最大的一次全面清理，旨在从制度层面为加快建设法治政府全面“清障”。国办明确提出：清理工作要在2007年10月底前完成，并将清理结果和现行有效规章目录向社会公布。在这些法规背后存在着部门和地方利益，在利益驱动下，有问题的法规规章如春韭般割而复生。我们如何避免相互重复和冲突的行政规章出台，这需要做出制度安排。值得庆幸的是，国家对这一弊端的认识是清醒的，采取的措施是有力的。国务院法制办进一步提出：清理工作要与立法后评估制度、备案审查制度相结合，更多地发现问题，更好地解决问题。要在清理工作中积极探索建立——立、改、废有机结合的长效机制。我们只有强化体制创新，提高政府的公共服务能力，才能提升政府的公信力，最终提高政府的执政能力。冬天到了，春天还会遥远吗？

[1] 田雨，陈菲. 中国全面清理现行行政法规 加快建设法治政府. 2007—03—27. [EB/OL]. http：//www.china.com.cn/law/txt/2007—03/28/content_8022998.htm

第七章　《条例》修订研究

《条例》（国务院第363号令）自2002年11月15日起施行至今12年了。在党中央国务院把加快转变职能、简政放权作为行政体制改革重点的背景下，网吧产业内的各方人士都在反思《条例》施行12年来的利弊得失。深层次的思考是网吧要不要政府管制。现实问题是彻底废止《条例》还是修订完善《条例》。《条例》的生存或者死亡，是涉及全国十几万家网吧经营者的切身利益，更关系到未成年人健康成长的重大公共政策问题，有必要深入研究探讨。

第一节　“零点断网”政策研究

“零点断网”（禁止网吧零点以后继续营业至早8点）这一涉及十几万家网吧经营者切身利益的更关系到未成年人健康成长的重大公共政策，是最具争议的政策。业内人士高度担忧“零点断网”究竟要在什么区域范围内实行多长时间？

一、“零点断网”是非常时期的政策

众所周知，导致北京蓝极速网吧25人死亡的惨案发生，催生的《条例》极其严格地作出了包括网吧的设立条件、审批权限、安全运营等一系列管理网吧规定，其中第二十一条、二十二条规定：“互联网上网服务营业场所经营单位不得接纳未成年人进入营业场所；互联网上网服务营业场所每日营业时间限于8时至24时。”

面对蓝极速重特大恶性事件爆发并揭出了未成年人到网吧上网成瘾的重

大社会问题后，政府部门作出了包括上述两条规定在内的一系列严管网吧的规定。这是十分有必要的。毕竟，我们的大中小城市中，在绝大数的家庭里只有一个未成年子女的情况下，对于他们的教育我们不能有半点疏忽；他们的成长只有一次，我们不可能再有教育第二个子女的机会。所以，面对非战争时期涉及到千家万户的教育问题，面对这样一场我们输不起的“教育战争”，我们必须赢得这场战争的胜利。

尽管教育好自己的子女不迷恋网络、不进入网吧家长负有第一位的责任，但是政府相关的部门管理好网吧，肩负着看护这最后一道防线的重任。这就要求相关政府部门“守土有责”，用时任国务委员陈至立在2005年7月8日全国网吧长效机制试点工作会议上的讲话来说，就是“各部门和各级政府一定要从保障未成年人健康成长、构建社会主义和谐社会和履行政府职能、提高行政能力的高度出发，充分认识加强网吧管理工作的重要意义”。[1]近年来，全国各地的600多座大中小城市的各级政府的文化等相关管理部门，依据《条例》（国务院第363号令）并结合本地的实际情况，相继出台了各种惩罚网吧接纳未成人进入的措施。而这些措施中最严厉的莫过于“零点断网”（吊销网络文化经营许可证也是最严厉的惩罚，但针对的是个体网吧而不是网吧产业，影响相对就小）。

“零点断网”的政策在网吧治理整顿的特殊时期，特别是蓝极速事件的恶劣影响还挥之不去的特殊环境里严格实施，是禁止未成年人进入网吧特别是在管理较薄弱的时期内最有效的手段。在这一时期，各地如何规范管理网吧的办法还不成熟，如何建立网吧的进场和退场机制还在探索之中（就是现在政府培育和完善网吧市场公平竞争秩序的课题还在研究中），在引导网吧诚信守法经营共同营造良好的网络文化环境的技术监管手段还不先进的情况下，采取“零点断网”可以遏制直至杜绝因未成年人进入而产生的重大恶性事件的发生。这几年的网吧管理工作也证明了这一政策的有效性。

针对某一地区在某一阶段内的一些网吧反复违规经营接纳未成年人进入屡教不改的情况，“零点断网”的政策认真实施也是有必要的。比如湖北省十

[1] 陈至立在建立网吧管理长效机制试点工作会议上强调建立长效机制，切实加强网吧管理. 2005—07—08. [EB/OL]. http://news.xinhuanet.com/it/2005—07/09/content_3196141.htm

堰市接纳未成年人、超时经营、未按实名登记上网，已成为该市网吧久治不愈的三大顽症；再加上十堰市网吧内刑事案件接连发生，市领导决定由综治委牵头，开展为期两个月的专项整治行动，并决定从2006年11月15日零时起，电信部门负责切断全市所有网吧零时至8时的接入服务，以彻底解决三大顽症。[1]这一决定受到了未成年人家长的拥护。这一决定无疑是正确的。

2007年2月初，陕西省政协胡会维委员根据自己的调查，在陕西省第九届委员会第五次会议上，向大会提交了一份关于网吧管理的提案。提案中，胡会维委员指出："目前网吧管理存在着管理体制不顺，执法队伍不健全，缺乏长效机制等诸多问题，而在网吧经营方面，未成年人上网，超时营业，证照不全等问题也依然突出，这些问题都严重影响了广大青少年的健康成长。"[2]在提出了建立长效管理机制的建议后，他提出："进一步加大网吧监管力度，由省政府协调电信部门，按照《条例》（国务院第363号令）的规定，在每日零时至8时停止网络信号接入服务，堵死违规网吧及黑网吧滋生的条件。"胡委员的提案是正确的，因为他所指的"零点断网"的网吧针对的是违规网吧和黑网吧。

针对某一网吧发生的重特大安全事故的恶劣影响波及到了全国范围，针对某一地区（比如城乡接合部和农村地区）的一些网吧违规经营接纳未成年人并且刑事案件频发的现象，针对黑网吧肆虐的情况，采取"零点断网"的措施是非常有必要的。这是特殊时期和特殊环境下使用的非常手段，就像是矿井瓦斯爆炸发生了重大矿难事故一样，必须停产整顿进行安全检查。这是勿庸置疑的。

自2002年下半年"零点断网"的政策在全国范围内实行以来，的确对网吧的规范经营和有序管理起到了积极的促进作用。全国各地依据《条例》（国务院第363号令）并结合自己的实际情况相继制定出了网吧守法经营的各种规定和办法；网吧的进场和退场机制也在积极探索和建立中；全国的绝大多数正规网吧是守法经营的。特别是自2005年7月8日文化部召开网吧长效管理机制试点工作会议，决定在4个直辖市及深圳、长沙、成都、石家庄和沈阳等9座城市率先开展网吧长效机制管理试点工作，形成了分工负责与齐抓共管、条块结合与以块为主、日常巡查与技术监管、宏观调控与市场机制、行业自律与社会监督

---

[1] "零点断网"能挺多久——十堰市网吧综合整治调查. 2006—11—25. [EB/OL]. http://www.cnhubei.com/200611/ca1213981.htm

[2] 李莹等. 电信对网吧实行"零点断网". 2007—02—02. [EB/OL]. http://www.sn.xinhuanet.com/misc/2007—02/02/content_9211973.htm

相结合的网吧管理长效机制，促进了网吧市场健康有序规范发展，为全国的网吧管理工作创造了宝贵的经验。但是，非常时期的“零点断网”的非常政策长期实行下去的弊端也是明显的。

二、“零点断网”政策的弊端

2006年7月9日，文化部发布了《中国互联网上网服务营业场所(网吧)行业调查报告》指出：目前我国共有网吧11.2万家；网吧电脑总台数608.6万台；网吧从业人员78.6万人；2004年营业收入170.9亿元为国家缴纳税收44.5亿元。[1]网吧产业为我国经济发展做出了很多的贡献。但是，随着“零点断网”政策的持久执行下去，其带来的负面影响越来越大、弊病越来越多。

“零点断网”政策长期实施的第一个弊端是——使得网吧产业的经济效益持续滑坡和下降。这一不争的事实是从主管的文化部官员到网吧的经营者都有目共睹和认可的。据中国青少年网络协会2004年《全国网吧生存状况调查报告》的数据表明：2004年全国网吧产业的经营状况是微利甚至亏损的。该报告调查统计：网吧每月利润3000元以下的占50.17%；3000～5000元的占24.74%；5000～10000元的占10.82%。考虑到设备折旧等因素，不得不说，很多网吧已经处于亏损的边缘。[2]

就拿北京市的网吧产业来说，很多网吧的经营条件（盈利的各种商业因素）是很不错的，特别是具有许多中小城市所没有的大量流动人口（重要的网吧客源）。即便如此，北京的情况和全国的整体水平基本一致，网吧产业也处于微利状态。据北京市文化局统计，截至2006年7月，北京市网吧年营业收入平均为24.29万元/家，年利润总额平均为2.97万元/家。2006年上半年网吧收入与2004年和2005年同期相比，还是有一定的增长幅度，增长的一个最重要原因就是自2006年初不再执行“零点断网”政策，允许网吧全天营业。即便如此，整个行业仍处于微弱盈利状态，毕竟恢复全天营业才半年的时间。长期执行“零点断网”的政策使得北京的网吧产业处于微利状况，北京有这样好的条

[1] 文化部网吧业调查报告：我国现有网吧11万余家.[EB/OL]. http://www.bitscn.com/wb/news/200609/70326.html

[2] 崔军强. 透视网吧生存状况.2004—10—06.[EB/OL]. http://news.sina.com.cn/o/2004—10/06/15193843757s.shtml

件尚且如此，其他城市的经营状况也就可想而知了。

"零点断网"政策长期实施的第二个弊端是——违背了基本的经济规律，使得网吧企业不能正常经营和发展。一个显而易见的道理，各类生产性和服务性的行业及其企业，在保证了公众的安全和社会的公共利益的前提下，最基本的生产和服务条件是必须要持续进行连续的生产和经营活动，否则这个行业及其企业不能保证最基本的简单再生产和生产周期，更不用说是扩大再生产了。这是基本的经济学规律和道理。我们不能让天上的飞机白天飞晚上停、地上的火车白天跑晚上歇；我们也允许餐饮饭店业的酒吧宾馆（饭店）通宵开业，只要有客人愿意吃到喝到深更半夜、接着到宾馆开房住店；我们为什么就不允许网吧晚上照常和正常营业呢？

不但在经济方面，而且从技术方面讲，零点断网也严重妨碍了网吧正常的技术维护和经营活动。即使不允许网吧营业，网络管理人员也要对网络进行不间断的日常维护工作，做各种游戏的更新和补丁的下载及安装等。这些都需要互联网的技术支持。如果零点断网，对网吧的影响就不但是0：00至8：00的歇业时间了，做这些维护工作就要挤占网吧有限的8：00至24：00的经营时间，从而干扰了正常的经营活动。

这种非正常的经济现象在经济学的教科书里有没有范式和准确的经济学概念来描述呢？笔者查看了几本书没有找到答案，推敲着用"资产闲置""损耗""非生产性损耗""内生非生产性损耗"等概念来描述这一非正常的经济现象，也感到有些差强人意。

"零点断网"政策长期实施的第三个弊端是——不能最终达到使网吧规范和安全经营的目的。一个最明显的事实是网吧整顿不断，但网吧违规经营的事例也不断，长期靠"零点断网"手段纠违的目的和效果并不理想。还拿北京的网吧产业举例。从2002年下半年起北京开始对网吧产业进行专项治理整顿，直到2006年5月10日开始的为期90天的集中整治网吧专项行动，年年都在治理，总体效果也的确不错。2006年6月6日，文化部市场司领导到北京市调研网吧产业情况，对北京市的90天的集中整治网吧专项行动给予了高度评价，认为此项治理工作执法力度大，领导重视，组织周密，疏堵结合，机制创新，监管到位，执行严格，成效非常显著。[1]文化部市场司领导感叹北京市的网吧管理工作是全国做得最规范的。即便这样，笔者调查的情况是北京的网吧一再容留未成年人进入网吧的违规事例还时有发生，否则何来整治行动呢？就是在90天的集中整治行动期间，网吧违规经营的事例也在发生。究其原因，是网吧的投资大，经营费用高，在不能正常经营的情况下经营者不得不冒险容留未成年人进入网吧以增加其收入。现在北京管理得这样严格，而且已经可以全天营业了尚且如此，更不用说其他“零点断网”的城市不能正常经营的正规网吧了。他们一定要违规经营接纳未成年人进到网吧来，也一定要采取各种办法突破“零点断网”的政策从事夜间经营活动。特别令人担忧的是，这些采取各种“半夜鸡叫”的隐蔽的经营活动，更给网吧的安全经营带来了很多的隐患。这些事例数不胜数。

“零点断网”政策长期实施的第四个弊端是——阻断了社会主义市场经济社会下，社会公众多元化的健康的文化和物质生活需求，不利于构建、发展社会主义的和谐社会。改革开放后，我们国家实行了新型的社会主义市场经济，人们的经济和社会生活活动呈现出多元化的发展趋势，人们的精神文化生活和物质生活也日益呈现出多元化的需求，网吧无疑在为这种多元化的发展增添了新的内容。当代的市场经济社会，我们新增加了计划经济年代所没有的很多行业和工种（网吧产业和网吧中的网络管理员就是现成的例子），其中一些工种的企业员工是需要白班和夜班交替上班的。这些企业员工中的很多人远离家乡亲人来到大中城市工作。他们倒班后在晚上闲暇的时间里到网吧来，一是要娱乐放松、二是要和千里之外的家人联络。笔者到北京城里的一家网吧调研，有意和一个上网的小伙子攀谈起来，问他到网吧来的主要目的。小伙子告诉笔者他是东北黑龙江人，在北京一家单位当保安，晚上到网吧上网就是与千里之外的“对象”联络聊天。我问他：“你们一般聊多长时间呀？”他有些不好意思地答道：“不好说，反正挺长的。”试想，如果我们“零点断网”的政策还在执行的话，这对恋人怎能在夜深人静的网吧里倾诉衷肠呢？

不用再列举更多的弊端，事实胜于雄辩。据笔者了解，实行网吧长效管理机制的试点城市，比如北京、上海、长沙和成都，利用试点城市所享有的优惠政策，已经不再执行“零点断网”的政策，允许网吧24小时全天正常营业。

---

[1] 网吧管理协调小组赞北京网吧治理成绩好.2006—06—07.[EB/OL]. http://news.sohu.com/2006—06—07/n243607492.shtml

三、“零点断网”政策的调整建议

在市场经济中，任何一项公共政策的出台总要涉及不同利益集团的经济和社会利益；而该项公共政策的调整，不同社会阶层和不同的人群，会提出符合自己的经济社会利益的评判标准。究竟如何制定和调整该项公共政策？笔者认为应该遵守社会公平和公正原则，按照“五四运动”所提倡的科学和民主的精神去做。这是对我们国家当前的“科学发展观”和“以人为本”的大政方针的最本质的诠释。本着科学和民主的精神看待“零点断网”政策的走向，笔者认为国家相关部门在修订《条例》（国务院第363号令）时，对这一政策：应保留选项，谨慎使用。

第一，严管网吧，我们应保留“零点断网”的政策选项。

严管网吧的理由之一，我们应站在政治的高度上看待这一问题。2004年2月，中共中央国务院印发了《关于进一步加强和改进未成年人思想道德建设的若干意见》，在“净化未成年人的成长环境”中明确指出：“加强对互联网上网服务营业场所和电子游戏经营场所的管理。严格执行《互联网上网服务营业场所管理条例》，要按照取缔非法、控制总量、加强监管、完善自律、创新体制的要求，切实加强对网吧的整治和管理。认真落实未成年人不得进入营业性网吧的规定，落实在网吧终端设备上安装封堵色情等不健康内容的过滤软件，有效打击违法行为。”

从这段话的表述中，看出党中央国务院非常重视网吧问题，用专门章节明确提出了对网吧的管理要求，提出了网吧不得接纳未成人的要求。网络是属于未成年人的。网络塑造了未成年人，未成年人更创造和丰富了网络文化，推动了互联网的飞速发展。未成年人是国家的未来，他们的成长关系到国家的前途和民族的命运。为未成年人营造良好的网络文化氛围，为他们创造良好的成长环境，不得接纳未成年人进入网吧，这个责任重大。

严管网吧的理由之二，我们为未成年人创造一个什么样的成长环境的事情并不简单，我们应该站在更高的位置以更广的视角度看待网络问题。美国前总统尼克松在《1999不战而胜》一书中，历数了美国在朝鲜战场、越南战场的失败后，指出：“进入21世纪，采用武力进攻的代价将会更加高昂，而经济力量和意识形态的号召力将成为决定因素。”[1]尼克松提出开辟“思想战场”。互联网为“思想战场”提供了最有利的便捷条件。美国前国务卿奥尔布赖特曾说：“中国不会拒绝互联网这种技术，因为它要现代化。这是我们的可乘之机。我们要利用互联网把美国的价值观送到中国去。”[2]

赵启正在《中国面临的国际舆论环境》的文章中有这样一个描述：美国《纽约时报》曾经登载了一张漫画，画了几台计算机、几条光缆穿过长城，进入中国大地。光缆像树根一样把中国覆盖了，表明了互联网的渗透。[3]就是此报最近披露，为加强控制媒体，美国将花大价钱在全球控制舆论。我们以国际政治和战略的眼光看，争夺对未成人意识形态的思想教育，管好网吧这块阵地，政府的责任重大。

严管网吧的理由之三，广大未成年人家长的心愿是不愿看到自己的孩子沉溺于网吧中耽误了学业和青春年华，影响了一生的前途；更是绝对不允许自己的孩子因网吧的安全问题而丧失宝贵的生命。有一个案例材料让笔者看了久久不能忘怀。一个患网瘾症的青少年，是他的母亲的一跪挽救了他，他是这样叙述的：

“我大学第二年的天是灰的，我忘记了自己，投入到虚幻中去，我迷上了传奇，不停地练级，不停地打钱、极品装备，似乎觉得那些才是全世界最最重要的。最终导致的结果是疯狂地旷课，最长的一次竟然和同学在网吧一口气待了16天，到我还校的那一天我被系里通知已经除名了。我的母亲知道了学校对我除名的决定。而就当我在传奇里乐不思蜀的时候，她到单位请了长假住在学校的旅社里，等待我的回来。就在我从网吧回来了的那天，她就斜斜地倚在我们寝室的门框上，那么直愣愣地看着我，好像垂死的犯人在木讷地盯着那个在他脖子上套绞索的刽子手，我从未看过母亲这样的样子，刚才的满脸不在乎僵在了我的脸上。母亲突然蹲了下来，准确地说是沿着门框滑了下来，宿舍里一下子静得连根针掉到地上都听的见，谁都想不到我母亲会做出这样的动作，本想上来劝慰劝慰的同学都吓着了，装成在看书的样子不敢发声。我把头埋了下来，脑袋里一片空白，嗡嗡作响，唯一的想法就是母亲快把我叫出去，然后我

[1]　理查德·尼克松[美].1999：不战而胜[M].北京：世界知识出版社，1989.

[2]　艾岗馨.确保网络安全是各国普遍做法[N].文汇报，2013—11—07.

[3]　赵启正.中国面临的国际舆论环境.2005—03—29.[EB/OL].　http：//media.people.com.cn/GB/40628/3278733.html

乘机溜走，管他以后是生是死。

她坐在那里小声地抽泣起来，像一个孩子丢失了他心爱的玩具一样伤心，她的肩膀随着她的声带的颤动而起伏着，她哭得那么投入，好像忘记了周围的一切，忘记了这里是她儿子的宿舍，忘记了她儿子的所谓的自尊。她当着我的面，当着全宿舍同学的面，当着她儿子灵魂的面，她做了一个让我自己一辈子也不会原谅我自己的决定，她朝着我的系主任缓缓地跪了下来，当时我不知道那刻我是否还有感觉，我整个人好像麻木了一样，周围发生了什么我也不知道，我的心像被120斤重的大铁球做着自由撞击运动，怦怦地剧烈跳动着，身上的每个细胞也像灌满了水银，一动也不能动，宿舍的灯光那刻在我的记忆里是老不停地晃动着，晃得我忘记自己身在何处。

母亲是个很要面子，很清高的知识分子，她在一所中学里教语文，她把她自己名誉看得比金子都贵，可今天为了她的儿子，她那不争气的儿子，在另外一个和她同一职业而且年纪还小她一轮的女人面前跪下了。我不知道这一跪在系主任的心里有多重，可这一跪却把我所有认为自己应该得到理解，得到的原谅的希望全部碾碎了。以后的日子是我被通知留校查看，据知情的人说是系主任到处活动的功劳，我心里明白地知道我还能留在这所师范大学是我母亲用她的尊严换来的。

我再也没去玩过传奇，我比任何人都自卑地学习，母亲跪下的那一刻像用烙铁深深地烙在了我的记忆里，每当我从网吧门口经过抵挡不住诱惑的时候，那一幕会不自然地浮现上来，又一次刺痛我，让我一丝也不敢松懈地继续向前，这就是我当教师母亲这辈子上的最生动的一课，不是给她的学生，而是给她的儿子。”[1]

每当读起这个材料的时候我的眼睛就要湿润，这是一个伟大的母亲，也庆幸她有一个良知未泯的儿子。就是这个案例，坚定了笔者的一个信念：任何时候，任何情况，我们都不能允许未成年人进入网吧；而且必须确保网吧的安全经营。因此“零点断网”的政策选项应该保留，这也是应变突发事件应做的紧急预案之一。从某种意义说，这一政策也是请网吧经营者共担责任的一条惩戒性措施，具有“连坐”的性质。

第二，繁荣网吧，我们应谨慎地少用、短期使用或者不使用“零点断网”

[1] 母亲的一跪[EB/OL]. http://bbs.ifeng.com/viewthread.php?tid=4055761

的政策选项。笔者用了相当的篇幅阐述了长期执行"零点断网"政策的弊端。有鉴于此，在修订《条例》（国务院第363号令）时，国家相关部门应严格限定在何种条件下执行"零点断网"政策，在何种条件下执行"零点断网"政策多长时间。在这一项政策中应该充分体现国家一手抓严管、一手抓繁荣网吧产业的大政方针。

繁荣网吧产业的理由很多，人们从很多方面阐述了很多。笔者在这里强调的一点是，一个国家现代化的重要标志是信息产业的现代化。网吧产业在网络应用、信息传播与应用上发挥着重要的作用。网吧产业对经济发展除有直接缴纳各种税费外，它还带动了电信、电脑设备、软件系统、餐饮、游戏、电子竞技等一系列相关产业的发展，推动国家的网络文化产业向着健康的、国际化的方向发展。

我们不使用"零点断网"的政策选项的前提条件，是政府的网吧管理工作已经步入了良性循环的状态，体现了综合治理、标本兼治、惩防并举、注重预防的工作原则和特点。综合治理就是社会、学校和家庭三个方面结合了起来，打造了一个相互配合、具有合力的综合的治理体系。学校是对未成年人教育的主渠道，教育未成年人远离网吧并充分发挥了主渠道的教育作用；家庭教育防治未成年人进入网吧的活动也在深入开展中；社区的社会教育工作在很多城市创建了良好的工作范例；特别是政府部门相互配合监管网吧产业的长效管理机制已经建立，文化、公安、工商、通信、文明办等相关部门密切配合，齐抓共管，形成了良好的工作局面。

我们不使用"零点断网"的政策选项，恰恰是有利于网吧产业的发展。在这种条件下，我们就应该根据变化了的情况，修订《条例》（国务院第363号令）的"零点断网"的政策，使之更完善、更科学，更有利于经济的发展，更有利于未成年人的健康成长。

第二节 《条例》修订研究

安德森指出：政策问题可以被定义为某种条件或环境。这种条件与环境引起社会上某一部分人的需要或不满足，并为此寻求援助后补偿。[1]林水波等人指出：所谓政策问题，乃是在一个社群中，大多数人觉察到或关心到的一种情况，与他们所持有的价值、规范或利益相冲突时，于是通过团体的活动，向权威当局提出，而权威当局认为所提出的属于权限范围内的事务，有加以解决的必要性。[2]进一步说，当公共权力主体体会到公众的公益性并趋同于公众的诉求时，该问题就成为了一项公共政策问题。《条例》（国务院第363号令）推动网吧产业健康发展起到了积极的作用，但也有很多弊端引发了业内人士广泛的诟病，这就需要深入讨论了。

一、《条例》的积极作用

《条例》（国务院第363号令）产生的背景是“蓝极速惨案”导致北京25人死亡的惨剧发生，倒逼了《条例》出台。我们不能否认在《条例》颁布前，未成年人因进入网吧，迷恋网络游戏导致违法犯罪的事例屡见不鲜，“蓝极速惨案”更是走到了极致。在当时全国上下、众口铄金一致要求封杀网吧的大气候下，《条例》的实施，与其说是对开设网吧提出了严苛的要求，不如说是保护了产业得以继续维持下来，并得到了进一步发展。仅从这一点来说，《条例》就是一个产业保护条规，没有昔日的《条例》产生，就谈不上今日网吧产业的生存发展，《条例》功不可没。

《条例》的出台是一个分水岭，确定了网吧的政府主管部门及职责范围。第四条明确规定：“县级以上人民政府文化行政部门负责互联网上网服务营业场所经营单位的设立审批，并负责对依法设立的互联网上网服务营业场所经营单位经营活动的监督管理。”国务院明确了网吧的主管部门是文化部。在一系列政府网吧管制文件中，网吧政策主要由文化部单独或牵头制定，国家工商局仅在2007年单独出台了治理黑网吧的政策。业内的很多人都在说要废止《条例》。试想，我们不具体问题具体分析，一旦废止了《条例》，网吧产业开倒车，又回到了无序管理阶段，那将是一个什么局面？

[1] 詹姆斯·F.安德森.公共政策制定[M].谢明等译.北京：中国人民大学出版社，2009（第 5 版）.

[2] 公共政策构建.[EB/OL]. http://dec3.jlu.edu.cn/webcourse/T000307/files/bjjx/bjjx04_01.html

《条例》的出台是一个分水岭，确定了政府相关部门的职责范围。第四条明确规定："公安机关负责对互联网上网服务营业场所经营单位的信息网络安全、治安及消防安全的监督管理；工商行政管理部门负责对互联网上网服务营业场所经营单位登记注册和营业执照的管理，并依法查处无照经营活动；电信管理等其他有关部门在各自职责范围内，依照本条例和有关法律、行政法规的规定，对互联网上网服务营业场所经营单位分别实施有关监督管理。"这就形成了以文化行政部门牵头，负责审批及日常监督，公安机关、工商行政管理部门和电信管理等其他有关部门齐抓共管、职责明确、管理没有"缺位"的执法格局。政府随后的一系列网吧管理文件，都是在此分工基础上，根据不断变化的形势要求，开展了市场管理的各种尝试。没有《条例》，就没有随后的一系列的政策文件。从这些文件看，网吧管理政策是一个不断试错和不断深化的过程，后一项规定一定较前一项规定更加具体、更加完善。例如，《网吧管理工作通知》（文市发[2008]25号）文规定："对原有规划数量与现实市场需要矛盾比较突出，且目前市场秩序较为规范、网吧接纳未成年人现象得到有效遏制的地区，可修订规划。"这一新的举措为网吧的市场准入带来了希望。这些政策主旨都是在不断地为网吧产业的进一步繁荣和发展作出尝试和努力。

《条例》的出台是一个分水岭，第二十一条明确规定："互联网上网服务营业场所经营单位不得接纳未成年人进入营业场所。互联网上网服务营业场所经营单位应当在营业场所入口处的显著位置悬挂未成人禁入标志。"以前的规定是网吧、电脑休闲室等营业性互联网上网服务营业场所可以在国家的法定节假日每日的8时至21时向未成年人开放。《条例》不允许未成年人进入的新规定，是应广大未成年人家长的要求和血的教训换来的。大量的研究案例和司法实践都证明了未成年人进入网吧有百害而无利。我们随后的一系列网吧文件，直至党中央国务院文件，特别是《未成年人保护法》，都为遵照执行《条例》在做着不懈的努力。

2004年中共中央国务院《关于进一步加强和改进未成年人思想道德建设的若干意见》第二十五条指出："加强对互联网上网服务营业场所和电子游戏经营场所的管理。严格执行《条例》（国务院第363号令），要按照取缔非法、控制总量、加强监管、完善自律、创新体制的要求，切实加强对网吧的整治和管理。认真落实未成年人不得进入营业性网吧的规定，落实在网吧终端设备上安装封堵色情等不健康内容的过滤软件，有效打击违法行为。”

《中华人民共和国未成年人保护法》（自2007年6月1日起施行）第三十六条规定：“中小学校园周边不得设置营业性歌舞娱乐场所、互联网上网服务营业场所等不适宜未成年人活动的场所。

营业性歌舞娱乐场所、互联网上网服务营业场所等不适宜未成年人活动的场所，不得允许未成年人进入，经营者应当在显著位置设置未成年人禁入标志；对难以判明是否已成年的，应当要求其出示身份证件。”

党中央国务院文件、全国人大颁布的法规，都吸收了《条例》中未成年人不得进入网吧的规定。这一规定在全国上下都形成了广泛的共识，经受了国家最高权利部门的审核，它的积极作用是不言而喻的。

二、《条例》的诸多弊端

在全国网吧产业发展形势比较严峻的情况下，检验《条例》的得失，就感觉到《条例》作为产业保护条规是没有错的，但是作为产业促进条规，就有很多弊端值得指出和改正。

一是市场准入在审批手续方面有诸多限制。按照《条例》规定：“文化行政部门应当自收到设立申请之日起20个工作日内作出决定；发给同意筹建的批准文件。申请人完成筹建后，持同意筹建的批准文件到同级公安机关申请信息网络安全和消防安全审核。公安机关应当自收到申请之日起20个工作日内作出决定；经实地检查并审核合格的，发给批准文件。申请人持公安机关批准文件向文化行政部门申请最终审核。文化行政部门应当自收到申请之日起15个工作日内依据本条例第八条的规定作出决定；经实地检查并审核合格的，发给《网络文化经营许可证》。”这一流程走下来就需要55个工作日。在现实中，手续办得更繁杂，时间拖得更长。

二是市场准入对网吧的设置有各种超高标准的不当要求。《条例》规定：“互联网上网服务营业场所的最低营业面积、计算机等装置及附属设备数量、单机面积的标准，由国务院文化行政部门规定。”按照此规定要求，《北京市互联网上网服务营业场所管理办法》（京政办发[2002]52号，2002年12月1日起实施）规定：开办网吧“注册资本（金）或出资不少于50万元人民币；计算机终端不得少于80台，单机使用面积不得少于2.5平方米”，[1]这一很高的市场准入标准，限制了中小网吧的发展。

三是市场准入对牌照的发放有特殊要求，产生了一系列的问题。《条例》规定：“审批设立互联网上网服务营业场所经营单位，还应当符合国务院文化行政部门和省、自治区、直辖市人民政府文化行政部门规定的互联网上网服务营业场所经营单位的总量和布局要求。”按照此规定要求，网吧牌照发放有了很多限制，成了稀缺资源，在倒卖中有了特殊的价格。尽管文化部在发展连锁网吧和长效管理的一系列文件中，对牌照的核发做出了各种有利于发放的规定；但是，这毕竟是有条件和有限度的开放市场。这种市场管制，从一定程度上给黑网吧的泛滥创造了生存的环境。左春和在《冷风劲吹，让网吧自由选择》文章中指出：“网吧属于典型的市场经济产物，市场经济的基本前提是投资者作为卖方消费者作为买方，双方的交易完全是自愿的。亚当·斯密强调只要协作是完全自愿的，那么交易双方就能获益。在文化市场中网吧自然也受着市场这只‘看不见的手’的调节，由于价格信号的传导会影响资本的继续或停止进入，从而使市场趋于帕累托最优。这便是市场经济中分散决策的结果，任何‘看得见的手’的操控都会出现相反的结果。政府的网吧产业政策，一是不再对网吧实行指标或总量控制，回到依法行政的轨道上来，并杜绝任何随意性的政策制订；二是把网吧纳入各地文化产业发展规划；三是让网吧享有应有的法律权利和市场权利。”[2]我以为这一观点和论述是切中时弊的，说得很中肯到位。

三、修订《条例》的建议

网吧产业需要不需要政府管制？这实际上是要我们回答对于《条例》，我们是要废止它还是继续完善它的问题。笔者认为网吧产业还需要政府管制。因为这个产业虽然是市场经济的产物，但它有公共产品的性质，具有很强的外部性。这个外部性对社会或者消费者除了有普及计算机和互联网知识等正的外部性外，还有负的外部性。这个负的外部性，就是未成年人进入网吧有一系列弊端的问题。这些负面性的东西是对公共利益的侵害，需要政府来管制，这也是

[1] 北京市政府.北京市互联网上网服务营业场所管理办法（京政办发[2002]52号）.[EB/OL]. http://www.bjwh.gov.cn/17/2006_4_13/3_17_16683_0_0_1144896112625.html

[2] 左春和.冷风劲吹，让网吧自由选择[J].网吧经营，2009，(2).

广大未成年人家长对政府的要求。因此《条例》不能废止，但是需要完善。修订完善《条例》，笔者有几点建议。

一是修订《条例》，我们要将它由产业保护性条规，完善为产业促进性条规。在遵守这条原则前提下，政府以修订《条例》为契机，全面制定网吧产业的改革政策，从制定网吧产业的市场准入政策改起，从制约网吧发展的最突出的问题改起，从产业内能够达成共识的环节改起，积极推进有利于产业发展的改革措施。破除《条例》中制约市场主体活力和要素优化配置的障碍。

二是修订《条例》，我们要按照国务院要求的行政体制改革内容去做。进一步简政放权，简化前置性审批。由先证后照改为先照后证，建立一个宽进严出的市场监管体系。加强事中事后监管。坚持放管并重，建立纵横联动协同管理机制，放活和监管同步到位。推广一站式审批、一个窗口办事，探索实施统一市场监管。加快网吧产业信用体系建设，推进政府信息共享，对违背市场竞争原则和侵害未成年人权益的网吧企业建立黑名单制度，让失信者寸步难行，让守信者一路畅通。让市场主体不断迸发新的活力。

三是修订《条例》，中国网吧协会可以发挥更大更重要的作用。中国网吧协会是市场经济主体围绕自身的经济利益所组织起来的非营利性组织，是联系政府组织和会员企业的桥梁和纽带。协会的有效运行机制是通过组织再造的制度性安排，充分发挥自身的功能，使会员企业之间建立有机的联系， 确保行业的有序发展， 规避风险， 实现利益最大化。

修订《条例》是政府组织和行业协会全面合作的一个良好开端。修订《条例》的过程，就是政府组织与行业协会搭建交流平台的过程。在这个交流平台上，政府部门和行业协会的交流与互动，完成了政府的一部分职能向行业协会的转化。这种权利转化就是政府“还权”“放权”的一个过程。政府在与行业协会的合作中，把可以由行业协会履行的职能让渡给行业协会，将适宜行业协会行使的行业管理、组织协调、社会服务等职能，通过授权委托方式，转让给行业协会行使。对话和交流平台的建立就形成了新型的政府网吧管理体制。

修订《条例》，这是网吧产业内各界人士的迫切愿望。千万个网吧经营者盼望着新的《条例》早日出台，能为网吧产业的发展营造一个更有利的环境。

第八章 网吧协会建设研究

党的十六届三中全会作出的《中共中央关于完善社会主义市场经济体制若干问题的决定》（以下简称《决定》），对政府的职能的定位明确提出了十六字方针："经济调节、市场监管、社会管理、公共服务"；[1]并且指出，要按市场化原则规范和发展各类行业协会等自律性组织；要坚持培育发展和管理监督并重，完善培育扶持和依法管理社会组织的政策，发挥各类社会组织提供服务、反映诉求、规范行为的作用，为经济社会发展服务。

《决定》为我国社会主义市场经济体制的建立提出了明确的发展战略和构架，即政府管理体制和职能顺应市场经济的变化，组织精简、高效公开民主运行、依法行政，向着廉洁高效的行政管理体制转变。《决定》使我国的社会经济制度发生了深刻的变化，突出表现在微观经济的经营管理权力下放后，政府的经济执法监管职能日益强化。这也促使了行业协会在市场经济的运行环境中，承担起了对微观经济中的企业的经济行为的监管职能。

2007年5月13日，国务院办公厅发印了《关于加快推进行业协会商会改革和发展的若干意见》(国办发［2007］36号，以下简称《加快协会改革意见》）指出：要充分发挥行业协会在经济建设和社会发展中的重要作用，理顺政府与行业协会之间的关系，积极拓展行业协会的职能，政府及其部门要进一步转变职能，把适宜于行业协会行使的职能委托或转移给行业协会；同时指出，在出台涉及行业发展的重大政策措施前，应主动听取和征求有关行业协会的意见和建议；行业协会要努力适应新形势的要求，改进工作方式，深入开展行业调查研究，积极向政府及其部门反映行业、会员诉求，提出行业发展和立法等方面的意见和建议；行业协会担负着实施行业自律的重要职责，建立完善行业自

[1] 中共中央关于完善社会主义市场经济体制若干问题的决定.2003—10—14.[EB/OL].http：//www.gov.cn/test/2008—08/13/content_1071062.htm

律性管理约束机制，规范会员行为，协调会员关系，维护公平竞争的市场环境。[1]提高网吧协会能力建设，政府发挥协会的作用是两个值得深入探讨的课题。

第一节 网吧协会能力建设

加强网吧协会（以下简称“网协”）的能力建设，使网协真正成为会员企业的娘家和靠山，就要不断提高网协的组织化程度，使其具有凝聚力、号召力、战斗力和公信力。这样网协就可以发挥在市场经济中管理会员企业的突出作用。加强网协能力建设，不但有利于促进网吧产业有序和健康发展，还有利于我国行政体制的改革，有利于我国政府管理职能的转变。

一、能力建设的概念

联合国开发署（UNDP）的会议部署文件认为：民间组织能力建设是“建立适合国情的政策和法律框架的环境、机构的发展，包括社区的参与者和人力资源发展和管理系统的完善”。[2]

张爱玲认为：民间组织能力建设是指根据组织的宗旨与目标及所处的环境，在不间断的学习和经验积累中，对个人、群体和组织不断进行的旨在提高个人、群体和整个机构解决问题、实现目标、满足社会发展需求和机构可持续发展所需要的综合能力的培育过程。[3]

高成运认为：民间组织的能力建设是指为实践其《章程》规定的宗旨、目标有意识进行的自我组织、自我建设、自我发展的活动与过程。[4]

综合以上对民间组织能力建设的论述，笔者认为网协是指从事网吧经营的网吧企业，为维护和增进全体会员共同的合法利益，自愿组成的非营利性的社

[1] 国务院办公厅关于加快推进行业协会商会改革和发展的若干意见（国办发[2007]36号）.2007—05—13.[EB/OL]. http://finance.sina.com.cn/roll/20070717/10231545627.shtml

[2] 孙竹兮，李芹.民间组织能力建设研究——以济南市行业协会为例.中国社会组织网

[3] 孙竹兮，李芹.民间组织能力建设研究——以济南市行业协会为例.中国社会组织网

[4] 高成运.民间组织能力建设的视角与路径.中国社会组织网

会团体。网协能力建设是指网协为实现本组织章程所要求的宗旨和任务目标，不断提高自身素质和可持续发展能力，协调会员企业的利益关系、处理对外关系、完善为政府服务的功能、推动产业有序健康发展的活动及过程。网吧协会能力建设是一个动态的、不断创新的发展过程。

二、能力建设的重要性

网协能力建设的重要性有两个方面，第一，网协的社会性职责日益重要。

网协的非营利性决定了本组织具有社会职责的性质。张经认为：同业企业组成的行业协会、同业公会是非营利性的非政府、非企业的市场中间服务组织，应划为“市场主体类中间服务组织”。[1]《协会发展意见》第十二条指出：“行业协会不得从事以营利为目的的经营活动，依法所得不得在会员中分配、不得投入会员企业进行营利。”

我们从专家的认识和《协会发展意见》的规定中可以看出：行业协会必须是不营利的，必须具有公信力，才能成为具有权威性的市场中间服务组织。因为行业协会的不营利性、公信力和权威性，行业协会就能按照《协会发展意见》指出的那样，在经济建设和社会发展中日益发挥重要的作用，在理顺政府与行业协会之间的关系的前提下，承接政府及其部门下放的职能，以及行使适宜于行业协会行使的职能。

随着我国市场经济体制改革的深入发展，随着网吧产业的不断发展壮大，我国各地的网协也在不断建立和发展，在经济运行过程中，政府、企业和网协形成了市场经济的三元结构。在政府转变管理职能的过程中，网协日益发挥着把政企分开、把政府解决不了的问题转由市场解决的突出重要的中间服务组织的作用。网协的社会性职责的定位，就决定了其社会地位在不断提高，话语权日益增多，社会性职责日益突出。网协承担着包括向政府及其部门反映产业、会员诉求，提出产业发展的意见和建议；实施产业自律、建立完善产业自律性管理约束机制，规范会员行为、协调会员关系和维护公平竞争的市场环境的重要职责。

第二， 网协的作用非常特殊。网吧产业管理的特殊性就在于管理部门较

[1] 张经.行业协会商会平话[M].北京：中国工商出版社，2007.

多，行政执法成本较高。工商局负责取缔黑网吧，文化局负责处罚接纳未成年人进入，公安局管理黄色网站、有害信息和安全问题，通信局负责切断违规网吧的宽带接口。如果监管规则不完善，执行机制不健全，就会造成各主管部门的管理权责不明或者责任模糊，或者发生管理“越位、错位、缺位”的现象。政府多部门监管存在着包括如透明度、可问责性、效率、适应性和一致性的诸多问题。

为解决上述的诸多问题，我们可以给网协赋予一些新的职能。因为，网协发挥着政府和网吧企业之间相互沟通的特殊的桥梁作用。这一桥梁作用表现在以下几个方面：一是引导网吧企业遵守政府的各项规定，由网协出面协调网吧与政府各主管部门、与电信运营商、与社会公众的关系。二是在保障网吧企业遵守政府各相关部门的规定的前提下，积极与相关部门协调、沟通，为网吧产业的发展提供更大空间。三是协会利用自身专业性强和网吧企业联系紧密的优势，努力与职能部门配合，进一步加强网吧产业监管力度，规范其经营和管理。在完善监管规则，健全监管执行机制的条件下，我们注重各种措施的设计、实施以及监管措施之间的协调配合，有效地解决如透明度、可问责性、效率、适应性和一致性的问题，联合做好统一协调工作，把经营许可与经营管理分开，解决交叉环节管理的责、权、利问题，及时查堵管理漏洞，就可以达到减少行政管理成本，提高行政管理效率，实现多部门的协调监管的目的。

综上所述，我们必须大力加强网协建设，特别是加强网协的能力建设，充分发挥网协在市场经济中管理网吧的突出作用。这不但有利于促进网吧产业有序和健康发展，还有利于我国行政体制的改革，有利于我国政府管理职能的转变。

三、能力建设的内容

从网协的能力建设的概念进一步引申出网协能力建设的主要内容，就是围绕着自身的组织制度（体制和机制）建设而展开的。它包括组织的体制机制建设、组织的创新能力和可持续发展能力建设，组织对会员企业的服务能力建设，制订产业规则引领产业正确发展的能力建设。网协能力建设的主要内容如下：

一是加强网协组织的体制建设。《现代汉语词典》指出："体制"指的是国家机关、企业、事业单位等的组织制度，如：学校体制、领导体制等。[1]网协组织的体制建设，如《加快协会改革意见》指出：行业协会的体制改革应坚持的原则：一是坚持市场化方向。二是坚持政会分开。理顺政府与行业协会之间的关系，明确界定行业协会职能，改进和规范管理方式。三是坚持统筹协调。做到培育发展与规范管理并重，行业协会改革与政府职能转变相协调。四是坚持"依法设立、民主管理、行为规范、自律发展"。这些原则为网协的体制建设的性质、与政府的关系和管理的方式奠定了基础和发展方向。

二是强化网协组织的机制建设。《现代汉语词典》指出："机制"指的是有机体的构造、功能和相互关系，泛指一个工作系统的组织或部分之间相互作用的过程和方式，如：市场机制、竞争机制等。[2]网协组织的机制建设，《加快协会改革意见》也提出了要求并指出：加强行业协会自身建设。要按照行业协会章程，完善各项规章制度建设，健全会员大会、理事会制度，认真执行换届选举，实行民主管理。全面实行劳动合同制度，建立健全岗位管理，完善激励机制，加强专业人才队伍建设。规范收费行为，行业协会不得从事以营利为目的的经营活动。行业协会举办展览会、交易会、研讨会等活动可以实行有偿服务，收费应符合国家有关规定，并公开收费依据、标准和收支情况。加强财务管理，设立专门的财务人员，并对所属分支机构、代表机构的财务实行统一管理。这些要求对行业组织的建立、运行、经费的使用都做了详尽的要求。网协要按照《加快协会改革意见》的要求做，促使自身建立严密的内部财务制度，加强自身能力建设，堵塞非营利活动收入被滥用的漏洞。完善组织结构，增强组织能力，在建立行业协会的他律监督机制的同时，要突出自我监督的功能。这样才能树立良好的行业协会的形象，取信于各会员企业。

三是提高网协为会员企业的服务能力建设。网协的主要职能是做好为会员企业的服务工作。协会和网吧企业的关系是鱼和水的关系。"协会之鱼"要想生存下来离不开"企业之水"的支持和支撑。协会要想生存下去，就要帮助企业为企业提供切实的有益和有用的服务；就要使企业从协会得到的收益要大于其为协会的付出，使得企业在理性和感性的选择上都自愿入会支持协会的生存

[1] 现代汉语词典[M].北京：商务印书馆，2002：1241.
[2] 现代汉语词典[M].北京：商务印书馆，2002：582.

和发展。网协为会员企业做好服务有以下几点。

第一，要维护网吧企业的合法权益，帮助网吧解决各类靠其自身无法解决的问题。在积极维护会员企业权益方面，要保护合法企业或合法经营企业，免受非法企业与非法经营企业的损害。因此，行业协会要不负使命，要成为竞争规则和竞争秩序的维护者；要配合政府执法监督机构的公正执法，打击非法企业与非法经营企业，从而维护企业的合法权益。特别在各种执法检查中，当会员企业受到不公正的损害或确定要受到损害时，行业协会就要挺身保护企业利益。积极维护企业合法权益，不仅是代表企业的利益，更是代表了行业利益。

第二，要促使会员企业做好自律工作。产业协会是企业自律的组织保障和制度平台，成立产业协会的一个重要的目的是加强同业企业的自律。在会员企业中，建立“行规行约”，比如企业之间不能开展恶意竞争，企业的经营活动必须按照“行规行约”自我约束，这是产业持续、健康、快速发展的前提条件。企业之间没有形成自律机制，产业秩序就要陷于混乱，企业效益就会降低，最终伤害了企业和整个产业的利益。网协是本企业的利益集团代表，只要企业是这个集团的一员，就必须遵守“行规行约”，违约的企业会员就要受到行约的处罚，让该企业失去在市场中的生存空间和竞争地位。

第三，为会员企业做好技术服务工作。网协是市场经济主体围绕自身的经济利益所组织起来的非营利性组织，是联系政府组织和会员企业的桥梁和纽带。徐家良引用了罗杰斯[1]等人的论述：协会具有“集中市场与技术方面的信息、发展质量标准或规范、提供培训和技术、降低重大不稳定性”等方面的功能后；徐家良进一步指出：协会的有效运行机制是通过组织再造的制度性安排，充分发挥自身的功能，使会员企业之间建立有机的联系，确保产业的有序发展，规避风险，实现利益最大化。

第四，提高网协为政府服务能力建设。《加快协会改革意见》指出：“各级人民政府及其部门要进一步转变职能，把适宜于行业协会行使的职能委托或转移给行业协会。”这说明网协在完成政府职能转换过程中在担负着为政府服务的职能。特别是在“参与相关法律法规、宏观调控和产业政策的研究、制定，参与制订修订产业标准和产业发展规划、产业准入条件，完善产业管理，促进产业发展”等方面，这些都是在实现政府的市场经济的监管职能做

[1] 徐家良.制度创新与运行机制：非营利组织再造.北京行政学院学报，2007，(2).

的具体工作。

四、能力建设的问题

总结各地网协组织能力建设的实践与经验，笔者认为网协能力建设的主要问题表现在以下几个方面。第一，网协的组织运行体制机制不健全。由于多数网协按照《加快协会改革意见》刚完成或者正在进行转制工作，没有制定正规的组织章程，即便有了组织章程也没有认真地执行。大部分网协没有建立起正常的组织工作体制，缺乏内部民主选举监督和正常工作的运作机制。高成运指出："有的民间组织的社会事务不公开，无法衡量其社会效益；有的服务工作不到位，自身缺乏监督约束机制；有的内部管理不公开，不做财务审计，甚至不做年度财务报告，透明度不够。"[1]最主要的和最突出的表现是没有按照《加快协会改革意见》说的"建立行业协会资产管理制度，并按有关规定接受监督检查"。

第二，网协不能正常地为会员企业和政府做好服务工作。一是不能为会员企业做好服务工作。网协的大部分工作还仅限于传达政府监管的指示精神，多数网协开展的工作只是搞一些初级的培训活动和组织考察等。网协远没有深入开展产业调查研究，也没有积极向政府及其部门反映产业、会员诉求，做好行业维权工作。二是没有为政府做好服务工作。这是更深层次的服务工作。包括没有"积极参与相关法律法规、宏观调控和产业政策的研究、制定，参与制订修订产业标准和产业发展规划、产业准入条件，完善产业管理，促进产业发展"等。为会员企业和为政府服务这两个服务是相互联系、相互促进的，是一个良性的循环过程。

第三，缺乏与会员企业的良性互动。因为网协的产业组织建设体制机制不健全，不能有效地为会员企业做好行业服务和维权服务工作，就很少开展与会员企业进行有效的互动活动。会员企业的所思、所想、所行和所为得不到网协的支持。网协的处境和困难也得不到会员企业的理解和帮助。这样，网协和会员企业就不能建立起鱼水关系，形成鱼水之情。当网吧企业没有看到加入网协可以给他带来实惠、好处和更大的收益时，他要用脚投票，选择不加入网协。

[1] 高运成，民间组织能力建设的视角与路径[J].学会，2006，(5)：15-21.

网协还不具有高度的公信力、凝聚力和权威力。

网协组织能力不强的问题根源有两个原因。一个是来自外部的环境，一个是自身的原因。影响网协组织能力建设的外部环境因素包括政策性因素和社会制度性障碍因素。政策因素是我们国家还没有形成一个整体性的支持网协建设和发展的政策环境。尽管党的十六届三中全会作出了要按市场化原则规范和发展各类产业协会等自律性组织的战略部署，国务院印发了《加快协会改革意见》，从宏观政策支持协会发展。但是，这些宏观政策具体的细化和各地政府的具体落实还不到位，有三个具体的问题：

一是国家对网协还实行的是双重管理体制，即由民政部门和业务主管部门共同管理。民政部门负责行业组织的成立审批，业务主管部门负责产业组织的业务管理。要成立产业组织只有得到业务主管部门的同意才能到民政部办理申请登记手续。这种双重的许可制度有一方不许可就不利于网协组织的建立和发展。

二是实行分级登记、分级管理的办法。就是对产业协会按照其申请的所在地和开展活动的业务范围实行分级登记、分级管理。这给产业协会连续性地开展活动设置了障碍，限制了产业协会的创新性发展。

三是限制产业协会成立分支机构。产业协会不得设立地域性的分支机构。这一规定实际上限制了产业协会建设与发展的整体性作用的发挥与扩大。这些制度性障碍因素和问题还有待于我们的各级政府提高认识，也需要纳入中央政府的督办内容和对地方政府的政绩考核目标中去克服和解决。

影响网协组织能力建设的社会制度性障碍因素，就是在社会制度上，我们没有建立对网协组织的问责制度、绩效考核和监督评估制度。比如，我们还没有建立一个由政府授权的组织第三方对产业协会承担转移政府职能能力的科学评估机制，对产业协会承担转移政府职能的能力做出科学的评估，包括对产业协会的“服务标准的制定”“技能资质考核”“产业统计”“产业调查”和“制定产业发展规划”的能力评估。我们也没有形成对网协的一整套的考核审计制度。一个完整的社会监督机制的建立，是促使网协对会员企业负责、对公众透明的最重要的措施。

影响网协组织能力建设的内部因素就是自身的原因。一是网协还处在发育成长和转制阶段，专职人员较少，经费不足，对政府的行政依附性较强，所以不能进行组织建设的各项活动，也不能按照组织章程所要求的去做，网协的组织建设和机制协调功能都不能发挥作用。二是民主管理制度落实得不好。在网协组织内部没有建立民主管理机制。有的协会的会长、秘书长已由业务主管部门安排好，民主选举只是走形式。管理工作不公开，更谈不上民主。协会会员既不参与组织的日常事务管理，更不参与重大事务的决策。组织章程中规定的会员权利和义务就是纸面的文字。在协会内部更没有建立起民主决策机制和制度。三是财务制度不完善。财务管理不独立、不透明，不做年度财务审计报告或者虽然做年度审计财务报告，但无严格审计，透明度不高。总之，就是组织工作不公开、不透明，缺乏自觉接受监督的意识。

五、提高能力建设的途径

提高网协能力建设，我们在不能改变外部环境的情况下，就应该先改变自己。我们要深刻把握网协组织的运行原理。我们国家的社会是由政党、政府和社会组织三元组织构成的。政党组织是领导国家的核心组织，组织原理是依靠思想凝聚队伍，政党不仅有组织纪律还有思想纪律，组织行动上要与党保持统一，思想上也要与党保持一致。这是人类社会发展至今的最高级的组织制度。

政府组织是国家政权，是有强权性质的国家机器。组织原理是按照科层制（官僚制）运转的，是一种权力依职能和职位进行分工和分层，依靠强制力、行政命令的规则为管理主体的组织体系和管理方式。

网协是群众自发建立起来的群众性的社会组织，组织原理是依靠利益来吸引会员自发地、自愿地参加的。组织运行的方式，一方面组织代表个人利益，将其集中表达，把个体利益组织化；另一方面，组织妥善地把握和控制自身的利益，引导和规范会员及时消除破坏组织利益的影响。没有利益机制的调动，网协组织无法运行。社会学的一个基本原理表明：人们对一个事务在看法上、思想上和行动上的一致性是与人数成反比的，即一个事务一致性越强，同意的人数就会越少。所以，自发和自愿的网协组织运行的规则只能是实行民主集中制。网协实行民主制是会员的权利。在经过公正和科学的表决投票程序后，会员的民主权利最后形成集中，即把集思广益和个体利益组织化，集中为实践，集中为物质力量，集中为会员的组织化的物质利益去争取实现。

提高网协组织能力建设，我们不但要运用利益机制，网协领导和会员还要在观念上有重大的改变，就是要有民主的观念。民主的思想要真正深入思想、深入人心，这样才能实行民主集中制。

民主观念的建立要从自己的企业、要从最重要的“劳资观念”的转变开始。我们看到大量的网吧与雇员的纠纷，都集中到劳资关系上，有这样几方面的问题：一是劳动合同方面，包括劳动合同签订率较低、劳动合同签订质量不高，没有把工资协商作为签订合同的重点。二是缴纳社会保险费不够积极，养老、失业、医疗、工伤、生育五项社会保险能为雇员上全“五险”的企业微乎其微，有的企业只参加其中的一项或两项保险。三是不遵守劳动工时制度。这些纠纷的本质问题是企业的所有者和经营者天然地认为“资本产权决定论”，没有自己的资本，没有自己的企业，就没有员工的饭碗。这种错误的观念不转变，劳资矛盾将永远无法解决。

网吧企业要把“资本产权决定论”转变为“资本和劳动共同产权决定论”。充分认识劳动在生产力和企业发展中的地位和作用。要确立劳动者是生产诸要素中最主要的因素，是企业的利益相关者，是企业的合作者，应当与企业出资人共同享有管理企业的权利。企业是出资人的货币资本与劳动者的劳动力资本相结合的经济组织。劳动者不但创造了价值，马克思说还创造了剩余价值，他是劳动资本（劳动力产权）的“投资者”。

网吧企业有了从“资本产权决定论”到“资本和劳动共同产权决定论”的思想转变，就会将自己的民营企业看成是社会的公器，他的民主思想就会从萌芽成长为参天大树。当然，这种观念的转变过程是比较漫长的。网协的民主化的运行机制在领导和会员企业的思想观念转变后，就打下了良好的基础，民主集中制就可以在网协和会员企业中得到执行。

在社学上有一个“手表定律”，讲的是人们不能建立两套价值体系去支配自己的行动。一个人有一只手表，可以知道时间；拥有两只或两只以上的手表就不能告诉自己更准确的时间，反而会让自己看表时失去对准确时间的信心。这就是说，网吧企业不能同时设置两套价值体系去完成自己的企业目标。在自己的企业中，他完全执行“资本产权决定论”；来到网协中，他却要执行“资本和劳动共同产权决定论”。这样，一定会有“搭便车”的社会行为出现，即大家都会想让别的会员出力而自己“搭便车”。

提高网协能力，我们以民主思想为行动准则，以利益原则为动力和运行机制，就可以针对网协自身的能力建设问题，提出具有可操作性的对策建议。

提高网协能力，我们要大力加强民主制度建设。一个重要的办法是实行“会务公开、民主管理”。会务公开是指网协要将重要决策、管理的重大事项、向会员企业公开，并接受会员企业监督。重要决策包括协会的章程设立、领导选举办法、发展目标和长远规划；管理的重大事项包括财务管理和审计、评估结果，目标管理落实情况，重要规章制度的制定和执行情况。接受会员企业的监督内容包括网协领导任期经济责任审计结果、招待费使用情况和民主评议领导人员的情况等。

“会务公开、民主管理”的具体形式包括制定公开管理的规章制度，召开议事会、座谈会和会员企业会议，建立公开栏、发布公开通告、张贴公开告示，利用简报和网络传媒等，落实会员企业的民主监督的权利。

虽然不同的地区和不同的网协的组织建设方法不同，组织建设的效果不同，对产业的发展起的作用也不尽相同；但是，只要加强“会务公开、民主管理”的制度建设，不断提高网协组织的建设能力，在为会员企业做好基本服务的同时，不断拓展网协的服务功能，不断增强自身的公信力和凝聚力，在产业管理、产业监督和产业协调等方面就一定会发挥更多的作用，使会员企业欣慰，使社会敬服，使网协组织壮大，使产业健康发展。

第二节　网吧协会与政府的合作

网吧产业发展中有诸多问题；但是，只有管理体制的问题是具有全局性的、根本性的问题，是主要矛盾，决定着事物的发展进程和方向。网吧产业发展走出困境的有效途径就是要充分依赖国家主导经济的客观现实和优势，依靠政府在网吧管理体制上的变革和机制创新，寻求进一步发展的出路。这条出路就是网吧协会与政府和谐合作，促使产业走出经济衰退的困境，走向繁荣发展。

一、网吧协会的作用

2013年，是中国网吧产业发展史上具有里程碑意义的一年。就在这一年的5月31日，中国互联网上网服务营业场所产业协会（以下简称“中国网吧协会”）挂牌仪式在北京举行。这标志着中国的网吧产业有了领导机构和自己的神经中枢；产业在低迷徘徊的时候，盼来了自己的领军机构和队伍。

中国网吧协会成立，标志着中国的网吧产业有了自己的组织。这个组织，会在尊重网吧产业发展规律的基础上，在文化部主管部门的支持下，在协会会员的积极参与下，运用协会自己的组织原理、组织方法和组织系统，更好地发展网吧产业体系。这个组织是我们国家网络信息产业和网络文化产业重要的、不可或缺的组成部分。协会成立后，就接替文化部，着手做了“2012年中国网吧产业发展报告”工作，做了《条例》（国务院第363号令）执行效果的评估，成立了全国网吧维权工作小组，开展了维权工作、产业自律和调查研究工作；接着又做了产业转型升级的工作。这些工作对推动产业的发展起了很大的促进作用。

从我国各地的实践经验表明，网吧协会在管理企业方面发挥着十分重要的作用，有微观和宏观两个方面积极的作用。从微观管理方面讲：一是可以维护网吧企业的合法权益，帮助网吧解决各类靠自身无法解决的问题，为网吧营造一个良好的发展环境。二是为网吧企业建立了交流、学习和合作的平台，拓展了网吧企业的发展渠道和空间。三是大力开展技术培训工作，提高了网吧从业人员的业务素质和管理水平。

从宏观管理方面讲：一是协助政府部门做好网吧产业的发展规划，在本地区对网吧实行统一规划、控制规模、合理布局，促进网吧企业的结构调整，使网吧企业可以有序经营，避免恶性竞争，实现健康发展。二是制定和完善连锁企业的产业管理规划和规范，采取多种方式鼓励网吧企业采取收购、兼并、联合、重组、参股，提高网吧产业的整体经营水平。三是制定产业发展的技术标准，提高产业的整体发展水平。四是利用自身专业性强，与网吧企业经营者联系紧密的优势，与政府各相关管理部门沟通和协调能力强的优势，强化政府部门对网吧产业的监管力度。五是做好网吧产业的自律工作。

二、政府创新网吧管理体制

政府要创新网吧管理体制。美国学者戴维斯、诺斯认为："正是获利能力无法在现存的安排结构内实现，才导致了一种新的制度安排(或变更旧的制度安排）的形成"，或者说"如果预期的净收益超过预期的成本，一项制度安排就会被创新"。[1]徐家良认为："政府创新是公共权力机关为了解决公共问题，满足社会组织和社会公众的需要，提高行政效率和增进公共利益所采取的一系列新的措施和方法的活动过程。"[2]面对经济衰退的严峻形势，为遏制网吧产业出现的停滞发展和恶性竞争的发展态势，笔者建议国家网吧主管政府部门应该探讨和推动建立与产业协会之间的新型的合作体制和机制，以应对经济衰退下网吧产业产生的突发问题和尖锐矛盾。这种创新的政府管理体制，能够及时有效地反映产业协会和会员企业的利益要求，使尖锐的社会矛盾得到缓和，维护产业的正常经营秩序，促进网吧产业健康发展。

政府创新网吧管理体制的第一项重要举措是继续大力扶植和推进全国各地的网吧协会建设，加大政府支持的力度，为协会发挥作用创造条件。《加快协会改革意见》为网吧协会的建立提供了强有力的政策依据和保障。与此同时，政府还要建立服务和协调机制，不断完善产业协会管理体制，加强对产业协会的登记、管理、指引和服务。规范业务主管单位和登记管理部门对产业协会的管理，逐步建立和完善责权统一、务实高效的产业协会管理新体制。

网吧协会是市场经济主体围绕自身的经济利益所组织起来的非营利性组织，是联系政府组织和会员企业的桥梁和纽带。协会具有集中市场与技术方面的信息、发展质量标准或规范、提供培训和技术、降低重大不稳定性等方面的功能。协会的有效运行机制是通过组织再造的制度性安排，充分发挥自身的功能，使会员企业之间建立有机的联系，确保产业的有序发展，规避风险，实现利益最大化。

政府创新网吧管理体制的第二项重要举措是搭建与网吧协会沟通和交流的

[1]　L．E．戴维斯/D．C．诺斯．制度创新的理论：描述、类推与说明，财产权利与制度变迁[M].上海：上海三联书店，1994：296.

[2]　徐家良.新组织形态与关系模式的创建—体制吸纳问题探讨[J].　北京大学学报(哲学社会科学版)，2008,（3）：105.

对话平台。对话的运行方式是采用定期的会议、听证会等多种组织形式。在这个交流平台上，产业协会按照《加快协会改革意见》的要求——“深入开展行业调查研究，积极向政府及其部门反映行业、会员诉求，提出行业发展和立法等方面的意见和建议，积极参与相关法律法规、宏观调控和行业政策的研究、制定，参与制订修订行业标准和行业发展规划、行业准入条件，完善行业管理，促进行业发展”。对于网吧产业协会提出的合理诉求和问题，政府管理部门要提出具体的措施加以解决。这些解决问题的措施和办法就是制定新的政策的重要依据。在这个交流平台上，这种制度安排的本质含义，徐家良解释为是一种权力让渡，他指出：“把本来属于政府所独享的权力，交由相关的社会组织和公民行使，通过分享的方式，使公民接受政府的权威，提供给政府相关的信息，参与政府决策方案的分析，支持政府的决策，配合政府管理。”[1]

这种权利让渡在政府体制改革时期更具特殊重要意义。政府网吧主管部门在与产业协会的对话和交流中，会深入考量国家政策因素中对本产业的行政限制可能会给产业带来的不利影响，同时会深入研究不利的微观规制政策将导致网吧企业的运行效率降低等严峻的现实问题。

这种权利让渡也是一种权利约束。徐家良指出：政府通过“体制吸纳问题”的关系模式，限定自身的权力边界，使权力无限扩散的趋势得到抑制，一定程度上减少了权力滥用所造成的不良后果。[2]

政府创新网吧管理体制的第三项重要举措是建立政府长期购买产业协会固定性服务机制。按照“政府提供资金，定项委托工作，实施合同管理，监督评估兑现”的原则，请协会协助政府开展产业统计分析、预测预警、信息发布、撰写年度发展报告以及有关产业管理等工作，按照等价交换的市场经济规则支付相应的费用，所需资金纳入财政预算管理。这项举措为产业协会的生存奠定了经济基础。

社会主义市场经济是法制经济，也是合作经济。笔者主张政府创新管理体制的最终目的，就是要建立一个政府主导的与产业经济组织和谐合作的管理体制。政府与网吧产业组织之间的相互独立、相互合作、相互促进、相互监督的

[1]　徐家良. 新组织形态与关系模式的创建—体制吸纳问题探讨[J]. 北京大学学报(哲学社会科学版)，2008（3）：107.

[2]　徐家良. 新组织形态与关系模式的创建—体制吸纳问题探讨[J]. 北京大学学报(哲学社会科学版)，2008（3）：108.

新型合作体制的建立和运行，可以保障政府管理体制的高效运转和国家宏观调控经济政策的有效实施，可以协调社会关系、整合社会资源，促进企业诚信守法经营，最终形成网吧市场繁荣的良好局面。

三、政府与网吧协会的合作

面对网吧产业衰退的严峻形势和经济运行中很多不确定的因素，政府网吧主管部门和网吧协会应携起手来共同应付危机，维护产业的稳定和发展。按照《加快协会改革意见》，政府主管部门，应当支持网吧协会对会员企业关注的影响自身发展的突出问题开展调查研究工作，并制定政策给予支持，可以对如下问题进行研究。

一是对网吧企业的赋税负担进行调查。北京市朝阳区地税局王京秋等人在对本区的网吧经营及纳税情况进行调查后指出：网吧业由于经营成本上升已是微利行业，但企业赋税却很沉重。网吧经营的税收政策主要包括：2000年1月1日起报经北京市政府批准，北京市娱乐业营业税税率实行分档征收，其中游戏机、游戏网吧适用20%的税率。[1]

2003年1月1日起财政部、国家税务总局印发《关于营业税若干政策问题的通知》[2]（［2003］16号）文件明确指出：单位和个人开办网吧取得的收入按娱乐业税目依20%税率征收营业税。网吧属于娱乐业征税范围，仅营业税、城建税、教育附加费、文化事业建设费 4 项赋税就达25%；再加上核定征收企业所得税，总体赋税高达35%。如此高的赋税，企业只好采取降低申报税率或少申报的方式逃避税收。网吧赋税过重已是不争的事实，在产业衰退的严峻时期，网协应该有所作为，在政府网吧主管部门的支持下，尽早更改这项为渊驱鱼的税收政策，给网吧企业以喘息和休养生息的时间。

二是对影响网吧经营和收入的重要问题给予关注。突出的例子是影视版权保护。崔成泉、周志军[在调查中描述了这个问题，他们指出：在网吧看电影的网民超过30%，影视服务目前已成为网吧吸引顾客上机、延长上机时间的有

[1] 王京秋，郑颖，魏欣. 网吧税负偏重与经营状况不相适应[N].中国税务报，2008—01—02（7）.

[2] 财政部，国家税务总局.关于营业税若干政策问题的通知（财税[2003]16号）.2003—01—15.[EB/OL].http：//www.chinatax.gov.cn/n8136506/n8136563/n8193451/n8193571/n8194841/8254463.html

效方式。但因部分网吧未经版权人授权，私自通过互联网下载影视作品，自架影视服务器等行为所引发的行政处罚、版权诉讼近年来也给网吧业带来了巨大的经营风险，在影响产业整体形象的同时，还制约着网吧的健康发展，成为行业管理中的又一新课题。[1]

左春和认为，破解网吧影视版权保护难题，网吧管理机制的创新同样也体现在网吧影视版权的管理方面。对于网吧影视版权诉讼的问题，他指出："这是目前全国网吧产业普遍存在的一个问题，不容回避。网吧经营者必须充分认识到加强知识产权保护，不仅是参与和应对国际化竞争的需要，更是建设和谐社会、创新型社会的国家战略。各利益方应在法律的框架内，通过平等协商，积极找寻一个利益平衡点，这是解决目前网吧影视版权诉讼最为现实和有效的手段。"[2]寻找利益平衡点说到了问题的本质。网吧产业协会的责任就是既要维护会员企业的经济利益，又要协调和照顾到版权所有者的利益诉求。

李德成认为："当前我国最好不要盲目地制定相应的法律。把知识产权法延伸到网络环境已成趋势，最大问题是如何延伸的问题。在一些发达国家，对于网络知识产权的保护十分全面，其法律也相当健全。但是，如果我国也实行发达国家严格的网络知识产权政策，对正处于互联网发展阶段的我国将不利于资源的共享。所以，延伸知识产权法到网络环境中并不是机械地、简单地延伸，而是要考虑到我国的国情。"[3]这是利益平衡的深入阐述。网吧协会以此问题为切入点，深入调研我国网吧产业单一经营和同质化恶性竞争的深层次矛盾。抓住问题的本质，就可以为政府主管部门出台在利益平衡点上的政策，提供最具说服力的政策建议依据。

[1] 崔成泉，周志军.影视版权保护：网吧业发展的新节点.2008—03—24.[EB/OL].http：//www.ccmedu.com/bbs20_59639.html

[2] 李媛.网络知识产权：法律的空白[EB/OL].http://www.saic.gov.cn/readshield/xw/2000/zx/zx79.htm.

[3] 崔成泉，周志军.影视版权保护：网吧业发展的新节点.2008—03—24.[EB/OL].http：//www.ccmedu.com/bbs20_59639.html

后 记

2004年六七月间，时任北京市社会科学院院长朱明德先生推荐我到首都精神文明建设委员会办公室借调工作，参与时任市委副书记龙新民主持、文明办具体承担的当年的北京市重大研究课题："当前互联网与网吧对北京市未成年人的影响及研究报告对策"研究工作。我没有辜负朱先生的信任，积极认真地投入到这项研究任务中来，在文明办滕毅、李建国等领导的支持下，在市相关部门的配合支持下，作为课题总报告的主要撰写人之一，圆满地完成了这一工作。这篇报告提出了建立网吧长效管理机制的建议被文化部采纳，并决定从2005年7月至2006年2月，在北京、上海、天津、石家庄等9座城市率先开展网吧管理长效机制试点工作。2006年6月《当前互联网与网吧对北京市未成年人的影响及对策》课题获得了市委宣传系统优秀调研报告一等奖，我的名字列入了获奖人员名录。

就是一个借调工作的缘由，从这项研究课题开始，我误打误撞地进了网吧的研究领域。从一定意义说，朱明德先生是我的网吧研究的领路人，他使我了解到了网吧人的喜怒哀乐和这一产业的酸甜苦辣；感谢朱明德先生给予我的很多帮助，这是发自内心的。从此以后我的网吧研究工作得到了很多人的帮助。

2007年，我申请到了北京市哲学社会科学规划办公室"十一五"规划课题，"关于北京市网吧等互联网上网服务营业场所长效管理机制的研究"。这一课题得到了首都文明办李建国先生，市文化局林增伟先生，市公安局赵大鹏先生，市工商局于国维先生，市文化执法大队王宁之先生的鼎力支持。北京市网吧协会时任秘书长刘宝华先生，在网吧企业的基础研究调查方面给予了课题很大的支持帮助；时任协会会长的韩颖先生、孙旗先生，副会长里航先生和陈澎先生，在百忙中与我交流座谈，提供了大量的有益的建议。这一课题研究，得到了文化部市场司李雄司长、刘强副司长的具体指导和帮助；之后，庹祖海副司长将他的《网络时代的文化思维》（北京邮电大学出版社，2011年版）当面签名赠予我，在几次会议上与我交流管理网络文化及网吧的经验，开拓了我写本专著的思路。石家庄市文化广电新闻出版局副局长左春和先生，指定专人为课题研究提供了大量的冀市网吧长效管理的经验资料，左先生还把他的网吧专著《网吧与文化》（内蒙古人民出版社，2010年版）寄给我。左先生的很多观点我很赞成，我的书稿也多次引用，对我帮助很大。中国社会科学院数量经济与技术经济研究所的博士生导师、研究员李青女士，给予课题研究很多指导和大量的帮助，感谢李青女士长期以来对我的研究工作给予的肯定和支持。北京市社会科学院时任副院长戚本超先生为课题研究提供了很多指导，对我的研究工作提供了很多便利条件，使我得以安心从事研究工作，感谢戚先生对我的帮助。北京市社科院科研处朱霞辉女士、朱庆华女士、俞音先生对我的研究工作给予了帮助指导；文化所的沈望舒先生、地方志办公室的孙天法先生在百忙中都给予了我很多帮助；对北京市社会科学院的同事们给予我的帮助在此一并表示衷心的谢忱。没有大家的热情支持和帮助，这项研究课题就不会顺利完成。这项课题研究的成果是这部书稿的重要的组成部分，所以说没有大家的支持帮助这部书稿也不能顺利完成。

在网吧研究中，文化部市场司网络文化处处长李建伟先生、调研员韩险峰女士、副处长马晓琛女士、副处长廖芸女士和沈婧女士都给了我很多的帮助。北京市文化局审批服务处处长游广红女士，研究室主任常林先生，以及胡斌先生、王国平先生、孙博女士都给了我很多有益的帮助。我还得到了现任北京市网吧协会秘书长章洋先生、协会办公室胡莉女士的帮助，为我的研究提供素材。时任南京市文化局市场处副处长刘创新先生，把他的专著《网吧管理学概论》（南京出版社，2008年版）专门寄给我，还跟我多次讨论我国的网吧发展问题，开拓了我的研究思路。我还得到了杭州市网吧协会办公室主任、《杭州网吧》（内刊）杂志执行总编黄柏松先生的帮助。黄先生多年如一日，期期不落将《杭州网吧》杂志寄给我，感谢他的热心支持。我还得到了中国网吧在线的赵建华先生、陈剑映先生的帮助，他们跑了很多地方看了不少的网吧，给我提供了很多的典型案例，为我的思考研究工作做了最好的注释。北京中娱智库咨询有限公司的高东旭先生邀请我参加他的网吧研究工作，为我提供了很有益的思路和帮助。

在网吧研究写作中，我得到了《天下网吧》杂志主编何燕女士的支持，她鼓励我为《天下网吧》杂志不断写稿。为写作杂志的主题文章，我们通了很多次电话，她对事业的执着和热情，深深地激励并感染了我，促使我笔耕不断。何燕女士于2008年4月29日，在胶济线火车出轨相撞事件中不幸罹难。这是我国网吧界内的一大损失。我们不断努力开拓进取是对何燕女士的最好告慰。

在网吧研究写作中，我得到了《网吧经营》杂志社主编郭阳先生，编辑部主任苏钰先生、夏征先生，发行经理徐铭女士的帮助。他们不但热情地邀请我为其刊物撰写文章，还邀请我为杂志主持学术会议，使我接触到了很多网吧界内官产学研的人士，从中学到了很多东西。《天下网吧》《网吧经营》先后停刊后又联合创办了《新网吧》杂志，杂志的出版人郭阳先生，主编陈胜喜先生、副主编李娜女士、市场经理吕洁女士继续邀请我为刊物撰写文章，使我的研究成果得以不停地刊发。

2013年5月31日，中国网吧协会正式挂牌办公，邀我参加见证仪式。随后协会创办了《中国网吧》杂志，感谢会长张新建先生、秘书长李金鑫先生、副秘书长郭阳先生的信任，继续邀请我为杂志撰写文章。杂志副主编王辉先生、曹扬先生，发行总监朱春柳女士，都为我撰写文章提供了很多的帮助。

我还要感谢文化部中央文化管理干部学院创办的网络媒体“文化发展论坛”，邀请我为专栏作者，将文章发表在论坛上。当初邀请我进入论坛的是马骁先生，对马先生表示感谢。

在网吧界内官产学研各方人士的支持下，我完成了《网吧产业政府管制研究》的写作。没有大家这些年来在各个方面的支持，我无法完成这部书稿。尽管这部书稿还很粗糙，还仅是对现象的描述，理论研究还不深入；但是毕竟比较完整地叙述了我国网吧产业的政府管制过程。希望这部书稿对发展我国的网吧产业能尽绵薄之力。更希望这部书稿能得到界内人士的指教和帮助。最后，我要感谢北京燕山出版社第一编辑室主任金贝伦先生，他对我的书稿给予了充分肯定，使得我的研究成果得以及时出版。我还要感谢北京燕山出版社的责任编辑陈赫男女士，她对书稿的文字做了大量订正校对工作，使得书稿的文字更加规范。我还要感谢北京华迈时代文化公司的叶青竹女士，对本书稿的编排、印制做了大量的工作，使书稿得以顺利制作出来。

魏　巍

二〇一四年六月　于北京